Y. 5493
A—1.

Par Nougaret (Pierre-Jean-Baptiste)

DE L'ART
DU THEÂTRE
EN GÉNÉRAL.

TOME PREMIER.

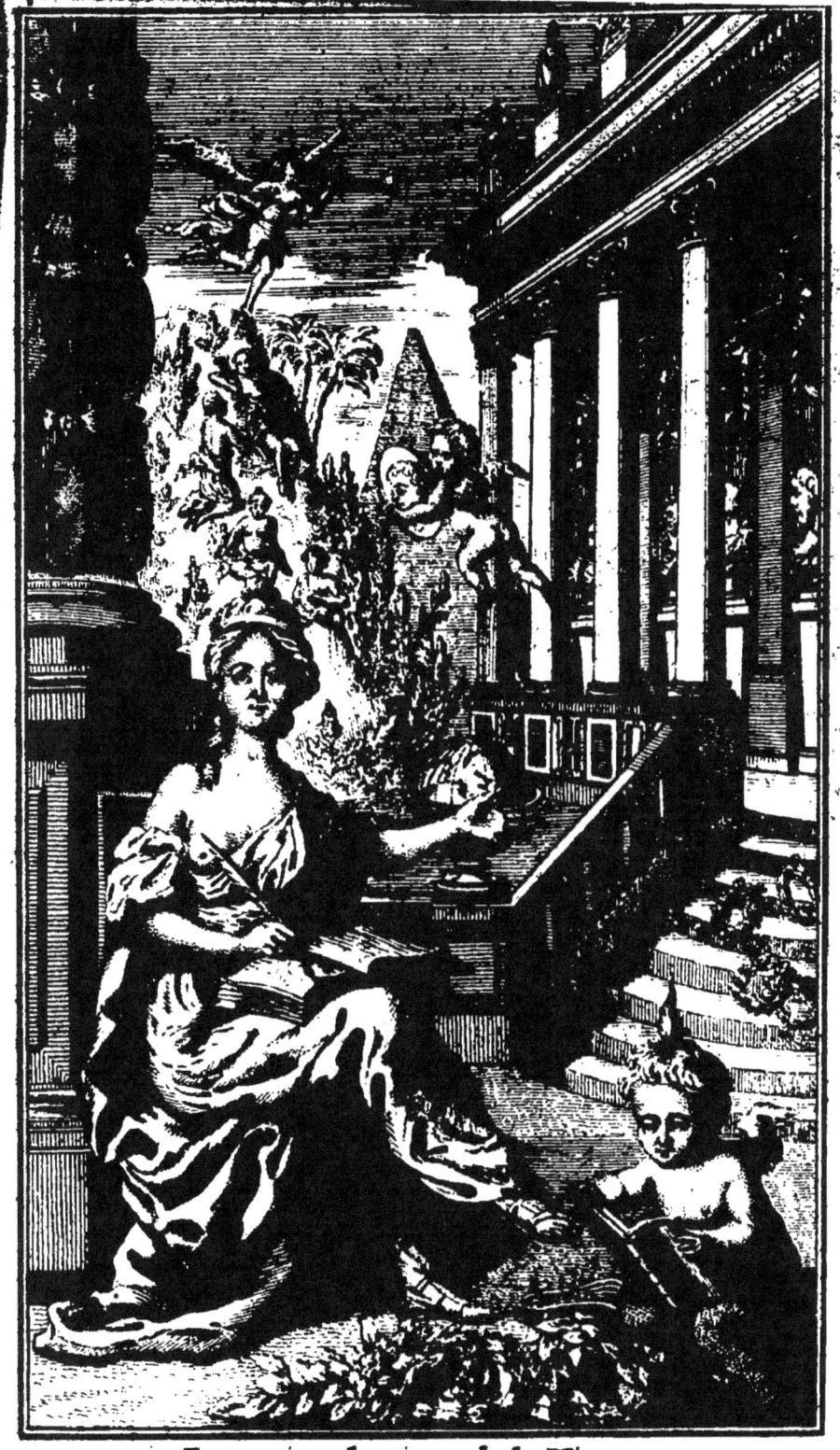

Instruction, lumière de la Vie,
Ah! par tes soins l'Homme fut éclairé;
Viens diriger les efforts du Génie,
Qui, loin de toi, s'est souvent égaré.

DE L'ART DU THÉÂTRE;

où il est parlé
DES DIFFERENS GENRES DE SPECTACLES,
ET
DE LA MUSIQUE
Adaptée au Théâtre.

TOME I.

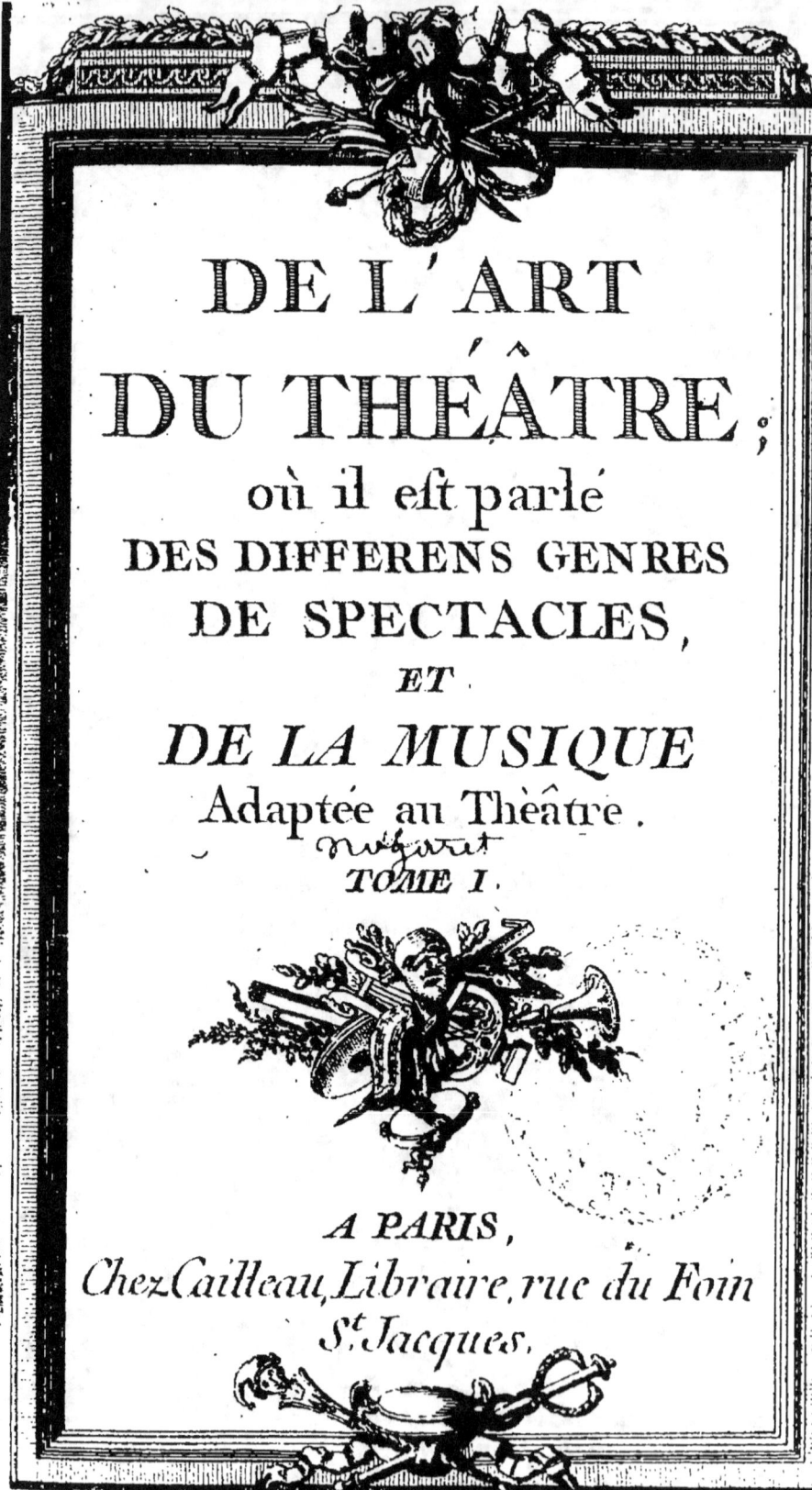

A PARIS,
Chez Cailleau, Libraire, rue du Foin
St Jacques.

M. D. CC. LXIX.

DE L'ART DU THÉÂTRE

EN GÉNÉRAL,

Où il eſt parlé des Spectacles de l'Europe, de ce qui concerne la Comédie ancienne & nouvelle, la Tragédie, la Paſtorale-Dramatique, la Parodie, l'Opéra-Sérieux, l'Opéra-Bouffon & la Comédie-mêlée-d'Ariettes, &c.

Avec l'Hiſtoire philoſophique de LA MUSIQUE, *& des obſervations ſur ſes différens genres reçus au Théâtre*

TOME PREMIER.

A PARIS,

Chez CAILLEAU, Libraire juré de l'Univerſité, rue du Foin St. Jacques, à Saint-André.

M. DCC. LXIX.

Avec Approbation & Privilège du Roi.

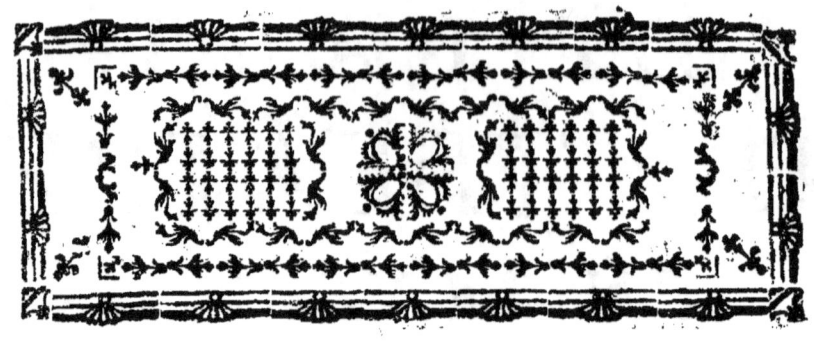

A
MONSIEUR LE COMTE
DE P***.

MONSIEUR,

Votre rang ni vos richesses ne m'ont point engagé à vous présenter ce fruit de mes veilles; c'est au mérite seul à qui je l'adresse. Il était juste de vous dédier un Livre tel que celui-ci, à vous, MONSIEUR, qui avez enrichi le Théâtre Français de

a iij

plusieurs Comédies, aussi délicatement écrites qu'elles sont conduites avec art. Voulant instruire les jeunes Poètes dramatiques, pouvais-je mieux remplir mes vues qu'en vous proposant pour exemple ? Qu'ils lisent vos Ouvrages, ils y verront la manière dont on suit les règles si recommandées par les Partisans de la Nature & du vrai Beau. Vous leur apprendrez la pratique d'un Art dont je n'ai pu leur indiquer que la théorie.

Quand est-ce que les Poètes Français seront las de chausser le cothurne ? Ne verrons-nous paraître que des Tragédies & des Opéras-Bouffons ? Vous l'avez dit, MONSIEUR, *Thalie est dans sa décrépitude ! Mais ne pourrait-on la rajeunir ? Après avoir larmoyé si long-tems, ne s'avisera-t-elle pas de rire encore, com-*

me du vivant de Molière, de nos folies & de nos erreurs?

Vous sçavez, MONSIEUR, que chaque homme a ses idées particulières, pour lesquelles on ne doit point lui faire son procès, quand elles ne troublent en rien la Société. Laissons rêver celui qui s'occuppe de ses songes ; s'il s'arrête trop à des chimères, faut-il s'en étonner? Tous les humains lui ressemblent. Vous laissez donc, MONSIEUR, penser chacun à sa fantaisie, & vous n'en estimez pas moins celui dont les sentimens ne sont pas les vôtres : c'est par le choc des opinions diverses que naissent les vérités, ou que l'on évite le triste ennui, la monotonie qu'on éprouverait si tout le monde était du même avis. Puissent mes Lecteurs vous imiter, MONSIEUR, & ne point en vouloir à l'Ecrivain dont les idées seraient opposées aux leurs!

Votre modestie me défend de vous nommer. Quoique je lui obéisse, j'en ai dit assez pour vous faire connaître, & pour qu'on avoue par conséquent, que cette Epitre Dédicatoire est loin de ressembler à la plupart de celles qu'on voit tous les jours, souvent plus remplies de mensonges que de vérités.

Je suis avec un profond respect,

MONSIEUR,

Votre très-humble & très-obéissant serviteur
N****ogaret

DISCOURS PRÉLIMINAIRE.

CET Ouvrage va peut-être éssuyer bien des critiques. Mais quel est l'Ecrivain qui n'ait pas lieu de craindre un sévère Censeur? On se fit de tout tems un plaisir malin de relever les fautes de celui qui veut éclairer son siècle. On aime tant à blâmer, à critiquer, que lorsqu'on ne peut faire autrement, on dénigre jusqu'au mérite. Il me semble que les Auteurs n'ont pas tout-à-fait lieu d'être mécontens d'un pareil usage. Cette foule de gens prêts à les déprimer, qu'ils voyent comme en perspective, leur en impose, les fait tenir sur leur garde, & leur fait peser avec soin les expressions & les pensées dont ils se servent. Lorsqu'on se dit à soi même ; que va-t-on penser de tel endroit de mon Livre ? ceci peut déplaire ; je donne trop matière à la censure ; quand, dis-je, on se parle de la sorte, on ne manque pas de rayer les fautes qui allaient échapper. Ainsi les observations malignes qu'on appréhende, nous rendent attentif dans l'instant même où la chaleur de la composition nous enlève, nous transporte. La critique peut-elle n'être pas utile, puisqu'elle éclaire d'avance ceux qui la redoutent? C'est souvent à la crainte de mal-faire que tel Auteur doit ses succès.

En écrivant ce Livre, je ne me suis point dissimulé tout ce qu'on me reprocherait. J'ai peut-être apperçu les endroits, contre lesquels on s'élevera davantage. Si je ne les ai point retranché tout-à-fait, ou adouci avec art, c'est qu'il m'a paru que je pouvais entreprendre de les justifier. J'ai cru même qu'il était absolument nécessaire qu'ils fussent tels que je les avais composé; le Lecteur va bientôt juger si je me trompais. Ai-je besoin d'avertir que je ne veux défendre que deux ou trois de ces endroits qui m'ont fait le plus de peine, & qui éxciteront le plus la mauvaise humeur? Quel Ouvrage ne me préparerais-je pas, si je voulais éxcuser tout ce qui déplaira dans mon Livre, ou si je voulais même calmer les craintes que la raison, ou trop de délicatesse, fait éprouver à l'Auteur attentif?

On trouvera que j'ai eu tort de mêler ce qui concerne la Comédie chantante, ou Opéra-Bouffon, avec les règles des différens Drames: on dira que j'aurais mieux fait de traiter à part ce nouveau genre de Poème. J'ai d'abord été tenté de prévenir toute chicane, & de parler sépa-

PRÉLIMINAIRE. xiij
rément du Théâtre moderne. Mais après avoir réfléchi aux objections que je redoutais, & aux raisons que j'avais à alléguer, j'ai pensé que j'étais autorisé à suivre mon prémier plan. En éffet, ne rapproche-je pas davantage les règles dont il serait à souhaiter que les Poètes du Spectacle moderne se ressouvinssent toujours ? Ne leur mets-je pas plus vivement sous les yeux les principes qu'ils ne doivent jamais oublier? En voyant alternativement ce que la Nature prescrivit à la Comédie & à la Tragédie, & ce qu'elle enseigne à ceux qui cultivent l'Opéra-Bouffon, ou la Comédie-mêlée-d'Ariettes, n'en sentiront-ils pas mieux

la nécessité de suivre sans cesse la Nature, c'est-à-dire les règles dramatiques?

Mais, me demandera-t-on sans doute, votre principal objet est-il le Théâtre créé de nos jours? Vous proposez-vous de ne parler principalement que des Poëmes du nouveau genre? Le dessein que je me propose est découvert au commencement de mon Ouvrage; je dirai seulement ici, que je serais charmé d'avoir écrit en abrégé tout ce qui concerne les différens Spectacles; & d'avoir prouvé que la Comédie-mêlée d'Ariettes est susceptible de toutes les règles, puisqu'on l'appelle un Drame.

PRÉLIMINAIRE.

Cette alliance, ce mêlange de ce qui regarde les Pièces du nouveau genre, & de ce qui concerne les divers Poëmes repréſentés au Théâtre, qu'on m'a déjà reproché, eſt directement ce qui donnera quelque mérite à mon Ouvrage. N'ai-je pas rencontré le ſecret de le diſtinguer de la foule ? Il eſt impoſſible qu'il n'ait un certain air de nouveauté. M'aurait-on pardonné d'écrire ſur le Poëme dramatique, dont on a tant parlé, & qui a fait naître en tout tems un nombre infini de Volumes; ſi je n'avais eu quelque choſe de particulier à obſerver, ſi je n'avais eu des règles toutes neuves à propoſer, ou du moins de nouvelles applications ? Le Spectacle moderne me fournit tout ce que je pouvais désirer pour rendre mon Ouvrage singulier, & pour faire des remarques sur le Drame, sans répéter tout-à-fait ce que les autres ont dit. J'ai au moins trouvé un prétexte honnête de composer un Livre sur le Théâtre. Encore une fois, il était nécessaire que je parlasse alternativement, de la Comédie mêlée-d'Ariettes, & des Poèmes perfectionnés chez les Français par Corneille & Molière. Un arrangement plus simétrique ne convenait nullement. La diversité qui résulte du plan que j'ai adopté, adoucira peut-être l'ennui, la monotonie qu'on éprouve

PRÉLIMINAIRE. xvij
toujours en lifant des Ouvrages didactiques.

Les longueurs où je fuis quelquefois tombé au fujet du Spectacle moderne, peuvent auſſi être excufées. Eſt-il étonnant que je me fois beaucoup arrêté à ce qui diſtinguera davantage mon travail ? J'ai cru ne devoir pas craindre les longueurs, quand il s'eſt agi d'écrire fur un Spectacle tout-à-fait nouveau pour nous.

Si j'ai oſé plaifanter dans quelques endroits de cet Ouvrage, je l'ai fait afin de diſtraire le Lecteur. Une autre raifon m'engageait encore à permettre à ma plume de s'égayer: convenait-il de traiter toujours fé-

DISCOURS

rieusement de l'Opéra-Bouffon, & de la Comédie-mêlée-d'Ariettes? Fallait-il n'être que grave & ennuyeux, en parlant de ce qui nous amuse & nous réjouit?

Afin de varier les termes, je désigne sous plusieurs noms le genre de Spectacle si en vogue de nos jours; je l'appelle quelquefois *Spectacle moderne, le nouveau Théâtre*, & tantôt *notre Opéra, la Comédie-mêlée-d'Ariettes*; Mais il me semble que le nom qni lui convienne le mieux, est celui d'*Opéra-Bouffon*, vu qu'il présente tout d'un coup une idée de son vrai genre; aussi est-ce celui dont je me sers le plus volontiers.

Ai-je besoin d'avertir le Lecteur,

que quelques endroits de cet Ouvrage ne sont qu'ironiques? il les connaîtra aisément; du moins je me fie assez à la pénétration de son esprit, pour ne les lui pas indiquer ici. M'étant proposé d'aprofondir particulièrement tout ce qui concerne le nouveau Spectacle, j'ai cru que je devais insérer les louanges qu'on lui prodigue à côté des critiques qu'en font les gens éclairés; afin qu'on ne pût rien m'objecter que je n'eusse déjà prévu; & il m'a semblé que l'ironie me mettait plus à mon aise. Au reste, malgré les détours que j'ai pris quelquefois pour dire ma façon de penser, il est facile de l'entrevoir; la vérité, que j'essaye de cacher en partie, m'échappe souvent, & perce le faible nuage dont je l'enveloppe. Le Lecteur se ressouviendra donc que la plus-part des louanges que je donne à l'Opéra-Bouffon ne doivent point être prises à la lettre. Elles renferment au contraire une critique très-forte & très-vraie de ce genre de Spectacle. Lorsque je me récrie sur ses beautés & sur son mérite, il suffira de penser le contraire de ce que je dis, afin de pénétrer mes véritables sentimens. Voilà dans quel esprit on doit lire une grande partie de ce qui concerne la Comédie-mêlée-d'Ariettes ou l'Opéra-Bouffon.

Bien des gens n'approuveront p

les critiques ouvertes ou cachées sous le voile de l'allégorie que j'ai faites du Théâtre qui plaît à la plus grande partie de la Nation. « Que nous » importe, s'écrieront-ils, que les » Opéras-Bouffons, & les Comédies-» mêlées-d'Ariettes, péchent sou-» vent contre les règles, pourvu » qu'ils nous amusent? Est-il nécessaire que les Pièces de Théâtre, » qui nous font vraiment plaisir, » renferment toutes les règles de » l'art ? La prémière loi est de plaire; » quand elle est éxactement obser-» vée, toutes les autres sont inu-». tiles. » Voilà ce que diront les Partisans d'un Spectacle que l'on chérit en France. Il n'est pas difficile de montrer qu'ils font dans l'erreur. Je demande d'abord, si l'on peut donner le nom de Poëme dramatique à l'Ouvrage informe qui ne contient que des Scènes mal-cousues, & dans lequel on ne voit ni intrigue, ni caractère principal ? Soyons encore assurés que ce n'est point le caprice qui établit les règles Théâtrales, mais l'étude réfléchie de ce qui est véritablement digne de nous plaire, & des événemens qu'amènent la Nature. On a donc tort de composer des Drames qui s'écartent des principes reçus, puisque ces principes sont fondés sur ce qu'éprouvent les hommes. On pourrait avancer, sans soutenir une opinion bifare, qu'il n'y a que l'obfervation des règles en tout genre qui promette de véritables fuccès. Tout ce qui s'écartera des règles, comme, par exemple, le Spectacle moderne, ne peut caufer qu'un plaifir paffager, & ne plaît même que parce qu'on eft féduit par des beautés de mode ou de fantaifie. La réfléxion vient bientôt défiller les yeux; elle fait fentir combien l'on a tort de chercher à brifer les chaînes que la Raifon & la Nature donnèrent au génie, afin qu'il puiffe toujours les fuivre. Il doit donc m'être permis de dire aux Poètes du nouveau Théâtre, & à ceux des diverfes Spectacles, que les règles font d'une importance extrême, & que ce n'est pas sans sujet qu'on veut les voir observées.

Au reste, comme chacun a son sentiment particulier, duquel on ne s'écarte presque jamais parce qu'on le croit le meilleur, je dois m'attendre que les raisons que j'allégue dans ce Discours préliminaire, afin de me justifier, persuaderont peu de personnes : je dois peut-être penser aussi que je me trompe moi-même.

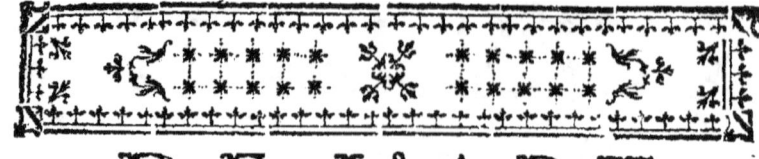

DE L'ART DU THÉATRE.

LIVRE PREMIER.

SOMMAIRE.

Après avoir prouvé l'utilité des Spectacles, on en raconte l'origine ; on fait passer successivement sous les yeux du Lecteur, l'Histoire des différens Théâtres des Grecs, des Romains, des Français, & des Peuples de l'Europe : On découvre la cause de leurs succès & de leur décadence. On passe ensuite à l'Histoire du nouveau Théâtre, c'est-à-dire, à ce qui regarde l'Opéra-Bouffon & la Comédie mêlée d'Ariettes.

CHAPITRE PREMIER.

Déssein de cet Ouvrage.

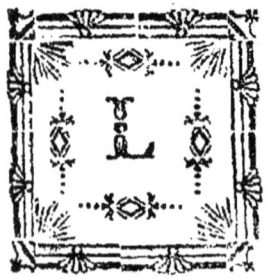

Es Spectacles sont trop précieux aux hommes, par les amusemens qu'ils procurent, & par les avantages qu'on en retire, pour ne pas se faire une gloire d'être utile aux Poëtes qui s'y consacrent.

Il paraît qu'on fut de tout tems persuadé d'une telle vérité. Plusieurs Savans cherchèrent à s'immortaliser en écrivant de sages réflexions sur le Poëme Dramatique. Aristote, dont le prodigieux sçavoir embrassa toutes les connaissances humaines, ne dédaigna pas d'instruire ceux qui voudraient marcher sur les traces de Sophocle & d'Aristophane ; l'ouvrage qu'il composa à ce sujet est aussi célébre que ses plus sublimes écrits. D'illustres Modernes, à l'imitation de ce fameux Philosophe, se sont éfforcés de répandre une vive clarté dans la pénible carrière du Théâtre ; ils ont fait en sorte que les couronnes de lauriers du Poëte Dramatique ne se fanassent jamais. Cependant l'on avait encore quelque chose à désirer, malgré le grand nombre de volumes où il est traité des règles dramatiques.

On a lieu d'être surpris qu'on n'ait point encore rassemblé dans un même ouvrage tout ce qui concerne les différens genres des pièces Théâtrales tant anciennes que modernes, & les diversités que le goût & les usages des Peuples y repandent. Il faut aller chercher dans une infinité de Volumes ce qui regarde les Spectacles des Grecs, des Romains & des Nations de l'Europe. Il serait pourtant fort utile de mettre sous un même point de vue les diverses sortes de Poëmes dont se décora la Scène antique, & ceux qu'elle fait paraître tant en France que chez nos voisins. Ce vaste tableau frapperait agréablement par sa diversité : les partisans du Théâtre verraient tout d'un coup par combien de moyens on cherche à les amuser & à les instruire. Le Poète Dramatique se remplirait d'un nouveau feu, en contemplant d'un coup d'œil les difficultés qu'il doit vaincre dans tout ce que peut embrasser son génie ; il s'animerait d'un noble enthousiasme, en découvrant d'un seul regard les nombreuses routes qui le conduisent à l'immortalité.

Il n'appartient ni à mon âge ni à mes talens de composer en entier cet ouvrage important, tel que je le conçois, qui manque à notre Littérature, & qu'on lui souhaite depuis long-tems. Le Traité de *l'Art du Théâtre*, que je présente au Public, est plutôt un essai qu'un écrit dans les formes. Quelqu'homme habile viendra peut-être après moi étendre & perfectionner mes idées. Je serai trop heureux si l'on trouve qu'il ne m'est échappé rien d'essentiel. Loin de trop présumer de mes forces, en mettant au jour cet abrégé des règles les plus nécessaires au Théâtre, je n'ai cherché qu'à montrer avec quel zèle je saisis les occasions d'être utile; & combien je serai flatté d'écrire désormais dans un genre qui distingue l'homme de Lettres, & qui lui mérite seul ce nom respectable. L'Histoire, le Théâtre, la Poésie, une sage Critique, sont des occupations dignes de tous les Littérateurs qui veulent illustrer leur nom. Quel honneur peuvent nous acquérir ces productions frivoles qu'on appelle Romans? ces petites Brochures agréables qui ne contiennent rien dont il soit nécessaire de charger sa mémoire? On oublie, aussitôt qu'on les a lus, & les fadaises dont elles sont remplies, & ceux à qui elles doivent le jour.

Cet ouvrage contiendra donc tout ce qu'on peut dire de plus important sur chaque espèce de Drames; il donnera aussi une idée de l'art que chaque Peuple éxige de ses Auteurs Dramatiques. Le Poète qui voudra connaître particuliérement le Théâtre auquel son génie le porte, verra que les règles sont générales, du moins parmi une Nation, & qu'on ne saurait par conséquent les suivre avec trop de soin. Au-lieu de n'être instruit que des loix d'un seul Spectacle, on les apprendra toutes, en paraissant n'en étudier qu'une partie. Ainsi les règles rapprochées s'éclairciront mutuellement, & deviendront plus faciles à retenir.

Qu'on ne craigne point de s'égarer en adoptant mes principes ; les Grands-Hommes qui ont traité des règles du Théâtre, feront presque toujours mes guides ; c'est à la lueur de leurs écrits que je ferai marcher les Poëtes qui voudront me lire. Mes raisonnemens doivent avoir quelque autorité, puisque je parlerai souvent, d'après Aristote, Horace, d'Aubignac, Boileau ; & d'après une foule de Commentateurs célèbres, & de Savans renommés. Lorsque je me hasarderai de proposer mon sentiment, je croirai que le goût de mon siècle éxige que je prenne cette liberté ; ou bien ce sera pour rapporter plus au long tout ce qui concerne un article intéressant.

Serait-il impossible de prouver que les Auteurs de Poétiques n'ont pas tout dit au sujet du Théâtre ? Quand il serait vrai qu'ils n'eussent rien oublié d'éssentiel, il me resterait toujours de quoi piquer la curiosité, puisque la Scène est décorée de nos jours de Poëmes dont le genre n'était guères connu autrefois. La Comédie larmoyante, l'Opéra-Bouffon, la Comédie-mêlée d'Ariettes, que nous voyons se former insensiblement, n'offrent-ils pas l'occasion de dire des choses tout-à-fait nouvelles ? Je puis donc me promettre de n'être pas sans cesse le copiste de ceux qui ont écrit avant moi les règles du Poëme Dramatique.

Afin de donner d'avantage à mon Livre un air de nouveauté, je ferai rapporter une partie de mes raisonnemens au Spectacle moderne. En achevant d'éclairer les Auteurs des Pièces d'un genre tout-à-fait neuf, & dont on fait tant d'éloges, je rapellerai à tous les Poètes dramatiques en général, les principes qu'ils ne doivent jamais oublier.

Puisque le plan que je me propose, me conduira à parler successivement de tous les Poèmes joués actuellement sur nos Théâtres, & à faire remarquer ce qui les concerne séparément ou en général; puisque, dis-je, mon dessein est de ne rien passer sous silence qui intéresse vraiment le Poëte, le Comédien, & les amateurs du Théâtre, je n'aurai garde d'oublier ce qui a rapport à la Musique. Il doit être question de cet art agréable dans un ouvrage où l'on voudra renfermer tout ce qui regarde les Spectacles. Deux fameux Théâtres, celui de l'Opéra-Sérieux, & celui de la Comédie-mêlée d'Ariettes, lui font redevables de prèſque tous leurs ſuccès. La Muſique eſt devenue de nos jours une partie éſſentielle du Drame. Ce que j'en dirai achevera peut-être de répandre les charmes de la nouveauté ſur quelques endroits de mon travail.

Il eſt, je crois, inutile de découvrir plus particulièrement quel eſt le deſſein qui me fait prendre la plume : ceux qui daigneront lire cet ouvrage, comprendront aſſez quelles ſont mes vues, & ceux qui voudront s'en épargner la peine, n'ont pas beſoin d'en ſavoir davantage.

CHAPITRE II.

Utilité des Spectacles.

LA nouveauté du Théâtre dont je parle ſouvent dans le cours de cet ouvrage, le rend peut-être moins reſpectable aux yeux de certaines gens. Il eſt des eſprits prévevenus, qui ne peuvent ſouffrir le moindre établiſſement moderne, & qui traitent d'innovations dangereuſes les choſes utiles qu'on oſe entreprendre. Parce que l'Opéra-bouffon éxiſtait à peine au commencement du fiècle, ils croyent pouvoir le dédaigner. Il eſt facile de faire connaître leur erreur. Je me flatte de prouver par la ſuite, qu'il eſt encore plus ancien que la Tragédie. Mais quand même il n'aurait d'autre droit à notre eſtime que celui de charmer toute la France, & de nous amuſer agréablement, c'en ſerait aſſez pour fermer la bouche aux Critiques. Je ne veux l'élever ici, qu'en le conſidérant comme un Spectacle, & qu'en faiſant voir qu'on ne ſaurait trop multiplier les Théátres, par les divers avantages qu'on en retire.

Que les Spectacles furent approuvés de tout tems.

Il eſt demontré que la Comédie & la Tragédie ſont l'école des mœurs. Les hommes viennent s'y inſtruire en s'amuſant. On leur doit les progrès de l'eſprit, & peut-être ceux de la vertu. Lorſqu'un Peuple eſt plongé dans la barbarie, il ignore ce qu'on entend par *ſpectacle*; à meſure qu'il ſe polit, on le voit careſſer les Muſes & courir en foule au Théâtre. Qu'on parcoure l'Hiſtoire des Nations; dans leur prémière groſſièreté, elles méconnaiſſent le genre dramatique; leur ignorance ſe diſſipe-t-elle? les Arts amènent la Comédie, qui vient achever de les éclairer. Dans les beaux siècles de la Grèce, ont fleuri les Euripides & les Sophocles. Les Romains, lorsqu'ils commencèrent à penser, se délassaient des travaux de la Guerre, en écoutant les Pièces de Plaute & de Térence. Ces mortels si farouches, qui ne respiraient que le carnage, & dont la vaste ambition voulut conquérir tout l'univers, n'auraient toujours été que des monstres barbares & grossiers, sans leur amour pour les spectacles du Colisée, & sans leur goût pour les Belles-Lettres. Les Anciens auraient-ils fait des dépenses prodigieuses ? Chaque Ville un peu considérable aurait-elle brigué la gloire d'avoir un Colisée, ou lieu propre pour représenter des Drames, si l'on avait regardé cet amusement utile comme un vain plaisir, défendu par la sagesse, & qu'on ne peut goûter sans remords ? L'État en retirait un nouveau lustre ; pourquoi donc abaisser ce que l'Antiquité nous apprend à chérir, & ce que les Peuples les plus policés estiment d'un commun accord ? Les Sages de la Grèce applaudissaient aux Tragedies de Sophocle & de ses rivaux ; ils se montraient dans le lieu de la représentation, confondus parmi les spectateurs.

A v

Ils maintiennent le bon goût.

Ce n'est qu'en déclinant, qu'en retombant au sein de la barbarie, qu'une Nation laisse éteindre son goût pour les Spectacles. Lorsqu'il commence à naître, il est le présage d'une grandeur rapide. Qui croirait que les faibles progrès de la Tragédie sous le règne de François I & de Louis XIII, annonçaient le siecle brillant de Louis XIV, père des Arts & des Lettres ? Si nos Théâtres dépérissaient un jour, si on se lassait d'y courir en foule, n'en doutons pas, nous retomberions dans la barbarie dont nous sommes à peine sortis. Si l'on prétend, à cause des taches qu'on voit dans le Soleil, que cet astre s'obscurcira totalement un jour, on peut prophétiser, en réfléchissant sur *les taches* qui paraissent déja dans notre Litterature, qu'un jour elle s'obscurcira tout-à-fait. Un Auguste, un François I, un Médicis, un Louis XIV, viendront alors lui rendre son éclat : elle le conservera parmi nous tant que rien ne ternira notre Théâtre, & tant qu'il ne sera point en proie au mauvais goût. N'épargnons donc rien pour lui conserver la grandeur, le sublime que lui donna Corneille, l'élégance de Racine, le vrai comique de Molière, & la pureté des mœurs qui l'accompagne depuis long-tems.

Leurs Ennemis sont en pétit nombre.

Mais qu'ai-je besoin de prouver l'utilité des Spectacles ? de grands hommes l'ont démontrée beaucoup mieux que moi. Qu'on lise leurs ouvrages, où l'éloquence prête de nouvelles forces à la vérité ; & que l'on avoue après ce que l'on aura ressenti. D'ailleurs, le nombre de ceux qui dédaignent le Théâtre est heureusement très-médiocre ; leurs vaines clameurs ont peine à se faire entendre. Ils pourraient se vanter d'avoir à leur tête un Philosophe fameux, si ce Sage ne montrait qu'il se plaît plutôt à avancer des propositions singulières, à soutenir des systêmes bisares, qu'à suivre tout simplement les lumières de la raison : cet homme de génie a la gloire de dire des choses uniques, & d'être presque le seul de son avis.

Les Censeurs du Théâtre ignorent son utilité.

Les Ennemis du Spectacle, qui s'en éloignent par état, ou par préjugé, reviendraient bientôt de leur erreur, s'ils en parlaient avec connaissance de cause. Se doutent-ils des sages leçons qu'il donne aux hommes ? Savent ils que la plûpart des Pièces, telle que *le Tartuffe*, *le Joueur*, *le Glorieux*, &c, &c ; valent d'éxcellens traités de morale ? Qu'ils viennent aux représentations des Ouvrages de nos grands Maîtres ; ils verront la licence bannie d'un lieu qu'ils ont méprisé ; ils sentiront la vertu pénétrer insensiblement dans leur cœur ; ils apprendront à s'intéresser au sort des malheureux. La Comédie d'un air enjoué, nous présente un tableau naif de nos ridicules ; tel s'amuse de la copie d'un petit maitre, d'un dissipateur, d'un méchant, dont il est souvent l'original. Nos faiblesses, nos folies mises en action, nous font rire de nos propres égaremens. La Tragédie en pleurs vient nous dépeindre les plus grands crimes des humains ; l'Innocence opprimée nous intéresse à son sort ; le Vice triomphant se fait haïr, détester ; on répand avec délices, des larmes de bienfaisance. La Vertu surmonte enfin les obstacles qui s'opposaient à sa félicité ; le Crime est terrassé, & nos cœurs sont satisfaits. Voila les beautés du Spectacle, & une partie de ses avantages. Disons tout en un mot ; il instruit en amusant. Il est aisé de montrer que son but est non-seulement de divertir, mais de corriger.

Castigat ridendo mores.

Le Spectacle est nécessaire à la Police.

Je veux pour un instant que le Théâtre ait quelque chose de nuisible; il suffit qu'il empêche un plus grand mal, pour qu'on doive l'estimer. En éffet, l'intérêt d'un Etat le porte à le maintenir. La Police aurait peine à conserver le bon ordre dans les Villes, si chaque Citoyen se trouvait désœuvré. Que de maux se succéderaient les uns aux autres ! Que de familles ruinées, si les Spectacles étaient abolis ! Le jeu deviendrait notre idole favorite, & la débauche aurait des charmes pour nous. La Comédie nous fait passer quelques heures dans des plaisirs honnêtes; elle a l'art de nous faire préférer un amusement agréable & utile, aux désordres inséparables du jeu, & aux malheurs qui suivent le libertinage. Ne sont ce pas-là des avantages réels ❦ Mais elle en offre encore de plus considérables.

De simples ridicules deviennent souvent des vices dangereux.

On prétend que la Comédie ne corrige les hommes que de quelques ridicules, assez peu importans à la société. Je soutiens que quand même elle n'aurait que ce mérite, elle doit fermer la bouche à ses Critiques;

Elle en ferait toujours plus que ces Moralistes éternels, qui se fatigueraient une année entière sans remporter la moindre victoire sur les pécheurs trop obstinés, ou trop faibles. Les triomphes de Molière nous montrent de quoi la Comédie est capable. Il sut corriger les *Précieuses* de leur langage affecté; il couvrit de honte les *agréables* de la cour, en exposant sur la Scène la peinture de leurs travers. On devrait, selon moi, trouver que le Théâtre fait un grand bien aux mœurs & à la société, en nous reprenant, même pour des ridicules très-légers. La moindre faute tire souvent à conséquence, & nous conduit dans une plus grande. D'ailleurs, les folies dont il nous guérit, ou qu'il nous fait craindre d'étaler au grand jour, sont plus importantes que l'on ne croit. La Coquetterie, par exemple, n'est elle pas contraire aux bonnes mœurs? Elle trouble le repos des familles; elle rend faible & criminelle la beauté qui ne se proposait quelquefois que d'enchaîner à son char une foule de soupirans. La crédulité des vieillards les fait tomber dans des piéges dont ils sont les victimes; ils prodiguent leurs biens aux dépens de ceux qui doivent en hériter. Enfin le Théâtre qui nous découvre nos erreurs les plus dangereuses, reprend aussi de mille ridicules, qui paraissent d'abord des bagatelles, mais qui, envisagés sérieusement, deviennent des vices repréhensibles & qui troublent la société. Il ne me serait pas difficile de prouver ce que j'avance, en m'étendant d'avantage. Je crois en avoir assez dit, pour ceux qui savent réfléchir.

Effet de la Tragédie.

La Comédie est l'école des hommes d'une classe ordinaire, ou pour mieux dire l'image de ce qui se passe dans les moindres actions de la vie ; & la Tragédie instruit les Particuliers & les Rois. Qu'elles renferment de leçons frappantes! Par combien d'éxemples terribles, fait-elle éffrayer les méchans ! Alexandre, cruel tiran de Phérès, ville de Thessalie, voyant jouer *l'Hécube* d'Euripide ; sentit son cœur barbare s'attendrir malgré lui. Il sortit avant la fin de la Piéce, en s'écriant, qu'il serait honteux qu'on le vît répandre des larmes, lui qui se baignait chaque jour dans le sang. Après un trait d'Histoire aussi fort en faveur des Spectacles, poura-t-on douter encore de leur utilité ?

Pourquoi le Théâtre est méprisé.

Je crois découvrir une des principales raisons qui porte le vulgaire à méprifer la Comédie. Elle n'est que trop facile à trouver; mais il est encore plus aisé de la détruire. Si vous voulez que les Spectacles soient regardés comme une école de la vertu, & une occupation digne des honnêtes-gens, ôtez la tache qui flétrit, en France seulement ceux qui s'y consacrent par état. Les Comédiens doivent être estimés lorsqu'ils ont des talens & des mœurs; je ne vois rien de bas ni de honteux dans leur emploi. Que peut-il y avoir de déshonorant à venir réciter en public les Ouvrages des Hommes de génie? On ne croira jamais que le Théâtre soit le centre du bon goût, & le réformateur de nos travers, tandis qu'on verra ceux qui y montent rejettés du rang de citoyens. Les gens à préjugés ont quelque apparence de raison de ne vouloir pas aller entendre & applaudir des Acteurs qu'on regarde comme flétris. Je suis honteux pour notre siècle, qu'il laisse subsister un pareil abus. Si vous proscrivez les Comédiens, méprisez donc, déshonorez les Auteurs des Ouvrages qu'ils représentent. Que peut-on imaginer de plus absurde? En France on élève jusques aux nues, on chérit, on révère ceux qui composent les Piéces dramatiques; & l'on fuit, l'on dégrade ceux qui les récitent. Une telle façon d'agir est si pitoyable, si contraire au sens commun, que j'aurais honte de m'y arrêter d'avantage. Nos Voisins se montrent bien plus sensés que nous.

Quels sont les Ennemis du Spectacle.

Les Gens dont j'ai parlé plus haut, ennemis de la Comédie par ignorance ou par entêtement, voyent sans doute le nouveau Théâtre de mauvais œil; ils doivent penser qu'on a très-grand tort de multiplier les Spectacles : il est aisé de leur faire sentir combien ils sont dans l'erreur. Je ne veux pourtant pas m'en donner la peine ; j'ai dessein d'éclairer ici des gens un peu plus respectables. Je ne m'adresse point non plus à ceux qui pourraient avoir des raisons d'intérêt, pour souhaiter la destruction totale de l'Opéra-bouffon. Il n'est que trop vrai qu'il leur fait un tort considérable ; mais ils n'ont qu'à redoubler de soins & de travail, qu'à bien traiter les Auteurs sur-tout, s'ils veulent balancer les succès d'un genre rempli d'agrémens. Le public gagnera dans leur petite guerre intestine, parce qu'ils s'appliqueront à se surpasser les uns les autres. Je n'ai en vue que les vains raisonneurs, les prétendus philosophes du siécle, qui n'ont d'autre interêt à déprimer le Spectacle moderne, que pour soutenir leurs idées.

Combien le Spectacle moderne diffère des autres Théâtres.

Lorsqu'on invente un genre de spectacle qui n'a rien de semblable à ceux qui sont reçus, on ne doit craindre aucune opposition. On devrait être sûr, au contraire, d'être encouragé & applaudi. Quel motif empêcherait qu'on accueillît avec joie un genre nouveau de plaisir & d'amusement? Puisqu'il diffère en tout des Spectacles qui sont en droit de nous plaire, on ne doit point appréhender de leur nuire, en les variant agréablement. Suivons l'exemple des Grecs & des Romains; ils ne craignaient pas de trop multiplier les Spectacles; ils allaient applaudir tour-à-tour la Tragédie, la Comédie & les Mimes. Mais, me dira-t-on, cette nouveauté, qui cherche à s'introduire, ne peut réussir qu'au grand dommage des autres Théâtres, qu'elle vient peut-être éffacer : elle ne leur est point si dissemblable que vous le supposez, continuera-t-on sans doute, puisqu'elle se sert de la parole & du chant, dont ils ont toujours été en possession. Je réponds en demandant d'abord, s'il est possible d'imaginer un genre nouveau de Spectacle qui ait rapport à la Littérature & à la Musique, sans se servir de la parole ni du chant. Il suffit qu'on emploie ces deux choses dans des combinaisons différentes, pour que l'on ne soit point accusé de rien imiter. Lorsqu'on exprimera, par exemple, à l'aide des paroles, les mœurs & les actions d'un Savetier, d'un Bucheron, &c. copiera-t-on ces Pièces où l'on ne voit que des Rois, ou pour le moins de bons Bourgeois ? En donnant à la Musique un mouvement plus vif & une gaieté qui la caractérise, sera-ce faire reparaître la gravité monotone de l'ancien Chant français ? Aucun Auteur ne s'est encore avisé d'en accuser un autre de plagiat, parce qu'il se sert, ainsi que lui, des vingt-quatres lettres de l'alphabet; or de même qu'il est permis à tout le monde de faire des Livres par le moyen de ces vingt-quatres lettres de l'alphabet, en leur faisant prendre un arrangement inconnu ; il doit être permis aussi d'inventer un Spectacle nouveau, où l'on pourra parler & chanter, pourvu toutefois que la parole & la musique soient employées différemment qu'ailleurs. L'Opéra-bouffon se trouve dans ce dernier cas.

Qu'il devrait y avoir deux Spectacles de chaque genre.

Je dis plus ; il serait à souhaiter qu'on établît deux Comédies françaises, deux grands Opéras (1) ; & ainsi du reste. Le Public, les Gens de Lettres, & les Acteurs mêmes y gagneraient. Il est aisé de concevoir, qu'alors les Comédiens ne se laisseraient point séduire par le bruit flatteur des applaudissemens ; ils craindraient toujours de voir triompher leurs rivaux ; cette noble émulation ferait croître & agrandir leurs talens ; ils feraient leurs efforts pour attirer les Auteurs, qui n'éprouveraient plus tant de petites mortifications, & qui feraient encouragés par l'espoir de parcourir deux vastes champs de gloire. Nous devons peut-être Molière à la rivalité de Montfleuri, & Racine à celle de Pradon. Il falut jadis deux Théâtres pour nous produire une foule de grands hommes ; pourquoi croyons-nous en avoir assez d'un ? Jugeons-nous notre siècle plus fécond que celui de Louis XIV ? Le Public est privé du plaisir de voir sur la scène deux *le Kain*, deux *Préville* ; de re-

---

(1) Il me semble que le mot *Opéra* est assez usité parmi nous, pour mériter d'avoir un pluriel.

trouver une seconde *Duménil*; il ne regretterait pas aussi vivement la célebre *Clairon*. Il est étonnant que dans un siècle où tout le monde se pique d'esprit & de philosophie, on ait à combattre des préjugés aussi bisares.

CHAPITRE III.
Origine des Théâtres.

L'ÉPOQUE des Spectacles ne me paraît pas juste. On prétend qu'ils ne furent connus qu'environ deux cens ans avant Aléxandre. Peut-on présumer que les Habitans de la Terre furent si longtems plongés dans la barbarie ? Ils cherchèrent, sans doute, des amusemens à mesure que leurs connoissances s'agrandirent. Dès que les sociétés furent formées, dès que les hommes devinrent sensibles au plaisir, ils suivirent tout ce que leur inspirait la gaieté. N'a-t-on pas lieu de penser que cette joie tumultueuse qu'ils ressentaient, dans quelque grande cérémonie, ou bien après une victoire signalée, ne leur ait fait inventer une espèce de Spectacle? Les uns célébraient par leurs danses la victoire qu'ils remportaient; les autres représentaient par des gestes l'audace, la frayeur & la fuite de leurs ennemis. Delà s'enfuivait une forte de Comédie, qui fe reffentait, il eft vrai, de la fimplicité des tems; mais qui n'en était pas moins un Spectacle. Ainfi l'origine de la Comédie, ou de la Paftorale, car ce fut d'abord la même chofe, doit fe chercher dans les premiers fiécles du monde.

La découverte de la vigne fait tout-à-fait connaître la Comédie.

La Comédie n'aura pris une certaine forme, ou plutôt n'aura été tout-à-fait en ufage, qu'après la découverte du vin; c'eft-à-dire, au plus tard, après la mort de Noé. Il eft probable, qu'en recueillant cette liqueur délicieufe, qui chaffe même la gravité du Sage, on fe foit livré à mille folies. On aura voulu repréfenter l'allégreffe qu'on éprouve, une coupe à la main; les Chanfons auront d'abord exprimé les fentimens de l'âme. Une aventure fingulière, arrivée dans le canton, mettant en humeur tous les efprits, fera venue enfuite égayer malignement les Spectacles bacchiques. Delà l'invention des paroles & du dialogue dans les Piéces ; il me femble voir chaque père de famille, le front couronné de pampre & de lierre, affifter à ces jeux naïfs, marquer les entre-Actes, ou la fin des Scènes, par d'amples libations du divin jus de la treille ; & applaudir en bégayant, aux rustiques plaisanteries de leurs Drames naissans.

Le savant Isaac Casaubon paraît être de mon avis ; il date de bien loin la naissance des Spectacles, puisqu'il prétend qu'ils ne la doivent qu'à la Nature. Voici une partie de son raisonnement. " La na- » ture, dit-il, est la mère des Arts ; elle » l'est aussi des Fêtes ; les Fêtes ont enfan- » tés la Danse & les bons mots ; de la » Danse est venue la Musique ; & des bons » mots sont nés les Spectacles comiques ». Voila, selon moi, une réfléxion à laquelle il est difficile de rien objecter. Je suis faché, pour la gloire de la Poésie, que la Danse & la Musique ayent sur elle le droit d'aînesse ; peut-être qu'elle ne peut leur disputer le pas, à cause de leur ancienneté : il faut avouer pourtant, que cet avantage est bien frivole ; la Musique & la Danse furent inventés lorsque les hommes étaient encore grossiers & simples ; mais c'est en se polissant qu'ils eurent la prémière idée de la Poésie.

Pour revenir à mon sujet ; je vois dès le tems de Bacchus, de Mercure, d'Osiris, ou de Noé (2), le germe de la Co-

―――――――――――――

(2) Tous ces différens noms ne désignent qu'un même homme, selon le sentiment de quelques Historiens.

médie se déveloper insensiblement. Elle eut d'abord la forme pastorale, qu'elle ne quitta sans doute, qu'à mesure qu'on s'éloignait de la prémière simplicité. Les Faunes, les Silvains & les Bacchantes, me paraissent autant d'Acteurs qui représentent divers personnages ; Silène était le bouffon de la Pièce. Croit on que le cortége du Dieu du vin le suivait en silence? Des gens éxcités par les vapeurs bacchiques, devaient donner carrière aux bons mots ; ils folâtraient en sautant sur les traces du Dieu. Leurs propos enjoués & leur marche bruyante attiraient une foule de peuples qui riait de leurs saillies, & des quolibets qu'on lui lançait.

Les Spectacles comiques sont aussi anciens que le Monde.

Je n'adopte point l'opinion des Auteurs qui ont traité de la Comédie ; voici comme ils racontent son origine. » Un bouc,
» disent-ils, ravageait les vignes d'un habi-
» tant de la Grece; on atrapa enfin cet ani-
» mal si friand de raisin, & on en fit un sa-
» crifice à Bacchus. L e particulier à qui ap-
» partenait les vignes ravagées, célébra sa
» joie avec toute sa famille, par des danses
» & par des chants ; ses voisins prirent part
» à son bonheur. En mémoire de cet évè-
» nement

» nement, on établit une fête annuelle, dans
» laquelle on immolait un bouc à l'honneur
» de Bacchus ; la fête se terminait par une
» Hymne à la louange de ce Dieu ». Les Auteurs soutiennent que c'est de-là que les Spectacles ont pris naissance. J'ose avancer qu'ils étaient déja en usage. Cette Histoire prouve qu'on faisait la guerre aux boucs, parce qu'ils étaient apparemment trop nombreux, & qu'on les sacrifiait au Dieu du vin, parce qu'ils détruisaient les vignes ; mais elle ne doit pas faire croire que les hommes n'eussent point encore trouvé dans leurs divertissemens une espèce de Comédie. Cette aventure lui donna, tout-au-plus, un nouvel éclat. La raison & l'expérience nous assurent que les hommes ont de tout tems recherché le plaisir ; les Spectacles, & surtout ceux des prémiers habitans du monde, tels qu'on doit se les représenter, sont les enfans de la joie ; ils ont donc existé dès que l'on a eu des sensations de plaisir, & des sujets d'allégresse. Il est inutile d'étendre d'avantage un raisonnement, qui ne demande qu'un peu de réflexion de la part de mes Lecteurs, pour faire connaître toute son évidence.

TOME I. B

La Tragédie n'est venue qu'après la Comédie.

Les Auteurs de Poétique sont tombés dans une erreur encore plus visible, que celle que je viens de reprendre ; ils soutiennent que la Tragédie fut inventée longtems avant la Comédie. Il est étonnant que de grands Hommes ayent commis une pareille faute : ils ne craignaient pas, sans doute, d'être repréhensibles, en parlant d'après Aristote. S'ils n'avaient point été des échos aussi fidèles, ils se feraient persuadés que la Comédie est beaucoup plus ancienne que la Tragédie. Ce que j'ai dit plus haut, en parlant de l'origine des Spectacles, en est une preuve certaine. En effet, on est convenu que c'est la joie & les délires du vin qui ont inspirés aux hommes la prémière idée d'un Spectacle ; or, est-il probable qu'ils ayent alors songé à la Tragédie ? Leur âme portée à la gaité, par tous les objets qui les environnaient, a dû plutôt éloigner d'eux jusqu'à la moindre apparence de chagrin. Ce n'était pas pour s'affliger qu'ils s'assemblaient un certain jour, dans le tumulte & dans l'ivresse des vendanges ; mais afin de se réjouir de l'abondante récolte, & de gouter les prémices du vin : on chantait & l'on dansait alors, disent nos Savans & tous leurs commentateurs. En faut-il d'avantage pour appuyer mon opinion? S'il paraît que le genre tragique se soit plutôt perfectionné chez les Grecs que le comique, ce n'est pas une raison d'en conclure, qu'il est beaucoup plus ancien. Thespis, qu'on veut nous donner pour le Père de la Tragédie, se serait-il barbouillé de lie, s'il avait prétendu débiter des maximes sérieuses?

Ce qui a porté à croire la Tragédie plus ancienne que la Comédie.

Il était naturel que ceux qui ont traité de l'origine de la Comédie se trompassent, & se contredissent eux-mêmes, sans s'en appercevoir; prétendant que la Religion a donné la naissance au Drame, ils devaient lui faire mériter cet honneur. Le comique leur parut indigne d'une telle source. Mais si leur vue s'était portée jusques dans les siècles reculés, ils auraient découvert la Comédie déja florissante, lorsque le genre sérieux commençait à peine à se distinguer de la farce. Aristote peut-être, & ceux qui l'ont suivi, n'ont entendu parler que de la Tragédie, lorsqu'ils ont avancé que l'époque des Spectacles doit être fondé sur l'aventure du Bouc immolé à Bacchus. Ils pourraient bien alors avoir raison; encore serait-il facile de prouver qu'ils ne prennent pas d'assez loin l'origine de la Tragédie. Je ne saurais me résoudre à croire que tant de siècles se soient écoulés, sans que les hommes ayent fait de grands progrès dans les Arts.

Qu'il est plus vraisemblable que le Comique ait fait naître le Tragique.

Il est certain, que si la Comédie était connue long-tems avant qu'on sacrifiât un bouc au dieu du vin, elle peut avoir fait naître l'idée du tragique. L'âme passe plus facilement du plaisant au sérieux, que du triste à l'enjoué; après que l'homme s'est occupé d'objets amusans, il tombe malgré lui dans des idées affligeantes. La faiblesse de sa nature, & le malheur attaché à l'espéce humaine, détruisent bientôt le peu de contentement dont il jouit, pour le plonger dans la douleur. La progression de la joie à la tristesse, nous est plus naturelle que du chagrin à la gaîté; si cela n'est pas tout-à-fait vrai au Phisique, il l'est du moins en fait d'ouvrage d'esprit. La Comédie a donc dû faire naître la Tragédie. Jugeons de ce qui est arrivé dans des tems dont l'on ne peut parler que par conjecture, en réfléchissant sur ce qui s'est passé sous nos yeux. *Le Comique-larmoyant*, ce genre si bisare, ne doit-il pas sa naissance à la Comédie ? Grace à M. *de la Chaussée*, & au *Père de famille*, tout ce que je viens de dire ne paraît plus hazardé. Le genre de la plaisanterie enfante de nos jours des piéces, où le désespoir gémit, où l'Amour & la Vertu répandent des larmes. Je pourrais encore citer pour exemple, notre Opéra-sérieux, qui fut à sa naissance presque semblable à l'Opéra-bouffon, comme on le verra dans un autre endroit de cet Ouvrage. En voila assez pour autoriser mon système; la même chose est arrivée chez les Anciens; ils ont créés peu-à-peu à l'aide de la Comédie le tragique entier.

Des lieux, où les Spectacles furent d'abord accueillis.

Je trouve ici une difficulté qu'il n'est guères possible de résoudre. J'aurais voulu marquer dans quels lieux précisément commencèrent les Spectacles; mais je l'avourai, je n'ai que des indices peu certaines. On s'écriera d'une commune voix, que la Grèce les connut la prémière; cette opinion me paraît très-mal fondée : je ne vois pas pourquoi quelque autre Peuple n'aurait pas inventé les Spectacles.

Cependant il faut décider ; l'Histoire est remplie d'obscurités, lorsqu'elle remonte dans des tems éloignés ; elle ne parle que par conjecture des Rois qui ont gouvernés de grands Peuples, & d'une monarchie entière : comment entreprendrai-je de parler avec certitude de l'origine des Spectacles, dont elle n'a presque rien dit, & qui se perd dans les prémiers âges du monde ? Il doit m'être permis, pour ainsi dire, de marcher à tâtons, & même de m'égarer.

Cependant il y a quelque apparence, que les Pays qui furent les plutôt habités peuvent se glorifier d'avoir inventé la Comédie. Les Royaumes les plus anciens, que l'on trouve policés dès les prémières pages de l'Histoire, doivent nous faire présumer qu'ils avaient des Spectacles dignes de leur grandeur & de leurs richesses. Je pense que la Comédie, formée grossiérement dans les Peuplades, ou sociétés des hommes de la campagne, aura passé dans le sein des villes, chez les Nations les plutôt civilisées. Elle prit dans peu une forme moins sauvage, & un certain éclat. Des Assiriens elle se sera introduite chez tous les Peuples du monde. Les Hébreux occupés à conquérir, à reprendre, à dédaigner, à révérer, à fuir leur

Religion, n'ont guères eu le tems de composer des Drames. Les Perses étaient dans leur origine trop guerriers, ou trop féroces, pour s'appliquer à la rendre brillante. Les Babyloniens peuvent être soupçonnés de lui avoir prêté bien des charmes. L'Égypte aimait trop les Arts & les Sciences pour ne pas l'accueillir; c'est de là qu'elle fera parvenue jusques chez les Grecs, avec le culte d'Osiris & des autres Dieux. Mais, me dira-t-on, pourquoi ces peuples, tels que les Égyptiens, par exemple, n'ont-ils pas bâtis des lieux propres au spectacle, aussi magnifiques que les autres monumens qu'ils ont élevés? Ma réponse est toute simple. L'usage était peut-être de jouer l'espèce de Comédie des prémiers tems sous des arbres dans la campagne, ou bien on détruisait le Théâtre dès que la saison d'y représenter était passée, comme nous voyons que l'on fait à Genève, où l'on joue la Comédie dans les faux-bourgs. Si j'ai rencontré juste, ces Nations si curieuses d'édifices superbes (3) n'avaient pas besoin d'en bâtir à grands frais pour les Spectacles.

―――――――――――――

(3) Voyez le Chapitre 6. du Livre 4. de cet Ouvrage.

La Grèce fait paraître les Spectacles avec éclat.

Voilà, selon moi, les Grecs déchus de la gloire d'avoir conçu la prémière idée de la Comédie. Mais on ne peut leur en ravir une autre qui vaut bien celle-là. Ils ont élevés les Spectacles jusqu'à un point auquel ils ne seraient peut-être jamais parvenus. Le genre Dramatique prit chez eux une nouvelle forme; ils le tirèrent par dégrés de l'avilissement où il paraissait devoir rester toujours, & le portèrent enfin au comble de la perfection. C'est à de telles marques qu'on doit estimer un Peuple. Les Arts & les Lettres firent en Grèce des progrès rapides. La Comédie se ressentit du goût délicat qui distinguait les Grecs de tous les peuples du monde.

Mais elle ne parvint pas tout-à-coup au mérite éclatant où nous l'avons vue dans les ouvrages d'Aristophane & de Ménandre. Thespis, barbouillé de lie, courut long-tems dans une charette les Bourgades & les Villes; ses bons mots amusaient grossiérement les passans. Je le compare, ainsi que ceux qui l'ont dévancés, à nos Farceurs, qui sur un méchant tréteau divertissent la populace. Ce fut, sans doute, Athènes qui fixa la Comédie,

& lui fit perdre ce qu'elle avait de rustique & de sauvage. Les Siciliens soutiennent, il est vrai, que la Comédie naquit à Siracuse, & qu'un certain Epicharmus en fut le père, & sçut la polir. Mais ils n'ont aucune preuve de ce qu'ils allèguent, au lieu que les Athéniens peuvent citer en leur faveur l'amour qu'ils avaient pour les Arts, & la réputation de leurs grands-hommes.

La Comédie se perfectionne en Grèce en même tems que le Tragique.

Plusieurs Savans ont fait remonter l'origine de la Comédie au tems d'Homère, qu'ils soutiennent en avoir fourni l'idée par son Poëme burlesque intitulé *le Margites*, ou par sa *Batra-Chomyo-Machie*. Je n'examinerai point de nouveau la question que j'ai déja traitée. Les Spectacles comiques étaient en usage chez les prémiers Peuples, sous des formes différentes; donc loin que le *Margites* en ait fournit l'idée, ce sont peut-être eux qui ont fait naître à Homère l'envie d'écrire son Poëme. Il me suffit de dire en peu de mots que la Comédie chez les Grecs se perfectionnait en même tems que la Tragédie. En effet, tandis qu'Eschyle composait ses Drames sérieux, tandis qu'il jettait de nouveaux personnages dans les Chœurs, une foule d'Auteurs ajoutait divers ornemens aux Drames enjoués. Il est vrai que la Comédie ne se perfectionna pas aussi vîte que sa rivale. On crut d'abord qu'une chose qui n'avait pour objet que de faire rire, méritait peu d'attention. Aussi lui laissa-t-on prendre d'abord toutes sortes de licences.

Des différens noms qu'elle eut chez les Grecs.

La Comédie-ancienne était une satyre amère de différens particuliers, que l'on nommait sans crainte ; elle alla même jusqu'à se jouer des Dieux. Lysandre, Général des Lacédémoniens, s'empara d'Athênes, & réprima les désordres du Théâtre. Alors il ne fut plus permis de nommer personne sur la Scène ; mais l'on se servit de masques ressemblans à ceux que l'on voulait railler ; c'est ce qu'on appelle *Comédie-moyenne*. Aristophane travailla dans les deux genres. Ses derniers ouvrages sont, dit-on, de la seconde espèce ; mais l'on y découvre presqu'autant de libertés que dans ses autres pièces. Molière sembla avoir le dessein de la ressusciter de nos jours, par le soin qu'il avait que ses Acteurs portassent les mêmes habits, & eussent les mêmes manières que les originaux qu'il dépeint dans ses Drames. *La Comédie-nouvelle*, qui brilla sans le secours des chœurs, fut en partie l'ouvrage de Ménandre, & des Magistrats qui bannirent absolument du Théâtre la licence & la grossièreté.

Ce qui fit tomber les Spectacles de la Grèce.

Voilà quels furent les progrès du Spectacle chez les Grecs. Il est étonnant que ce Peuple éclairé l'ait sitôt laissé retomber dans la barbarie, dont il avait eu tant de peines à le retirer. Cent ans après Sophocles & Ménandre, on ne découvre plus aucun vestige de son ancienne splendeur. L'Histoire de sa décadence serait pour le moins aussi curieuse que celle de ses progrès. Les Romains, que l'ambition portait à faire les guerres les plus injustes, éteignirent, sans doute, dans le cœur des Grecs, lorsqu'ils le subjuguèrent, l'amour des Belles-Lettres. Ce Peuple si fier & si estimable, honteux de se voir esclave, perdit en même tems son antique valeur & son goût pour les Arts.

Des Spectacles des Romains.

Les Romains contraignirent les pays subjugués à parler leur langue, & à prendre une partie de leurs coutumes. Mais ces fiers vainqueurs adoptèrent, sans peut-être s'en appercevoir, les usages de ceux qu'ils traitaient en maîtres : trop heureux de pouvoir donner des loix à des Peuples policés, qui se vengeaient en les éclairant ! Rome ne respirait que le meurtre & le carnage ; le bruit des armes était son seul amusement. Elle avait des Spectacles ; mais ils se ressentaient de ses mœurs féroces. Tout annonça long tems qu'une foule de banis & de criminels habitaient dans son sein. Les prémiers pas que ces conquérans de l'Univers firent dans la Grèce, pour repousser Pyrrhus, qui osa les attaquer jusques dans leurs propres foyers, leur découvrirent les charmes de la Littérature, & la beauté des Spectacles, dont ils avaient à peine l'idée. Ils dédaignérent d'abord ce qu'ils étaient incapables de sentir. Ce Général, qui, fesant conduire à Rome les chefs d'œuvres de Praxitéle & de Zeuxis, avertit celui qui était chargé de ce soin, que s'il se rompait ou se perdait quelques statuës ou quelques tableaux, il l'obligerait d'en faire faire de pareils, peint bien les mœurs des prémiers Romains. Ils connurent enfin l'utilité des Arts & des Sciences. Ils eurent honte de la rusticité de leurs Drames, & les polirent par dégrés.

Pourquoi les Romains excellèrent davantage dans la Comédie.

Il arriva chez les Romains tout le contraire de ce qu'on avait vu dans la Grèce. La Comédie s'éleva jusqu'au comble de la perfection, & la Tragédie fit de vains éfforts pour la suivre de loin. Térence & Plaute surpassèrent Ménandre, & Sénéque copia faiblement quelques endroits des Tragiques Grecs. Je crois découvrir la raison qui fit réussir les Drames comiques à Rome, tandis que le sérieux ne jouissait que de faibles succès. Les Grecs, qui conservèrent leurs vertus jusqu'à l'instant de leur esclavage, ne s'attachèrent qu'au Tragique; ils y chérissaient l'image de leur fierté, & des Héros qu'ils imitaient. Mais les Romains, qui déclinèrent insensiblement dès que leurs conquêtes les enrichirent, eurent un goût vif pour la Comédie, parce qu'elle éxcitait d'avantage au plaisir, & qu'elle avait un certain raport avec leurs mœurs éfféminées & corrompues. Aurais-je aussi trouvé la cause du grand succès de notre Opéra-Bouffon?

Différens genres de leurs Spectacles comiques.

On divisait à Rome la Comédie en trois

classes, distinguées par les habits que portaient les divers personnages, & par les roles plus ou moins éminens qu'ils représentaient : les décorations servaient encore à les indiquer. La prémière s'appelait *Prætexta*, à cause que l'on nommait ainsi la robe de pourpre, à large bande, que portaient les Magistrats en dignité; & parce que ses Acteurs étaient vétus de la sorte : voilà notre Comédie héroique. Les Acteurs de la seconde espèce étant habillés d'une robe nommée *Toges*, dont se servait le Peuple, & ne représentant que des actions Romaines, la firent appeller *Togata* : c'est là notre comique ordinaire. L'autre, surnommée *Tabernaria* parce qu'elle n'était décorée que de maisons simples de pauvres gens, a quelque ressemblance avec notre Opéra-bouffon; mais ce n'est pas ici le lieu de le prouver.

Causes de la décadence du Théâtre des Romains.

Je viens de raporter en abrégé tout ce que l'on a écrit sur la Comédie des Romains. La protection dont Auguste l'honnora, & le goût qu'il conçut pour les Belles-Lettres, paraissaient devoir immortaliser la gloire du Théâtre. A peine ce grand Prince eut les yeux fermés, que son éclat s'évanoüit, & qu'on le perd entiérement de vue. Le luxe énorme, la méchanceté de la plus-part de ses successeurs, qui préférèrent les combats sanglans des Gladiateurs & des bêtes féroces aux charmes de la Comédie, firent disparaître peu-à-peu l'amour des Lettres. Les troubles dont l'Empire Romain fut agité, l'inondation des Barbares, font encore des causes de la décadence du Spectacle. Les Muses restèrent pourtant quelque tems en Italie; mais elles étaient si effrayées du bruit des armes, & de la barbarie qui de nouveau se répandait de toutes parts, qu'elles y firent peu ressentir la douceur de leur présence. La Comédie sur-tout n'a jamais pu se relever de sa chûte; ses faibles efforts l'ont fait retomber encore davantage. Jugeons en par l'état dans lequel elle était le siècle passé, & qui ne parait point devoir changer de sitôt.

Les Spectacles passent en France.

Par une vicissitude singulière, lorsque les Sciences déclinent dans un pays, elles passent dans un autre, & s'y voyent bientôt comblées des honneurs qu'elles avaient perdus. La France était trop voisine de l'Italie, pour ne pas caresser à son exemple les Arts & les Lettres. La plus-part de nos connaissances, & sur-tout celles du Théâtre, nous viennent d'au-delà des Alpes ; il faut en convenir, malgré notre amour propre. La preuve des grandes obligations que nous avons aux Italiens, c'est que nos Provinces les plus proches d'eux furent les prémières à connaître l'art des Vers. La Provence & le Languedoc composaient des espèces de Comédies & des chansons charmantes, tandis que les Prêtres de Paris savaient à peine lire.

Ce qu'ils furent d'abord.

Les spectacles pourtant furent long-tems dans l'enfance. Nos bons Gaulois se contentaient d'une sorte de divertissement entremêlé de danse & de discours satyriques ; ils donnaient à tout cela un nom que j'ignore. Il est probable que du tems des Druides, les ministres de leurs Dieux, & même avant, ils instituèrent des fêtes qui ressemblaient en quelque sorte à la Comédie. Dans la fameuse cérémonie du *Gui de chêne*, on dansait, on chantait : en faut-il davantage pour faire appercevoir le germe caché du Drame? Il ne tarda pas à se développer, & beaucoup plutôt qu'on ne le croit communément. L'an 813. Charles-magne rend un Édit par lequel il défend aux Prêtres d'assister aux représentations des Farces; preuve convaincante que la Comédie était connue depuis long-tems en France. Les *Troubadours*, ou les Poètes provençaux, commencèrent à la faire éclore. Ils allaient dans les Cours des Princes faire le récit d'un trait d'histoire ou d'une avanture galante, ils accompagnaient, sans doute, leurs discours de quelques gestes; & nous pouvons présumer qu'ils ne chantaient pas toujours. Il est probable aussi qu'un interlocuteur se joignait quelquefois à celui qui recitait, & qu'ils faisaient ensemble un petit dialogue : voilà la Comédie naissante. Ils la portèrent même à un certain dégré de gloire. En vain l'on fait observer qu'on ne la trouverait pas deux cents ans après dans un état digne de pitié, s'ils l'avaient élevée au point que je prétends. Les troubles qui agitèrent le Royaume, causés en partie par les Anglais & par un zèle trop ardent pour la Religion, qui fit entreprendre les Croisades, éteignirent le goût qu'on avait pour les Troubadours, contraignirent ceux-ci à dégénérer & à rester dans un coin de la Provence.

Des Mystères.

Lorsque la Paix permit aux Muses de

respirer, le repos & les plaisirs amenèrent à leur suite la Comédie, si l'on peut appeller de ce nom le genre monstrueux qui délassa long-tems les Français. Il me semble cependant qu'il est facile de les excuser. Le ridicule de voir sur la Scène représenter *la Passion*, ne surprendrait point, si l'on considérait quelles étaient les mœurs & la façon de penser des Siècles qui s'en amusèrent. C'était dans la plus grande fureur des Croisades. Les Rois, les Grands & le Peuple ne respiraient que la mort des infidèles, ou qu'un glorieux martyre. Leur imagination frapée se peignait sans cesse le Calvaire, & toute la Terre-Sainte en proie aux Sarasins: il était donc naturel qu'on se plut à voir en action ce qui occupait tous les esprits. On ne saurait mettre en doute que les Spectacles sont toujours analogues aux mœurs de la Nation qui les adopte. Comme la folie de se croiser circulait dans l'Europe aussi bien qu'en France, on vit aussi presque dans le même tems représenter par-tout *les Mystères de la Passion*. Les singularités, les bizareries, que l'on mêlait dans ces espèces de farces sacrées, achèvent de nous peindre les hommes du treizième siècle. Au reste, *les Mystères* ont commencés plutôt que quelques Auteurs ne le prétendent ; mais je ne m'efforcerai point de le démontrer : qu'importe qu'un ridicule ait deux cents ans de plus ou de moins ?

L'abus de voir jouer les choses les plus saintes déplut à mesure qu'on se guérissait de la manie des Croisades. On ne souffrit plus enfin sur la Scène, Judas, Pilate ni les Apôtres, parce qu'on ne courut plus briguer l'honneur de se faire empaler par les Turcs. Cet heureux changement fit naître en France la bonne Comédie. Ses progrès furent d'abord bien faibles. Cependant au milieu de ses Farces elle mêlait déja de grandes beautés. *L'Avocat Patelin*, une des plus anciennes pièces que nous ayons (4), annonça combien elle excellerait à peindre naivement les mœurs. On pouvait dès lors juger de son genre, & de ce qui ferait son principal mérite. On pense pourtant qu'elle ne prit une certaine forme qu'à la fin du quinzième siècle. On regarde Jodelle comme le Père de notre Théâtre ; ce Poète vivait l'an 1552. Pour moi je crois qu'on lui fait trop d'honneur ; les gens un peu instruits savent que

---

(4) Elle fut jouée en 1470, elle avait alors pour titre, *les Tromperies, finesses & subtilités de maître Pierre Patelin, avocat à Paris*. L'auteur est François Corbueil, dit *Villon*.

long-tems avant lui, on compofait déja des Drames paffables.

La bonne Comédie.

Le fiècle immortel de Louis XIV. arrive enfin. A la voix de ce grand Roi, les Arts fe raniment, les Belles-Lettres fleuriffent de toutes parts : le goût, la politeffe viénnent embellir la France ; & les Spectacles brillent d'un nouvel éclat. Le faible mérite qu'ils avaient acquis fous fon prédéceffeur, ne faurait lui ôter la gloire de les avoir vu pendant fon règne s'élever au dernier degré de la perfection, & fe mettre à même de furpaffer, peut-être dans tous les tems, les Spectacles de l'Europe, des Grecs & des Romains. La protection dont cet augufte Monarque honnora les Sciences & l'homme de génie, fut caufe des progrès du Théâtre ; auffi de quel renom glorieux ne jouira-t il pas dans la poftérité ? Les Rois devraient être perfuadés qu'ils peuvent encore plus s'immortalifer en comblant de bienfaits les talens, qu'en conquérant des Provinces entières. Colbert doit partager les éloges qu'on prodigue à fon maître ; c'eft un fecond *Mécène*, favori d'un fecond Augufte. L'amour qu'il reffentit pour les Lettres lui fit engager Louis XIV. à les chérir ; il fut démêler dans l'âme de ce Prince un penchant qu'on aurait peut-être toujours ignoré : souvent les vices & les vertus des Rois font l'ouvrage de leurs Ministres.

L'excellent Comique en France n'est venu qu'après la Tragédie.

Il me paraît que notre genre comique, ainsi que celui des Grecs, a beaucoup d'obligations à la Tragédie. Il ne se serait peut-être jamais tant élevé sans elle. En effet, la Tragédie le devança, & se montrait en Reine sur la Scène, lorsqu'il était encore réduit à divertir la Populace. Les succès de sa rivale l'enflammèrent d'une noble émulation. Ils lui apprirent qu'il y avait des régles pour enchanter le Public; & qu'il ne suffisait pas d'exciter à rire; mais qu'il fallait peindre avec finesse un ridicule. Les applaudissemens prodigués aux ouvrages de Rotrou, aux essais du grand Corneille, firent naître à Molière l'idée de parcourir une nouvelle carrière. Le Drame agréable fut bientôt perfectionné par ses soins; il le mit à même d'aller de pair avec la Tragédie, & de la dévancer quelquefois. C'est ainsi que le Théâtre Français se trouva digne tout-à-coup d'attirer tous les regards. Deux hommes de génie, Corneille & Molière, ornèrent la Tragédie & la Comédie des beautés dont elles sont susceptibles ; ils eurent l'art d'achever ce que tant de siècles n'avaient pu qu'ébaucher.

Des Théâtres de nos Voisins.

Si je ne dis rien du Théâtre des Anglais, des Allemands & des Espagnols ; c'est que son origine fut la même que celle des Spectacles de France. La dévotion, le goût des Croisades, firent adopter à toute l'Europe des pièces bizares. Les Français connurent les prémiers le ridicule de pareils Drames, & ce ne fut guères qu'après Corneille & Molière que le reste de l'Europe eut des Poëmes un peu dans les règles.

Digression : Pourquoi la Poésie est plutôt perfectionée que les Sciences.

Je fais une réflexion à laquelle je prie le Lecteur de me permettre de m'arrêter un instant. Ce n'a point été le travail continu d'une foule de gens d'esprit qui a conduit les Lettres de progrès en progrès, de clartés en clartés ; un seul homme de génie, ou deux tout au plus, ont suffi pour les couvrir de gloire. Pourquoi ne sont-elles pas sujettes aux mêmes loix, à la même progression de succès que les Arts & les Sciences ? Il n'a fallu que le seul Homère pour concevoir & produire le Poëme épique ; son ouvrage est non-seulement admirable ; mais le chef-d'œuvre de l'esprit humain : Eschyle donne à la Tragédie la grandeur & le sublime qui lui convient : Aristophane & Ménandre prêtent à la Comédie l'enjouement & les graces qu'elle doit avoir. Les ouvrages d'esprit, en un mot, parviennent tout-à-coup dans chaque pays à leur perfection. Quand je dis *tout-à-coup*, j'entens qu'après avoir langui dans la barbarie, un grand homme a l'art de les en retirer, sans qu'il ait d'autres moyens, d'autres règles pour y réussir que l'exemple des mauvaises choses que l'on a faites, & que les réflexions que ses lumières lui fournissent. Quelles sont les Sciences qui se soient perfectionnées aussi promptement ? Les Arts peuvent-ils citer un génie heureux qui les ait fait connaître par son seul travail, ainsi que Térence découvrit les beautés de la Comédie chez les Latins, & que Corneille apprit aux Français le grand art de la Tragédie ? Après des tentatives réitérées, on découvre l'invention de la Boussole. Des siècles entiers se sont écoulés dans des recherches infructueuses au sujet de bien des Sciences. C'est insensiblement qu'on a sçu calculer, écrire, imprimer, &c. Un second ajoute à l'idée d'un prémier, un troisième y travaille encore à son tour, ainsi du reste ; au lieu que les ouvrages d'esprit, chacun dans leur genre n'ont eu besoin que d'un seul homme de génie. Je demande d'où vient cette différence dans les Lettres & dans les Sciences ? Je n'ose entreprendre de résoudre une pareille difficulté. S'il m'est permis d'avancer mon sentiment, je dirai, que la Littérature n'étant point aussi utile aux hommes que les Arts, il est naturel qu'elle ait moins couté de peines à perfectionner. D'ailleurs, ce que nous regardons comme sans défaut peut en avoir encore. Si la Comédie & le Poème épique étaient d'une aussi grande conséquence à la société que le sont, par exemple, la Médecine & l'invention de nos manufactures, on tâcherait chaque jour de les approfondir davantage, & de les rendre plus parfaits ; & par conséquent ils deviendraient l'ouvrage de plusieurs. L'on peut tirer de ce que je viens de dire une preuve assez claire du frivole & de l'inutilité des Lettres. J'espère que le Lecteur me saura gré de ma franchise ; il est beau & très-rare, de

voir

voir un Homme de Lettres avouer que les Sciences sont de beaucoup au dessus de la Poésie, & qu'il est un peu moins qu'un Artiste.

Il me reste encore à parler de l'origine de l'Opéra-Bouffon ; ce genre nouveau de Spectacle qu'on se fait une gloire d'estimer, mérite d'être traité comme les autres Théâtres. Il est trop précieux à la Nation, pour que l'on ne soit pas charmé de savoir ce qui le fit naître en France. Mais il est digne d'avoir un Chapitre à part.

CHAPITRE IV.

Histoire de l'Opéra-Bouffon, autrefois Opéra-Comique & ses progrès.

SI je ne fais remonter ici l'origine de l'Opéra-Bouffon qu'au commencement du siècle passé, il n'en faudra pas conclure qu'il ne puisse se glorifier d'une antiquité plus reculée. Je veux seulement parler dans ce Chapitre de son établissement chez les Français. Je tracerai l'histoire de ses commencemens, de ses progrès, chez un Peuple éclairé, qui finit par l'accueillir avec enthousiasme. Je me réserve d'agiter ailleurs la question, s'il fut connu des Anciens.

Méprisable origine de l'Opéra-comique.

L'Opéra-Bouffon ne peut point trop s'enorgueillir de sa naissance chez les Français. Il doit le jour à la farce, aux quolibets & aux bons mots tant soit peu indécens. On sera forcé d'en convenir. Mais il ressemble à tant de gens sortis de la fange, qui s'élèvent bientôt par leur mérite, & font oublier ce que leur origine a de vil & de bas. Plus un homme fait arriver aux dignités, aux Sciences, malgré la boue dans laquelle le sort l'a placé, plus il est digne de notre estime. De quels rares talens ne doit-il pas être pourvu ? On doit donc faire un grand cas de l'Opéra-Bouffon. Ne semblant destiné qu'à servir de passe-tems aux laquais, qu'à végéter dans un état obscur, il franchit par dégrés l'espace immense qui s'opposait à son triomphe ; il parvint, du milieu des Baladins & des Danseurs de cordes, à l'honneur d'égaler, & même de surpasser les succès de la Tragédie. Quelles sublimes qualités ne lui a-t-il pas fallu ? Il a presque eu besoin d'un miracle.

Les Comédies Italiennes nous en ont donné l'idée.

Nous sommes redevables aux Italiens d'un genre d'amusement aussi précieux : ils ont, je crois, inventés les Chansons modernes. Les Troubadours, d'abord timides écoliers, surpassèrent bientôt leurs maîtres, & apprirent aux Gaulois à chanter de petits Vers galans. Il est donc naturel de regarder les Italiens comme les inventeurs de l'Opéra-Bouffon, puisqu'il était dans son principe l'assemblage de plusieurs couplets ou vaudevilles. L'ancien Théâtre Italien est soupçonné, avec assez de vraisemblance, de nous en avoir donné l'idée. Il entre-mêlait très-souvent dans ses Pièces facétieuses des chansons gaillardement tournées : il n'en fallut pas d'avantage pour faire naître l'Opéra-Comique, qui nous conduisit insensiblement à former un Spectacle plus agréable.

C'est dans les Foires qu'il commence à se montrer.

Les Foires de saint-Germain & de saint-Laurent à Paris furent les prémières causes qui nous firent connaître l'Opéra-comique. Sans elles nous aurions toujours été privés de cet aimable enfant de la joie. C'est dans le sein des différens plaisirs qu'elles rassemblent qu'on le vit se former.

Les Marionnettes le mettent en vogue.

Le croirait-on ? Les Marionnettes du fameux *Brioché* contribuèrent beaucoup à faire naître notre Opéra-Bouffon, puisqu'elles firent éclore l'Opéra-Comique : elles sont un des plus anciens Spectacles de la Foire. Il est clair que les Marionnettes de ce tems-là parlaient, chantaient & dansaient tout comme à présent. Les Farces qu'elles représentaient jadis, & celles de nos jours, ont une grande analogie avec les Drames de notre Théâtre. Enfin on doit convenir que les Marionnettes en ont tracés le plan. C'est peut-être pourquoi elles ont été si courrues ; on prévoyait déja la beauté du genre qu'elles feraient éclore un jour.

Un Spectacle où l'on fesait danser des Rats fut aussi cause de sa naissance.

Une autre sorte de Spectacle tourna

tous les esprits à la gaité. Il parodiait un des principaux ornemens du Théâtre, & montrait un nouveau genre de burlesque qui conduisit insensiblement à la découverte de l'Opéra-Bouffon. L'on trouvera sans doute ridicule ce que je vais avancer ici. L'on me demandera quelle analogie il peut y avoir entre une singularité sans exemple & le genre pour lequel j'écris. Je demanderai à mon tour surquoi l'on décide que Thespis barbouillé de lie soit l'inventeur de la Comédie telle qu'elle est à présent, & même de la Tragédie ? Il n'y a pas tant de raport de Thespis à nos Spectacles que de la chose originale dont je veux parler avec l'Opéra-Bouffon. Voici quel était le Spectacle bizare que je soutiens avoir contribué à sa naissance.

Un Rat d'une grosseur prodigieuse, portant une barbe vénérable, adonisé avec soin, dansait sur la corde tendue ; il tenait dans ses petites pates un balancier, & se présentait avec autant d'assurance que *Spinacuta*, ou le plus hardi danseur de corde : sa grace & sa gentillesse charmaient tout le monde. Ensuite une douzaine de Rats dressés sur leurs deux pieds, dansaient une sarabande au milieu du Théâtre avec une précision, une agilité surprenantes. Voilà quel est le prodige auquel notre Opéra doit son origine. Puisque l'on prend celle des autres Spectacles dans les danses, dans les fêtes des Anciens, je puis trouver aussi le germe de l'Opéra-Bouffon dans la danse des Rats.

Les Danseurs de cordes le font aussi naître insensiblement.

Quelques années après, des Sauteurs, Voltigeurs & Joueurs de gobelets, joignirent à leur éxercice ordinaire une sorte de Pièce chantante & très-burlesque. Des troupes d'acteurs s'en mirent en possession, & les forcèrent de la leur abandonner, parce qu'ils la représentaient beaucoup mieux. En 1630. l'Opéra-Comique devait avoir pris déja certaine forme, puisque l'on trouve une pièce imprimée en 1640, intitulée *La Comédie des Chansons*. Cet ouvrage fait augurer qu'il en éxistait beaucoup d'autres long-tems avant, mais que l'impression n'a pas fait parvenir jusqu'à nous.

Ceux qui fixent l'époque de notre Opéra en 1678, & qui disent que la troupe d'Alard & de Maurice en donna l'idée par une pièce qu'elle représenta sous ce titre; *Les Forces de l'Amour & de la Magie*, se trompent, selon moi. Cette Pièce était mêlée de sauts périlleux, de machines, de changemens de Théâtre, & l'on n'y voit aucune indice de chant ; d'ailleurs, elle est trop postérieure à *la Comédie des Chansons*: il vaut donc mieux tirer son origine du Spectacle des Marionnettes, & du Ballet des Rats.

M. Le Sage le soumet à quelques règles.

Le Théâtre moderne resta long-tems enseveli dans l'obscurité; il était digne à son aurore des Bateleurs qui s'en emparèrent. Des images fort indécentes, & des couplets remplis d'équivoques, en fesaient le principal mérite. Il parut vouloir, au commencement du siècle où nous sommes, se retirer de la crapule dans laquelle il languissait, & se corriger de ses plaisanteries, dont la Vertu rougissait souvent. M. Le Sage eut, dit-on, le bonheur de le polir, & de le rendre moins déshonnête.

On ne lui ôta point toutes ses indécences.

Au reste, quand je dis que notre Opéra fut purgé de ses indécences, & rendu parfait, il faut entendre qu'on le corrigea de ses défauts autant que sa mauvaise constitution put le permettre. Il lui resta toujours un penchant irrésistible au mal, un reste de ce qu'il avait été dans son origine. Tout ce qu'on put faire, fut d'amener au moins ses Auteurs à chérir l'apparence des bienséances théâtrales : il fallut se contenter de ce faible succès. Lorsqu'on parvient à résoudre un fameux libertin à se priver d'une partie de ses plaisirs, on s'applaudit d'une aussi petite victoire ; elle en fait espérer une plus grande. Le débauché revenu de ses erreurs laisse souvent entrevoir les vices auxquels il était le plus enclin ; notre nouveau Spectacle agissait de même.

C'est à ce Spectacle que nous devons le Vaudeville.

Il posséda long-tems le Vaudeville. C'est lui qui nous apprit l'Art de le tourner avec élégance, d'y joindre l'esprit à la malignité. Il unit ensuite la musique aux simples chansons. L'accueil que lui fit le Public, lorsqu'il se fut paré de ces nouveaux ornemens, l'engagea de renoncer tout-à-fait aux airs communs ; & de ne plus se montrer sans être accompagné d'une foule d'Ariettes. C'est ainsi que nous le voyons de nos jours, & qu'il restera selon les apparences.

Ce qui lui fit adopter la Musique.

La raison qui lui fit se servir de la Musique, est assez facile à trouver. Il s'était réservé le droit de parodier les meilleures Piéces des autres Théâtres; en voulant tourner en ridicule les Opéra-sérieux, pouvait-il se dispenser de recourir à quelques morceaux de leur musique ? On parodie le chant comme les paroles déclamées. Mais il se sera d'abord servi d'un air léger ou d'un récitatif du grand Opéra pour accompagner de nouvelles paroles, plutôt que pour donner au chant une tournure bouffonne. Il s'enhardit peu-à-peu en parodiant les Ariettes Italiennes les plus célèbres, c'est-à-dire en fesant plier des paroles Françaises aux mouvemens d'une musique qui nous était étrangère. Nous allions chercher chez nos voisins des airs vifs, & les chefs-d'œuvres de leurs grands maîtres, parce que nous nous imaginions bonnement qu'il serait impossible à des Français de devenir habiles musiciens. Dès que l'expérience eut prouvé le contraire, on cessa d'être copiste, & l'on se rendit digne à son tour d'être imité.

Comment les Français prirent du goût pour l'Ariette Italienne.

Les Chanteurs Italiens qui charmèrent tout Paris en 1748. ont beaucoup contribué à l'amour excessif que nous ressentons pour la Musique Italienne. les Intermèdes qu'ils représentèrent, tout mauvais, tout pitoyables qu'ils étaient, nous aidèrent à créer l'Opéra-Bouffon : l'on voulut tâcher de se consoler de leur départ. La mémoire de ces trois Italiens sera toujours fameuse en France. L'Opéra-Sérieux qui leur permit de monter sur son Théâtre, ne s'attendait pas qu'ils dussent lui jouer un si vilain tour.

Quelles furent les prémières Pièces chantantes.

Les Troqueurs, pièce de Vadé, est le prémier Drâme-Bouffon que l'on ait mîs en musique en France. *Les Aveux indiscrets* le suivit bientôt. Ces deux Comédies chantées au son des instrumens, firent une sensation étonnante; mais ce n'était point encore le genre que nous avons adopté. M. Sédaine en est le vrai créateur. *Blaise le Savetier* fit prendre une forme différente à l'Opéra-Comique, & changea même notre Littérature. Transporté dans une sphère nouvelle, ce singulier Théâtre se trouva tout-à-coup en état d'obscurcir les autres Spectacles. Il leur déroba la plus grande partie de leurs Spectateurs; &, ce qui leur fut bien plus sensible, presque tout le profit qu'ils en retiraient.

Ce n'est guères qu'en 1754. que l'Opéra de la Foire sentit l'utilité de la musique, & les agrémens des Ariettes. Il ne faut pourtant pas conclure, malgré l'expérience & le bon sens que les Italiens ayent connus l'Opéra-Bouffon avant nous. Ils ont été nos maîtres sur bien des choses ; mais nous ne conviendrons jamais qu'ils nous ayent indiqués le genre qui nous enchante. Afin de leur en ravir l'honneur, nous allons le chercher jusques dans les prémiers Opéras de Quinault, tels qu'*Alceste* & *Cadmus*; oui, nous prétendons y démêler le genre d'un Spectacle qui nous est si cher. La scène de *Caron* & des *Ombres* dans *Alceste* est pour nous une preuve sans replique. La sincérité me force d'avouer qu'il y a des Scènes dans *Pomone*, Opéra qui fut représenté en 1671, qui sont très-dignes du Théâtre moderne. Il est du moins certain que Molière lui-même travailla, sûrement sans y penser, dans le goût des Drames qui sont l'objet de notre estime. Pour s'en convaincre, il suffit de faire attention aux Divertissemens de ses Comédies, surtout à ceux de *Pourceaugnac*, du *Bourgeois Gentil-homme* & du *Malade imaginaire*. Enfin, loin de céder aux Italiens la découverte de l'Opéra-Bouffon, nous soutenons au contraire, qu'ils nous en sont redevables. Convenons au moins que nous leurs devons les Chansons, ainsi que je l'ai remarqué plus haut. J'observerai en faveur des Anglais, que ce Peuple si sage semble avoir connu avant nous l'Opéra-Bouffon ; il suffit pour s'en convaincre, de jetter les yeux sur l'*Opera du Gueux*, *La double Métamorphose* ; & sur plusieurs de leurs Poèmes-Dramatiques, dans lesquels on rencontre du chant enjoué.

L'Opéra-Comique éprouva bien des revers.

Ce Spectacle que nous chérissons tant éprouva bien des revers. Il fut souvent prêt à tomber sous les coups de ses ennemis. Son courage le soutint, & le conduisit enfin au bonheur dont il jouit. Les talens excitent toujours contre eux l'envie

& la cabale; les sots cherchent à déprimer ce qu'ils ont le malheur de ne pouvoir connaître. Soyons-en persuadé, si l'Opéra-Comique n'avait eu un certain mérite, il n'aurait point soulevé contre lui un si grand nombre de jaloux, ardens à le déprimer, & à lui susciter mille traverses. Le détail des peines qu'il lui fallut essuyer avant de confondre ses envieux, & de pouvoir en paix nous amuser, ressemble beaucoup à un Roman. Pour peu que l'on eut d'imagination, ou qu'on voulut broder son histoire, on ferait un livre rempli d'avantures surprénantes. Voici l'extrait de ces diverses catastrophes.

Ruses qu'on mit pour lui en usage.

A peine fut-il sorti de la grossiéreté qui paraissait devoir être son partage, qu'il lui fut défendu de se montrer (5). Il osa pourtant risquer un subite apparition quelques années après sa disgrace. On ne lui dit rien tant qu'on le vit marcher d'un pas timide dans la carrière des Lettres; mais dès qu'il voulut reparaître avec quelque éclat, on l'abolit de nouveau. Les Acteurs

---

(5) Environ l'an 1700.

forains, réduits d'acheter à prix d'argent le droit de divertir le Public, traitèrent avec les Directeurs de l'Académie Royale de Musique, & obtinrent la permission de le remettre sur la Scène avec tout l'éclat qu'ils pourraient lui prêter. Il parut (6) d'un air enjoué & galant, indice certain de ce qu'il serait un jour. Le bruit de ses succès réveilla *les serpens de l'envie*. De nouveaux énnemis renaissaient à chaque instant, semblables à l'hydre domptée par Hercule, plus on en terrassait, plus leur nombre se multipliait. On trouva qu'il fesait tort aux autres Spectacles; il lui fut défendu de se servir de la parole; mais il s'avisa d'un expédient digne lui seul de le couvrir d'une gloire immortelle. Comme ses Personnages étaient contraints de jouer à la muette, on descendait un carton, qui s'arrêtait sur la tête de ceux qui devaient parler, & sur lequel étaient écrites en grosses lettres les paroles que l'Acteur ne pouvait faire entendre que par signes. Ces cartons se succédaient très-rapidement, & fesaient à-peu-près le même éffet que le dialogue. Il fallait alors à notre Opéra des Spectateurs & des Lecteurs. Cette jolie invention mérite de passer à

---

(6) En 1715

la postérité. Une autre-fois il eut recours à un autre stratagême, qui sçut encore tromper la malice de ses rivaux. Les couplet qu'on devait chanter étaient sur des airs connus, on en répandait des copies dans le Partèrre & dans les Loges; l'Orchestre jouait l'air, des gens apostés exprès, confondus parmi les Spectateurs, commençaient à chanter, le Public les accompagnait en *chorus*. Cette ruse charmante éxcitait tout le monde à la gaité. Un de ses Auteurs eut encore recours à un autre stratagême : comme il était dit que les Acteurs de l'Opéra-Comique ne parleraient point sur le Théâtre, il s'avisa de les faire parler en l'air; dans la Pièce intitulée *Les Perroquets*, il était naturel de voir tous les personnages sur des arbres. Les sollicitations qu'on ne cessait de faire contre cet infortuné Théâtre l'emportèrent encore (7). Il ne fut plus permis de représenter à la foire que des Pantomimes.

L'Opéra-Comique est forcé de retourner aux Marionnettes.

Je vais apprendre au Public un trait de

---

(7) En 1725.

l'histoire de notre Opéra sur lequel on …m-ble avoir jetté un voile, sans doute parce qu'il n'est pas trop à la gloire de l'Opéra-Comique. Il s'agit d'une nouvelle subtilité qu'imaginèrent ses Auteurs afin de le faire paraître en dépit de ceux qui cherchaient à le détruire ; elle est …gne d'être conservée aussi bien que ses au tres stratagêmes : la voici. Entre les années 1724. & 1726, il lui fut ordonné de ne plus se montrer : ce malheureux Spectacle fut contraint alors de récourir à sa prémière origine, c'est-à-dire, qu'il revint habiter avec les Marionnettes. Non-seulement *Polichinel* & ses autres confrères de bois, représentaient les piéces de l'Opéra-Comique ; mais encore les infortunés Acteurs de ce Spectacle si souvent renversé jouaient avec eux ; ils se tenaient cachés derrière la toile, & parlaient tandis qu'on fesait mouvoir les Marionnettes. C'est à l'aide d'une invention aussi bisare qu'ils donnèrent au Public *Pierrot Romulus ; le Rémouleur d'amour.* &c ; les paroles sont de Le Sage. Si quelqu'un doutait de ce que j'écris ici, j'ai des preuves en main qui convaincraient les plus incrédules. Le maître des Marionnettes se nommait *Jeannot-Bertrand*, bisayeul du Sieur *Bienfait* qui vit encore. On le gratifiait d'un louis par jour. Voici un des couplets des Vaudevilles du *Rémouleur d'amour*; ce couplet prouve qu'on chériſſait déja beaucoup l'Opéra-Comique. On jurerait qu'il eſt compoſé depuis peu, tant il a de raport avec notre façon de penſer actuelle; qu'on en juge.

  Grands Auteurs quittez la Lyre,
  Et ceſſez de travailler;
  A préſent on aime à rire,
  Le Sublime fait bâiller;
  C'eſt le tic, tic, tic, tic,
  C'eſt le tic du Public.

Eloge de celui à qui l'Opéra-Comique a le plus d'obligation.

Enfin celui qui devait mériter à jamais l'eſtime de la Nation, vint diſſiper la profonde nuit dont ce Spectacle était environné. Illuſtre M * * *! ſi j'oubliais de t'accorder les éloges qui te ſont dus, la France jetterait un cri d'indignation; elle m'accuſerait de taire par envie les vertus des grands-hommes. Tu te conſacras dès ton enfance à l'amuſement du Public. Quel ſervice n'as-tu pas rendu au génie folâtre de la Chanſon! Ah, ſi l'uſage d'élever des ſtatues aux généreux mortels qui s'immolent pour le bien Public, & qui ſe diſtinguent par eur talens, n'était malheureuſement aboli, tu recevrais bientôt cet honneur suprême; mais sois sûr pour le moins d'en avoir une dans tous les cœurs. M. *Monet*, obtint en 1752. le privilege de réinstaler l'Opéra-Comique sur le Théâtre de la Foire. C'est alors que cet aimable Spectacle acheva de se polir, & de mériter tous les suffrages.

Dernier accident qui lui arrive.

Qui ne l'aurait cru à l'abri des revers? Il paraissait n'avoir plus lieu de craindre les caprices de la fortune; la volage l'éleva au plus haut de sa roue afin de l'en précipiter avec plus d'éclat. En un mot, malgré les plaisirs qu'il inspirait, & malgré les gémissemens du Public, ce singulier Spectacle fut entiérement aboli. (8) Cependant ce qu'ont dit les Philosophes se trouva véritable; il devint heureux lorsque ses disgraces furent à leur comble: il fut réuni à ses adversaires, c'est-à-dire au Théâtre-Italien. (9) Il s'en consola bientôt, par la joie qu'il eut d'être honoré du titre de second Théâtre de la France, & de s'assurer chaque jour qu'il en est le prémier.

Fin du prémier Livre.

---

(8) En 1761.   (9) En 1762.

DE L'ART DU THÉATRE.

LIVRE SECOND.

SOMMAIRE.

Ce Livre est consacré à l'éloge du nouveau Spectacle; le mérite de notre Théâtre favori s'y présente sous divers aspects; si ses défauts passent en revue, ses bonnes qualités leur sont bientôt opposées. On trouve dans les Auteurs Anciens & Modernes des passages en sa faveur. Quoiqu'il paraisse qu'Aristote n'en a rien dit, on s'efforce de rencontrer dans les écrits de ce Philosophe, & dans ceux des plus grands hommes de l'antiquité, quelques mots qui prouvent que les Grecs & les Romains peuvent l'avoir connus. On tâche ensuite de montrer les avantages que tirera notre siècle, ainsi que la postérité, de ce Spectacle.

CHAPITRE PREMIER.

De l'excellence du nouveau Théâtre.

ME sera-t-il difficile de prouver que l'Opéra-bouffon est un Spectacle parfait ou qu'il peut le devenir? Je ne crains point de trop hazarder en entreprenant ce Chapitre. Pour être en état de remplir tout ce qu'il promet, je n'ai qu'à répéter les éloges flatteurs qu'on donne au genre qui me met la plume à la main.

Mes seules pensées ne soutiendront pas le nouveau Théâtre. La plus-part des Auteurs Anciens & Modernes semblent avoir écrits en sa faveur. Je citerai, quand l'occasion s'en présentera, plusieurs de ces passages dans lesquels ils nous encouragent à l'applaudir. On jugera combien de plus longues recherches m'en auraient fourni, puisque le hazard m'en a tant procuré.

Une grande preuve de son mérite se tire d'abord du prodigieux succès qu'il a parmi nous. Serait-il possible que *Paris*, le séjour des Arts & des Lettres, où règnent tout à la fois le faste & le goût, se fut rendu l'admirateur d'un Spectacle ridicule? Cette Ville est trop éclairée, trop amoureuse des belles choses, pour accorder son estime à de pures frivolités. Ce n'est, dit-on, que pour son amusement qu'elle chérit le genre que vous préconisez. Quoi ! tout Paris ne voit dans l'Opéra-Bouffon que des bagatelles faites pour le divertir un instant; il n'y court avec transport qu'afin de s'en réjouir & de les oublier aussitôt ! Une pareille idée tombe d'elle même. Si l'on ne trouvait au Spectacle Moderne du Sublime & de grandes beautés, irait-on quarante fois à la même Pièce ? Me fera-t-on croire qu'on aille rire si long-tems à des ouvrages qui ne seraient que burlesques ? L'agréable lasse à la fin ; on s'ennuie bientôt des traits plaisans qui nous divertissaient.

Objections importantes.

J'entens un des ennemis de ce précieux Théâtre s'écrier ici, que Paris ne chérit ses Poèmes que par caprice & par légéreté. Il aime le changement continue notre *Aristarque* ; dégoûté de la Comédie qu'on croit n'avoir plus rien à peindre, & des Tragédies qui se ressemblent toutes, il adopte un Spectacle nouveau ; non parce qu'il a quelque mérite ; mais parce qu'il satisfait son inconstance : oui, s'il aime tant l'Opéra-Bouffon, c'est parce qu'il y trouve le frivole & le futile, dont sans cesse il fait ses délices. Je repondrai sans peine à notre malin Critique, à cet homme insensible aux attraits de la Musique & du beau simple. Les provinces ont le même amour pour l'Opéra-Bouffon : sont-elles sujettes aux défauts, à la légèreté qui régnent ordinairement dans Paris? Non assurement; le Négociant s'occuppe de son commerce; on va se délasser au Spectacle des fatigues de la journée; ce n'est point le caprice qui fait rejetter ou préférer telle chose : le goût qu'elles ont pour un genre presqu'adoré dans la Capitale, est donc une preuve de son mérite?... La Province se plaît à copier Paris; elle est toujours le singe de ses actions; ainsi l'on ne peut soutenir sans ridicule que notre Capitale fasse bien d'avoir telle fantaisie, puisque les Provinces l'imitent à l'envi l'une de l'autre... Au moins ne pourra-t-on rien m'objecter contre l'éxemple de toute l'Europe, qui estime autant que nous l'Opéra-Bouffon. L'Allemagne en fait ses délices, peu s'en faut que l'on y sois tenté d'oublier, ainsi qu'en France, tous les autres Spectacles. Si l'on ne voit pas dans les autres Cours, des troupes d'Acteurs d'Opéra-Bouffon, comme dans l'Empire, la difficulté d'en trouver de passables en est la seule cause. Son triomphe est donc complet, puisqu'il est goûté de tous les Étrangers.... Mais ils se font une loi d'adopter nos usages; ils mettent leur étude à saisir nos modes à mesure qu'elles paraissent. Faut-il conclure que nos pompons sont divins, nos équipages sublimes, parce qu'ils les chériffent après nous ? Hèlas ! peut-être n'ont-ils appris de nous à tant aimer l'Opéra-Bouffon, que pour le feul plaifir de s'amufer de nos frivolités, & que par la même caufe qu'ils imitent nos frifures élégantes, nos charmans colifichets, nos jolis petits riens !

Réponfes appuyées du fentiment des plus grands Auteurs.

Ces vaines repliques ne fauraient ébranler les partifans du nouveau Spectacle. Ils font trop perfuadés de fon mérite, pour faire attention à des difcours frivoles. Plus il a de cenfeurs, plus fa gloire acquièrt de luftre & d'éclat; les envieux cherchent-ils à abaiffer ce qui l'eft déja de lui-même ? Laiffons donc parler les Critiques & n'en foyons pas moins fes admirateurs. Que n'a-t-on pas cherché à tourner en ridicule ? Que l'on me cite une chofe qu'on ait d'abord applaudi d'une voix unanime ? d'ailleurs, quels font les énnemis de notre Opéra ? de prétendus gens de Lettres; & ces Meffieurs fe font acquis le droit de tout méprifer fans conféquence. Écoutons à ce fujet un Ancien Auteur (1).; » S'il y a chofe, dit-il, où

---

(1) Corneille Agrippa. Je me fers toujours d'une

» l'esprit humain se donne carrière, c'est
» à juger d'autrui; & notament cela est
» comme ordinaire à ceux qui font métier
» de mettre à bon escient le nez dans les
» Livres ». Ces paroles si sages serviront
de réponse aux clameurs de quelques
beaux esprits. Si trente hommes de génie
s'élèvent contre notre genre favori, deux
cents le défendent avec succès. Et quand
même il n'aurait aucun partisan, faudrait-
il le dedaigner ? » Le vrai caractère des
» hommes, dit l'Abbé Prévost, est de ra-
» baisser ce qu'ils admirent, & de cher-
» cher des déffauts dans ce qu'ils estiment ».
Mais entrons dans un plus grand détail. Je
vais rapporter une partie de ce que le
nouveau Théâtre peut alléguer en sa faveur. Je demande au Lecteur la permission
de m'étendre un peu dans ce Chapitre.

Maxime d'Aristote.

Je prie le Lecteur de faire attention à
ce sage précepte d'Aristote; » Pour con-
» naître si une chose est bien ou mal dite,
» ou bien ou mal faite, il ne faut pas se
» contenter d'examiner la chose même,
» & de voir si elle est bonne ou mauvaise;

---

ancienne traduction.

DU THÉATRE. 73

» il faut avoir égard à celui qui parle ou
» qui agit » (2). Ce paſſage du Philoſo-
phe Grec empêchera qu'on ne puiſſe
triompher en attaquant le Théâtre moderne; cet axiome eſt même conſtruit de
manière qu'il eſt difficile de trouver des
fautes dans l'ouvrage le plus mauvais,
tant il offre d'excuſes, & de moyens de
ſe diſculper.

*Corneille a dit quelque choſe en faveur
de la Comédie-mêlée-d'Ariettes.*

L'on ſentait depuis long-tems que les
Lettres avaient beſoin d'un nouvel ornement, & que notre Théâtre n'était point
encore arrivé au point de la perfection.
Le croirions-nous ? Corneille, le grand
Corneille a prophétiſé la naiſſance du
Spectacle moderne, a prévu combien il
charmerait la France. Voici ſes propres
paroles. » Le retranchement que nous
» avons fait des Chœurs, a retranché la
» Muſique de nos Poëmes; *une chanſon y*
» *a quelquefois bonne grace* ». Les Ariettes ne ſont-elles pas clairement déſignées ?
Oſera-t-on diſputer à Corneille le mérite
d'un genre dont il fait l'éloge ? Ce grand

---
(2) Poet. Chap. 26.

homme connaissait trop les règles, les véritables beautés du Théâtre, pour s'être trompé en parlant des moyens qui le feraient plaire. Considérez qu'il soutient la Musique légère & bouffonne, plutôt que celle de l'Opéra-Sérieux; car s'il avait entendu les Poëmes héroiques, se serait il servi du terme de *chanson* ? J'en suis certain, le Père de notre Tragédie, s'il avait vécu de nos jours, l'aurait aussi été de l'Opéra-Bouffon ; le passage que je viens de rapporter en est une preuve.

Boileau nous apprend pourquoi ce Spectacle nous fait tant de plaisir.

L'énnemi juré des mauvais ouvrages, le fléau des sots Auteurs, le dur & l'élégant Boileau, nous apprend dans un seul Vers quelle est la raison qui nous fait tant aimer notre Opéra. N'a t-il pas exprimé ce qui se passerait un jour dans notre ame, par ce Vers énergique ?

L'Esprit avec plaisir reconnaît la Nature.

Je conseille aux Acteurs de ce Spectacle charmant de le faire écrire, en grosse lettres d'or, sur le rideau de leur avant scène. On jurerait qu'il a été fait exprès pour eux. Une parelle devise serait d'un grande utilité ; tel qui fait ses délices de l'Opéra-Bouffon, sans pouvoir en expliquer la cause, s'en verrait éclairci avec joie.

Objections embarassantes qu'on peut faire encore contre ce Théâtre.

On me dira peut-être que le Théâtre doit instruire, & qu'il faut absolument qu'un Drame, de quelque nature qu'il soit, renferme une leçon utile ; j'avourai qu'on a raison. » Eh bien, me demandera-
» t-on, trouve-t-on qu'il y ait un grand
» mérite de placer sur la Scène un Buche-
» ron, un Tonnelier, &c. ne vaudrait-il
» pas mieux les laisser dans leur obscurité ?
» Qu'avons-nous besoin de nous occuper
» des amours ou des avantures de gens
» aussi vils ? Quelle instruction peut-on en
» retirer ? Qu'importe à nos mœurs qu'ils
» soient sages ou vicieux ? Ne se corrige-
» rait-on pas mieux en voyant au Théâtre
» un homme d'un état un peu distingué,
» au lieu d'un Maréchal-ferrant, d'un pau-
» vre laboureur, &c ? Le Spectacle est
» fait pour amuser, ou plutôt pour ins-
» truire, ceux qui sont censés pouvoir y
» venir chaque jour ; il est clair que le

» menu Peuple ne se soucie guères de porter
» son argent à la Comédie : c'est donc
» donner des leçons à des gens qui ne
» viennent point les entendre ».

Réponses.

Cette objection embarassante m'a souvent inquiété. Je répondrai d'abord à ces derniers articles. Pourquoi ne mettrions-nous pas sur le Théâtre des Artisans, des Manœuvres, puisqu'il nous est permis d'y placer des Domestiques, qui sont souvent le plus bel ornement des Pièces ? Il est vrai que *Champagne* & *Frontin* ne sont pas toujours sur la Scène, comme ce Bucheron, ce Maréchal-ferrant, &c. Les uns n'ont que le dernier rang dans un Drame, & les autres en sont ordinairement les principaux personnages ; mais c'est une nouvelle découverte de l'esprit humain : on peut aussi bien rire des plaisanteries d'un savetier, que des ruses & des souplesses d'un valet intelligent. Peu nous importe d'ailleurs de voir la Scène occupée par un Roi, par un simple particulier, ou par un vil artisan. Tout ce qui nous amuse nous paraît digne de notre attention. On avait purgé le Théâtre des personnages vils & grossiers, par ce qu'on voulait en banir la farce ; mais nous, plus éclairés fans doute que nos ayeux, nous les remettons fur la Scène, nous courons applaudir leur façon de parler ; nous nous extafions à des peintures trop naïves qui auraient autrefois choqué le goût & la délicateffe.

Au fujet de l'objection, fi l'on peut fe rendre eftimable en copiant fidèlement les mœurs de la lie du Peuple ; voilà tout ce que je dirai actuellement. Il faut avouer que c'eft un fecret que perfonne n'enviait jadis ; on ne pouvait pas même foupçonner qu'on défirat un jour de le trouver. Les Auteurs de l'Opéra-Bouffon favent repréfenter les actions d'un manant : qu'un Homme de Lettres s'occupe à faire revivre Alexandre, Brutus & nos Rois les plus auguftes ; eux fe font gloire de nous montrer un ruftaut, un fimple pécheur, un Boulanger. C'eft un mérite qui leur eft propre, qu'on ne leur difputera jamais, & qui eft tout à la fois unique & bifare.

Que fon ftile eft peut-être excufable. Paffages tirés des Auteurs Anciens & Modernes.

La perfection de notre Opéra fe trouve peut-être même dans fa baffeffe. S'il manque de ce sublime qu'on voit dans les autres Spectacles, c'est une singularité qui le distingue, bien loin de lui faire tort. Le Père Brumoy a bien raison de dire, « Les » Œuvres poètiques peuvent avoir des » beautés d'un ordre plus ou moins élevé, » & plaire par des graces différentes ». L'Opéra-Bouffon a ses beautés particulières qu'il est impossible aux autres Théâtres de lui dérober.

La plus-part des Poètes du nouveau Spectacle paraissent avoir raison de se persuader que le stile est très peu nécessaire pour faire valoir les ouvrages d'esprit. Voici ce que dit le fameux Rhéteur Longin; » Les grands mots, selon les habiles gens, » sont en effet si peu l'essence entière du » Sublime, qu'il y a même dans les bons » Écrivains des endroits sublimes dont la » grandeur vient de la petitesse énergique » des paroles (3). » Si l'on voulait récuser l'Auteur Grec que je viens de citer, sous prétexte de son ancienneté, & que les goûts ne sont plus tels qu'ils étaient autrefois, le témoignage de Boileau montrerait que les Auteurs Modernes sont du même avis. Cet illustre Critique s'exprime ainsi; » Il n'y a rien quelquefois de plus sublime

---

(3) Traité du Sublime.

» que le simple même ». (4) Qu'on ose encore après cela faire le procès a quelques Poëmes de l'Opéra-Bouffon. Soyons en persuadés une bonne fois pour toutes, ce n'est pas sans dessein que plusieurs de ses Auteurs employent des façons de parler communes & triviales. S'ils ne mettent dans la bouche de leurs personnages que des pensées basses & populaires, c'est parce qu'ils s'appliquent à peindre la Nature. Des Savetiers, des gens qui fèrrent des chevaux, doivent-ils s'exprimer aussi élégament qu'un homme de la Cour? Il est beau de ne point s'écarter de ce qu'on appelle le *Costume*.

Ce que dit Horace dans un endroit de sa fameuse Épitre à Mécène, qu'on qualifie du nom de Poëtique, achevera de montrer qu'une Pièce de Théâtre n'est point toujours méprisable, quoique son stile soit très souvent bas & commun. Voici les termes de ce Poëte élégant & judicieux; » Une Comédie où l'on rencontre
» des sentimens & des mœurs, quoi
» qu'elle soit sans grace, sans force & sans
» art, plait quelques fois d'avantage au
» Spectateur, & l'attache plus fortement
» que ces Vers magnifiques & harmonieux

---

(4) Discours sur les Inscriptions.

» qui ne fignifient rien » (5). Je terminerai cet article par une remarque du Père Brumoy ; il femble confeiller aux Auteurs Dramatiques de ne fe point donner la peine de bien écrire leurs Poèmes, parce que le Sublime du ftile n'eft jamais faifi aux repréfentations. La manière dont il s'exprime laiffe du moins entrevoir fon idée ; qu'on en juge : » Ce n'eft que le » fang froid qui applaudit au Théâtre à la » beauté des Vers ». La conféquence que j'ai tirée n'eft-elle pas naturelle ? Pourquoi voudrait-on plaire au Spectateur de fang froid ? Il eft impoffible que la repréfentation d'une action ne le trouble, ne l'agite, & n'aille ébranler fortement fon ame. Notre Opéra éxcite auffi dans ceux qui viennent l'admirer un enthoufiafme violent, qui les contraint à frapper des pieds & des mains : il eft inutile d'avoir des chofes grandes & fublimes à leur dire ; ils ne les entendraient pas. Je remarquerai pourtant qu'il eft néceffaire de bien écrire un Drame au rifque de n'être pas entendu pendant la repréfentation, ainfi que je le prouverai ailleurs.

---

(5) Ou bien encore,
*Ubi plura nitent in carmine, non ego paucis,
Offendar maculis.* HOR. de Arte poetica.

Le nouveau Théâtre plaît généralement.

Pouffera-ton la malignité jufqu'à difputer au Spectacle Moderne l'avantage de plaire à tout le monde, je veux dire à la plus-part de ceux qui fréquentent les Théâtres ? Je crois avoir déja prouvé que fes adverfaires étaient fans conféquence. Il a le fecret de fe faire goûter de la Cour & de la ville. Cette approbation générale, qu'il eft fûr de recevoir en tout tems, dénote affez fon mérite. Il faut un grand art pour favoir contenter les différens goûts. » Une pièce de Théâ- » tre, dit Ariftote, doit pour être bonne » remporter les fuffrages des favans & des » ignorans ». (6) Les Drames du Spectacle dont je parle, ont le bonheur de fatisfaire à ces conditions. Je trouve qu'ils plaifent encore d'avantage aux ignorans qu'aux gens d'efprit. Mais c'eft une nouvelle preuve de leurs beautés : un fot eft plus difficile a émouvoir, à charmer, que celui dont le goût eft éclairé ; il n'eft pas aifé de fe mettre à fa portée ; il faut que les bonnes chofes foient, pour ainfi dire, palpables afin qu'ils les apperçoivent & les

_____

(6) Poët. Chap. 13.

applaudissent. Combien d'hommes de génie se sont toujours fait une gloire de voir leurs ouvrages goûtés par les ignorans ? Ils ne croyaient leurs productions sans défauts que lorsque des gens sans études daignaient y sourire.

Molière avec raison consultait sa Servante (7).

Il résulte de tout ce que je viens de dire, que nous ne saurions trop aimer cet agréable Spectacle. Apprenons par cœur ces paroles de Tacite ; elles nous prouvent que nous avons raison de ne point rougir de notre amour pour les Ariettes Italiennes, & elles doivent faire taire en même tems ceux qui oseraient nous blamer : » Ce qui nous sert maintenant d'éxem- » ple, a été autrefois sans éxemple, » & ce que nous fesons sans éxem- » ple, en pourra servir un jour ». Mais ai-je besoin d'encourager mon siècle à persister dans ses fantaisies ? Doit-on craindre que la mode de la Musique enjouée, dure aussi peu que celle de la parure, & que la réputation de bien des Auteurs ?

---

(7) Piron, la Métromanie, Comédie.

Succès des Ariettes même hors de la Scène.

On dirait que le goût pour la Musique Italienne est devenu en France une maladie épidémique, de laquelle personne ne peut se mettre à couvert, qui gagne les gens les plus graves, & dont l'on serait au désespoir d'être guéri. Nous imitons on ne peut d'avantage ce que l'on raconte des habitans d'Abdère. Archelaus, fameux Comédien du tems de Lysimachus, Roi de Macédoine, représenta devant eux l'*Andromède* d'Euripide, avec tant de force & de pathétique, qu'ils furent atteints d'une frénésie qui leur fesait courir les rues en récitant les Vers de cette Pièce. Il est singulier que l'Opéra-Bouffon ait aussi l'honneur de troubler les meilleures cervelles. Si nous n'allons pas par les rues en chantant à haute voix, avouons qu'il ne nous manque qu'un dégré de chaleur, & que nous n'en sommes guères plus sensés. L'Histoire ajoute, que les habitans d'Abdère furent guéris de leur folie aussitôt que l'hiver eut rafraichi leur sang Toutes les glaces du Nord ne suffiraient pas pour calmer l'ardeur que nous ressentons pour notre Spectacle favori. Concluonsen, que le Spectacle moderne n'inspire point un enthousiasme qui tient de la folie, ou qu'il est très-difficile de nous rendre sages, une fois que nous avons perdu la raison.

Nos plus célèbres Auteurs sont partisans de l'Opéra-Bouffon.

Les hommes de génie qui font le plus d'honneur à la France, sont aussi de zélés partisans du Théâtre Italien. S'il était méprisable, ainsi que le soutiennent de prétendus connaisseurs, verrions nous d'illustres membres de l'Académie Française s'abaisser à composer pour lui des ouvrages ? Aurions-nous vu des Auteurs distingués dans la République des Lettres, ne pouvoir atraper sur ce Théâtre ce je ne sais quoi qui fait tant applaudir les Sédaine & les Anseaume ? Il faut donc que le genre du nouveau Spectacle ait de certaines difficultés, puisque même des hommes de mérite échouent en voulant y travailler. Serait-il moins facile à saisir que le sublime du Tragique, ou le vrai génie ne saurait-il s'abaisser jusqu'à lui ? N'éxigerait-il que des talens médiocres ? Je laisse résoudre la question à ceux qui daigneront s'en donner la peine ; ils feront

plus flattés de la décider eux-mêmes, que si je me chargeais de ce soin. Le Philosophe Rousseau, digne tout-à-la fois de louange & de blâme, est un des grands partisans de la Musique; il est vrai qu'il donne la préférence à celle des Italiens, mais c'est en cela qu'il fait paraître combien il estime l'Opéra-Bouffon. Il commença même ses travaux Littéraires par composer *Le Devin de Village,* dans lequel on peut voir une grande partie de notre genre favori, le germe des *Romances,* des *Ariettes* & celui du *Vaudeville.* Ce Sage caressé des Muses & des gens vertueux, crut autant s'immortaliser en fesant une espèce d'Opéra-Bouffon qu'en écrivant ces ouvrages qui charmeront aussi bien la postérité que son siècle. Le sublime Voltaire, tant applaudi & tant critiqué, fut toujours partisan de la Musique; malgré tous ses lauriers, il brigua l'honneur de joindre ses talens à ceux de Rameau. Combien de démarches ne fit-il pas pour y parvenir? On ne peut s'empêcher d'être étonné qu'un grand homme, tel que Mr. de Voltaire, ait tant désiré *les doubles Croches* des Musiciens. » Grégoire VII,
» dit-il avec enthousiasme, n'a rien fait de
» mieux qu'un Opéra (8). » Il est clair

_____

(8) Lettres sécrettes.

que cet Auteur immortel avait sur-tout une forte estime pour le genre bouffon, puisqu'il s'exprime ainsi; » Je voudrais que » Newton eut fait des Vaudevilles, je l'en » estimerais d'avantage (9). » Convenons que tout autorise le prodigieux succès du nouveau Spectacle.

Mr. Diderot ne dédaignerait pas non plus le genre pour lequel j'écris : » une » farce éxcellente, dit-il, n'est pas l'ou-» vrage d'un homme ordinaire. »

Dernières objections contre ce Spectacle.

Mais je ne puis dissimuler qu'on fait contre lui des objections beaucoup plus fortes que celles que j'ai déjà rapportées. Après avoir soutenu qu'il est l'ouvrage du caprice & de la légéreté, » son regne, » dit-on, ne sera pas de longue durée ; i » disparaitra aussi promptement que l » mode des *Pantins*. On sera honteux u » jour de l'avoir regardé d'un œil favora-» ble, ainsi que l'on a rougi des applaudi » semens prodigués aux Tragédies de » Pradon. » Si ce malheur lui arrivait s'il se voyait chassé avec ignominie, ce n

---

(9) Lettres secrettes.

serait point une preuve de son peu de mérite. Plutarque a dit que les plus belles choses ont leur tems & leur saison. » Le » mauvais goût l'a seul produit, continue » la satire outrée ; s'il est l'enfant des beaux » Arts & des Lettres brillantes de gloire, » pourquoi n'est-il pas né dans le siécle de » Louis XIV ? Il n'avait garde de se mon- » trer dans un tems où le vrai Beau seul » avait des admirateurs. Il se cachait alors » dans l'obscurité des Foires, trop heureux » d'amuser les laquais & la populace. Dès » que le goût se relacha, dès que la fri- » volité vint s'emparer des têtes Françai- » ses, toujours prêtes à la recevoir, il » marqua l'instant de son triomphe, il osa » se montrer au grand jour, & devint » dans peu le Spectacle de la nation. » Voilà, je l'avoüe, une critique à laquelle il est assez difficile de répondre. On verra pourtant par la suite si elle est bien fondée.

Il offre des choses trop viles, trop communes.

Plaçons encore ici quelques uns des traits de satire qu'on ne cesse de lancer contre notre Théâtre. Je ne dirai peut-être qu'un mot pour les confondre ; mais c'est parce que mon Livre en général doit les détruire aisément, & que je me repose sur les lumiéres de mes Lecteurs. Il semble (ce sont les énnemis de l'Opéra-Bouffon qui vont parler.) Il semble que d'Aubignac ait prophétisé ce qui se passerait de nos jours lorsqu'il dit; » La Comédie est » demeurée parmi nous, non-seulement » dans la bassesse, mais dans l'ignorance; » car elle s'est changée en cette farce, ou » impertinente bouffonnerie, que nos » Théâtres ont souffert ensuite du Poëme » Dramatique, sans art, sans partie, sans » raison. (10) » Le nouveau Spectacle pourrait-il mieux être défini ? Quelqu'un qui parlerait du triste sort de la Comédie dans le dix-huitième siècle n'en peindrait-il pas la cause avec les mêmes termes dont se sert d'Aubignac ? Eh ! quel est donc ce genre si vanté ? N'est ce pas un amas de paroles sans grace, sans esprit, & vuide de sens ? La Musique seule l'anime, dès qu'il en est dénué, il languit, il tombe, & semble un corps sans ame. Que trouvera-t-on de plus comparable aux Parades des Baladins ? Leurs personnages sont ordinairement des gens de la lie du peuple ; & les siens sont aussi de la même espèce. Il se ressentira toujours de son origine, malgré

―――――――――

(10) Pratique du Théâtre, l. 2. Chap. 10.

le soin qu'il se donne pour la faire oublier. Ceux qui vont chaque jour l'admirer, ont des sentimens bien nobles ; ils se plaisent avec des forgerons, des serruriers, des cochers. Que ne vont-ils aussi avec des marechaux-ferrans & des savetiers véritables ? Ils goûteraient le même plaisir, puisque ceux qu'on met sur la Scène en font les fidèles copies. La Musique attire une si grande foule de curieux, dira-t-on, & non pas la simple envie de contempler des artisans. En vérité, les accords d'Orphée & d'Amphion n'ont pas opérés de tels prodiges ; ils n'attirraient que des pierres, des arbres & des animaux, au-lieu que les Musiciens de nos jours font mouvoir au son de leurs violons tout un Peuple éclairé ; ils lui font croire qu'il vient entendre une Pièce de Théâtre, tandis qu'on repaît son esprit de vains sons, de gigues, de gavotes. On est si accoutumé à voir la Scène-moderne remplie de savetiers, d'une troupe de manans, de misérables laboureurs, qu'on ne peut s'empêcher de s'écrier, lorsqu'il paraît un Poème à ce Théâtre dans lequel on fait agir des Acteurs d'une condition un peu distinguée ; *nous serons donc enfin dans la compagnie d'honnêtes gens !* On commence, il eſt vrai, à jetter dans les Drames du nouveau Théâtre des perſonnages relevés. Mais ils ſont preſque toujours confondus avec des gens de la lie du peuple; & d'ailleurs, on voit ſi rarement de tels Poèmes qu'ils ne font point éxception à la règle générale. Combien même eſt-il dans le monde de perſonnes ſenſées, qui diſent que les titres mêmes des Opéras-Bouffons les révolte, & qu'elles ont peine à ſe réſoudre d'aller voir repréſenter des Pièces qui portent ſur l'affiche des noms tout à fait bas, tels que ceux de *ſavetier*, de *bucheron* &c. ? Peut-être ſont-elles trop délicates. Quoiqu'il en ſoit, elles ſoutiennent que de pareils intitulés déſignent un genre groſſier & vil, & qu'ils ne promettent rien d'abſolument intéreſſant. Les Grecs & les Latins, il eſt vrai, ne donnaient guères à leurs Drames des titres plus relevés. *Ajax porte fouet* ſemble annoncer un cocher; *Œdipe* ne promet qu'un homme dont les pieds ſont percés; &c; *L'Eunuque* ne fait pas attendre des choſes bien diſtinguées. Mais l'idiôme de ces langues était différent du nôtre; leurs épithètes, qui nous paraiſſent ſi ridicules, étaient une grande beauté.

Preuves que le nouveau Théâtre corrompt le bon goût, & détruira tout-à-fait les Lettres.

Ce n'est pas là les seuls sujets de reproches qu'il soit possible de faire au Théâtre actuellement en vogue; continuent toujour les Critiques outrés; on a des meilleures raisons de le fuir, même de le détester. Que l'on fasse attention à ce qu'il nous reste à dire. Il fait perdre insensiblement le goût que nous avions pour les Pièces de Corneille & de Molière; les Comédiens ne s'en appercoivent que trop. Ils nous donne un sujet de crainte encore plus sensible. Ses progrès actuels pourraient bien occasionner en France la destruction totale des Belles-Lettres. Si la plus-part de nos Auteurs n'ont plus ni force ni génie, à quoi faut-il en attribuer la cause, si ce n'est au Spectacle moderne? N'est ce pas depuis son établissement qu'on s'apperçoit de la faiblesse de nos Muses, d'une espèce de létargie sur le Parnasse? Soiez-en sûrs, vous applaudissez un genre ridicule, il se répand alors, chacun veut avoir la gloire d'y travailler; il coute moins de peine qu'une Tragédie, rapporte autant d'honneur & presqu'autant de profit; c'en est assez pour que tous les Poëtes vivans l'adoptent d'un commun accord. Ne cherchant, ne voyant, n'aimant que l'Opéra-Bouffon, n'est-il pas naturel qu'il s'introduise insensiblement par-tout ? Les guerres civiles, les incursions des Barbares arrêtèrent autrefois les progrès de l'esprit chez les différens Peuples de la terre. A présent que la balance est établie dans l'Europe & dans presque tout l'Univers, les Arts & les Lettres ne pouvaient être détruits que par le mauvais goût. Il agit en sureté, grace aux soins de l'Opéra-Bouffon. Qu'on ne prenne point ceci pour des discours en l'air ou pour de vains sophismes. Les gens judicieux n'ont qu'à réfléchir un instant, ils nous approuveront bientôt. Si l'on eut toujours aimé le Spectacle des *Mistères*, des *Actes des Apôtres*, nos Théâtres seraient encore dans la barbarie : par la même raison, lorsque nous nous relâchons de notre amour pour le vrai Beau, il s'éclipse, & le ridicule que nous lui préférons lui succède. En un mot, notre Littérature doit périr à cause de l'Opéra-Bouffon ; il la mine chaque jour en acquérant de nouvelles forces; semblable à l'insecte qui dévore en se formant, le fruit dans lequel il a pris naissance.

 Voilà quels sont les grands coups que l'on veut porter au nouveau Spectacle.

ses ennemis prétendent l'accabler par de fortes raisons, tandis que ses partisans croient que tout doit se réunir en sa faveur: au milieu de tant d'avis différens il n'est pas difficile de reconnaître ceux qui suivent le parti de la vérité.

CHAPITRE II.
Regrèts de ce qu'ARISTOTE n'en a rien écrit de considérable.

AUCUN Auteur ne peut se vanter d'avoir écrit sur les règles du Théâtre avec autant de succès qu'*Aristote*. La Poëtique de ce grand Philosophe est parvenue jusqu'à nous, malgré le nombre des siècles qui se sont écoulés. Dès l'instant qu'elle parut, elle remporta tous les suffrages; & au bout de trois mille ans elle enchante encore nos Sçavans, & nous donne des préceptes que l'on s'éfforce de suivre. Les changemens arrivés par tout l'Univers, dans les langues recues, dans les mœurs, dans le goût, ne l'ont point fait oublier. Elle semble acquérir chaque siècle un nouvel éclat. Les Empires se sont détruits, & ce Livre si profond est toujours le même, il ne périra sans doute qu'avec le monde entier. De quelles lumières ne fallut-il pas que son auteur fût doué ? Il instruisit d'un art qui n'avait guères de règles de son tems, & dont chaque nation vient au bout de trois mille ans chercher dans son Livre la connaissance & les règles certaines.

Si Aristote vivait, il eut écrit sur le nouveau Drame.

Il serait à souhaiter pour la gloire de l'Opéra-Bouffon que ce grand homme vécut de notre tems, ou que son prodigieux sçavoir se trouva logé dans une tête Française. Je suis persuadé que notre Philosophe Grec composerait quelque écrit célèbre sur le Spectacle qui nous fait tant de plaisir. La raison qui me le fait croire est toute simple, c'est qu'ordinairement les Auteurs ne traitent que des sujets analogues au goût de leur tems. Aristote n'aurait point fait une Poétique en faveur de la Tragédie, si lorsqu'il vivait, les Euripide & les Sophocle n'avaient été généralement applaudis. De nos jours il dédaignerait la Comédie & sa rivale & n'écrirait qu'une Poétique sur l'Opéra-Bouffon. Que ne dirait il pas au sujet d'un genre si goûté ? Nous y découvririons des beautés qui nous feront peut-être toujours inconnues. Sa plume fçavante immortaliferait les agrémens du nouveau Théâtre en les fefant paffer pour des loix.

Il peut en avoir parlé.

Quand j'avance qu'il n'en a point parlé, l'on aurait tort de me croire à la lettre, il eft très-poffible qu'il l'ait connu. Les mêmes accidens, le ravage des années, qui nous ont privés de fon *Traité des paffions*, pourraient bien nous avoir enlevé fes difcours au fujet de l'Opéra-Bouffon, ainfi que je le démontrerai plus bas.

Certaines Énigmes modernes comparées à notre Théâtre.

Notre Siècle ne s'eft pas feulement orné d'un Spectacle digne enfant de la joie; la Littérature fait d'un autre côté des progrès qui achévent de combler fa gloire. Dans le même tems que nous donnons naiffance à l'Opéra-Bouffon, nous avons le bonheur d'inventer des *Énigmes* d'un genre nouveau, ou du moins de les remettre en crédit. Celle que le *Sphinx* propofait au Peuple de Thèbes,

Qui fut cause qu'Œdipe eut la douleur amère
De faire des enfans à Madame sa Mère, (11)

doit baisser pavillon devant l'espèce d'énigme dont je parle. Les Grecs, les Romains, & même les Égiptiens, ne sçauraient nous disputer l'avantage de les surpasser. Il est beau de voir les Français enrichir le Théâtre de découvertes précieuses, & trouver tout-à-la fois une façon nouvelle de composer des Énigmes. Ces petits Poëmes aiguisent l'esprit, font briller sa pénétration, dissipent agréablement la mélancolie & l'ennui. On appelle le genre d'Énigmes dont je veux parler *Calembours* ou *Charade*. L'art de bien les faire est d'appliquer à un seul nom deux termes étrangers, sans compter sa définition naturelle; c'est-à-dire, qu'il faut rencontrer un sens complet dans chaque partie d'un mot de plusieurs sillabes. Un éxemple me fera mieux comprendre. On propose ainsi en forme de question un mot de plusieurs sillabes. Ma prémière partie est un terme de Mathématique, ma seconde, ce que nous habitons & mon tout, une partie de l'Europe. Le mot de l'Énigme est *An-*

---

(11) Boursault dans le Mercure Galant.

gleterre

gleterre, dans le quel on voit *Angle*, *Terre*. En voici encore une autre, qu'on prétend être l'ouvrage d'une Dame illustre aussi distinguée par son esprit que par les charmes de sa personne. Ma première partie est l'*Immensité*, ma seconde, la *Lumière*, & mon tout l'*Eternité*. Le mot qui renferme tant de diverses acceptions, c'est *Toujours*; il est composé de *tout* & de *jours*.

Erreur dans laquelle Aristote est tombé.

Ces *Logogriphes* si spirituels & d'une espèce nouvelle, ont le bonheur de nous divertir alternativement avec l'Opéra-Bouffon. On ne les connaissait pas du tems d'Aristote, puis qu'il dit dans sa Poétique; « Les noms ne signifient rien, même doubles & séparés, comme *Théo-dore*, si l'on désunit les deux noms qui le forment, ni l'un ni l'autre ne signifient rien. (12) » Je crois avoir prouvé le contraire ; je vais le faire sentir encore mieux par ce même mot *Théodore*, que notre Philosophe soutient ne signifier qu'un simple nom d'homme. Je trouve d'abord *Théo* ou *Théos* qui en Grec Θεος, veut

---

(12) Chap. 21.

TOME I. E

dire *Dieu*. *Dore* s'entend toujours par *Donné* δορος; ainsi le tout ensemble offre un sens très-complet; *Dieu-Donné*, *Donné par Dieu*; si l'on veut en faire une division, l'ame est encore satisfaite des idées qu'elle y rencontre.

Il est donc aisé de s'appercevoir que l'Oracle des Sçavans a mal défini les noms. Son célèbre traducteur, M. Dacier, *qui fut plutôt d'Athènes que de Paris*, (*) a tombé dans la même faute, si toutefois c'en est une; on doit s'en prendre à l'excissive admiration qu'il ressentait pour les ouvrages de notre Philosophe, loin de soupçonner la justesse de son goût: si l'Auteur Grec avait soutenu que le blanc est noir, Dacier & la foule pédantesque des Commentateurs se feraient aussitôt mis à crier la même chose. Aristote est aussi fort excusable; on fesait bien de son tems des Tragédies sublimes, mais non pas des Énigmes comme les notres. Il était réservé au Siècle où nous sommes de faire naître, ou de perfectionner, l'Opéra-Bouffon, & d'inventer de singulières Énigmes

On ne se douterait peut-être jamais de ce qui me fait vivement regretter que

―――――――――――――――――――
(3) Expression de M. de Voltaire.

nous n'ayons pas quelqu'ouvrage d'Aristote sur notre Spectacle favori. Se l'imaginerait-on ? L'on regarde presque ce fameux Philosophe comme un saint. Or, nous aurions ajouté plus de foi à ses paroles. La force de ses raisons nous persuaderait à demi, & le souvenir de ses vertus acheverait de nous convaincre. Oserait-on résister à l'éloquence d'un Sçavant qu'on place au rang des Bienheureux, quoiqu'il vécut dans l'idolatrie ? Le Lecteur s'étonne peut-être de ce que je dis. Quelle extravagance ! s'écriera-t-il ; Aristote au nombre des Élus ! Je le supplie de croire que je n'avance point sans preuve une pareille chose. Plusieurs Auteurs ont prétendus que quelques Payens vertueux pouvaient être sauvés. (13) Un grand nombre de Gens doctes ont soutenu qu'Aristote sur-tout n'était pas au rang des réprouvés. Voetius a écrit un Livre éxprès, intitulé : *De salute Aristotelis.* J'ignore si on a eu la même bonté pour Homère, Sophocle, Virgile, Horace, Cicéron, &c, &c. L'on aurait pu, selon moi,

---

(13) Voyez entr'autres ouvrages à ce sujet ; *Apparition des Esprits*, par Dom Calmet. *Dissertation sur l'Epître de S. Paul aux Romains*, par le même. *Les Mélanges d'Ancillon*, Tom. I, pag. 193, 194 & 195.

les faire jouir d'un pareil bonheur. Un Payen qui suivait les devoirs de l'honnête homme, qui ne s'écartait jamais de ce que lui prescrivaient ses Dieux & la probité, ne valait-il pas ce Chrétien qui semble se faire un plaisir de se moquer de la Religion, & d'afficher les désordres de sa vie?

CHAPITRE III.
Recherches nécessaires pour s'éclaircir si les Anciens ont connus l'Opéra-Bouffon.

JE ne sçaurais croire que notre Opéra ait été inconnu des Anciens. Tout nous dit qu'il n'est pas sûrement l'ouvrage d'un Siècle. Quoi! l'on pourrait penser que les modernes ont seuls imaginés ce nouveau genre de Drame! Ce serait nous couvrir d'un honneur qui ne nous est pas dû, & trop mépriser les Anciens. J'ai de fortes raisons pour me persuader qu'ils le cultivaient, ainsi que nous. Ce Spectacle n'a peut-être pas eu dans la Grèce, & chez les Romains la même forme qu'il a de nos jours; il me suffit de montrer qu'on ait pu l'accueillir du tems d'Éschyle; qu'importe de sçavoir l'air & les traits qu'il avait alors

Il doit m'être permis pourtant de désigner l'Ancien par le nom que nous donnons au Moderne, parce que j'ignore de quels termes on se servait pour nommer celui des Grecs & des Romains. Nous appellons d'ailleurs Tragédies les Pièces de Thespis & d'Éschyle, qui sont très-différentes des nôtres ; ainsi je puis lui donner sans commettre une faute le nom d'Opéra-Bouffon, quoiqu'il n'ait eu peut-être guères de rapport avec le genre de Spectacle que nous désignons ainsi.

Je me dispenserai de répondre à celui qui me demanderait de quelle espèce il était donc ? Je n'en pourrais parler que par conjectures ; & mes doutes, & mes raisonnemens n'aboutiraient à rien. Je laisse à quelques Sçavans, plus versés que je ne le suis dans les Antiquités Grècques & Romaines, le soin de débrouiller un fait aussi curieux.

Pourquoi les écrits des Anciens ne font point un grand détail de l'Opéra-Bouffon.

Si l'on m'objectait qu'il est absurde d'imaginer que l'Opéra-Bouffon ait éxisté chez les Anciens, puisqu'on n'en rencontre nulle part aucune trace, & que l'Histoire n'en dit point le moindre mot ; je

E iij

ne ferais pas long-tems à chercher ma réplique, la voici. Les Anciens avaient fait dans les Sciences d'auffi grandes découvertes que nous, perfonne n'en doute. L'art de la Navigation leur était familier; la Bouffole les guidait dans leurs voyages plutôt que les étoiles. Ils étaient Phificiens, Géomètres, Aftronomes. Ils poffédaient des fecrets curieux qu'ils employaient dans les Arts utiles & agréables. Si la plus-part de leurs connaiffances ne font point parvenues jufqu'à nous, c'eft qu'ils dédaignaient d'en éternifer la mémoire en les écrivant; il leur paraiffait impoffible que la poftérité les ignorât. Si quelques uns d'entr'eux avaient compofés un Livre pareil à l'ENCYCLOPÉDIE, rien ne nous ferait échappé. Cet ouvrage dévoilerait à nos yeux l'induftrie de leurs Artifans, la Mécanique de leurs Arts, il nous apprendrait même jufqu'à la manière dont ils *fe papillotaient* (14). L'Hiftoire ne nous dit pas, il eft vrai, que notre

___

(14) C'eft une allufion à un article trop minutieux de l'Encyclopédie, au mot PERRUQUIER, dans lequel on explique la manière de frifer, de pomader les cheveux; mais ce n'eft pas le feul article un tant foit peu ridicule qui foit dans cet ouvrage immenfe, & dont furement la Poftérité ne fe fouciera guères: cherchera-t-elle, par éxemple, à favoir comment il faut frire les artichaux?

Opéra fut en vogue chez les Anciens; mais mettons-le au rang des choses estimables qu'ils sçavaient beaucoup mieux que nous, & sur lesquelles ils ont malheureusement gardés le silence. On va voir pourtant qu'ils peuvent en avoir fait quelque mention.

Extrême Antiquité de ce Spectacle.

On ignore dans quel tems cet aimable Spectacle commença de récréer les hommes. Son inventeur est aussi incertain que les années de sa naissance. Nous devons cependant regarder *Sannyrion* comme le père de ce genre amusant, c'est-à dire, comme celui qui lui prescrivit une certaine forme; ce fut lui qui ajouta dans la Comédie ancienne les masques & les bouffonneries. Ce Sannyrion vivait, je crois, cent ans auparavant Aristote, qui florissait 384. ans avant que la Réligion chrétienne fut connue, & lorsque la Tragédie venait de prendre une forme convenable. Mon déssein n'est point d'entrer dans un détail fatiguant, & d'entasser ici des dates inutiles. Je veux m'attacher plutôt a prouver que les Grecs & les Romains ont pu avoir une idée de notre Opéra-Bouffon. Je laisse là sa prémière origine trop épineuse à démêler, je le prends lorsqu'il nous est aisé de présumer qu'il marchait déja d'un pas fier à côté de la Comédie & de la Tragédie des Grecs.

Aristote en a dit quelque chose.

Le croirait-on ? Il en est question dans la Poétique d'Aristote ; il est, je crois, le prémier qui en ait parlé. Ce Philosophe semble le regarder comme beaucoup plus ancien que les autres Spectacles, Ainsi les Drames de *Thalie* & de *Melpoméne* n'auraient que le second rang dans l'esprit de ceux qui mettent le principal mérite des choses dans leur antiquité. Rapportons les propres mots de l'Oracle des Sçavans : » La Comédie doit son origine à » ces chansons obscènes, autorisées par la » coutume & par les loix, qui se chantent » encore de notre tems par les Villes. » On voit donc que notre Opéra subsistait, au moins en partie, long-tems avant que les autres Théâtres fussent en usage. Ces *Chansons*, dont parle Aristote, étaient peut-être des morceaux détachés de quelques Pièces chantantes ; & puisqu'elles étaient *obscènes*, & qu'elles ont fait naître la Comédie, elles ne pouvaient être tirées que des Drames burlesques, voilà l'Opéra-Bouffon.

Plusieurs Spectacles des Anciens assez ressemblans à l'Opéra-Bouffon.

Le Spectacle-Satyrique, rempli d'une Musique vive, enjouée, achéve de nous assurer que notre Opéra ne fut point ignoré des Anciens. Les *Mimes* ont aussi beaucoup de rapport avec lui ; c'étaient de petits Poémes éxtrêmement gais, dont l'action peu importante marchait très rapidement ; ils étaient mêlés de Musique, comme les Drames ordinaires. Platon le Philosophe, car il en éxista un autre, si je ne me trompe, point Philosophe, compositeur de Mimes ou de Comédies dans le goût d'Aristophane ; on les confond souvent l'un avec l'autre. Le prémier Platon surnommé *le Divin*, aimait à la fureur les Mimes, comme à peu-près l'on chérit en France l'Opéra-Bouffon. Il fesait aux Mimes d'un certain Sophron le même honneur que rendait Aléxandre à *l'Iliade* d'Homère ; il les portait toujours avec lui, serrée précieusement dans une boëte, & les mettait la nuit sous son chevet.

Nous avons lieu de soupçonner que la Musique & l'Opéra-Bouffon eurent en Grece un brillant succès. On le trouva

E v

contraint de les inférer dans les Drames comiques & sérieux ; le Peuple revint alors à des Théâtres qu'il allait abandonner sans retour. Ce qui me fait naître cette idée singulière, est tout simple ; on voit du Chant tantôt grave & tantôt plaisant généralement dans toutes les Pièces Grecques. Le goût éprouva, sans doute, chez les Romains une pareille révolution & l'on eut recours à la même politique.

Les Chœurs des Pièces anciennes pouvaient être de ce genre.

Les Chœurs des Tragédies de la Grèce & de Rome ; & surtout ceux d'Aristophanes, prouvent que l'Opéra-Bouffon était répandu chez les Anciens. Quand même nous ne serions pas certains, par la lecture des Poèmes d'Eschyle, d'Euripide, de Sophocles & d'Aristophane, qu'ils sont mêlés de Chansons ou d'Ariettes, nous en serions tout-à-fait convaincus parce que dit Aristote. En parlant des Chœurs mal liés avec les Pièces, il s'éxprime de la sorte : « c'est pourquoi ils ne chantent plus » que des Chansons insérées. » (15) Je

───────────────

(15) Poét. Chap. 19.

demande s'il en faut d'avantage pour persuader mon Lecteur.

Les ronflemens des *Euménides* dans la Tragédie de ce nom, devaient être imités par le bruit des instrumens, ou par des tons plus ou moins hauts tirés lentement du gosier, & qui pouvait fort bien avoir été notés par un célébre Musicien. Or, cette Musique avait quelque chose de burlesque, donc elle est une preuve que l'Opéra-Bouffon avait déja pris naissance. Le Chœur des *Grenouilles*, Comédie d'Aristophane & celui des *Euménides ronflantes* dont je viens de parler, ressemblent, on ne peut d'avantage, au fameux trio de *hi ho hin ha* du Maréchal-ferrant, dans lequel on imite le braiment de l'âne. Enfin, mille choses qui me sont échappées, & d'autres que je tais, crainte d'être trop long, sont des preuves convaincantes que les Anciens ont cultivés le Spectacle qui fait actuellement nos delices.

L'ancienneté d'un Théatre que nous chérissons tant lui donne, sans doute, un nouveau prix. Elle doit engager les Sçavans à l'applaudir, ainsi que la foule du Peuple. Les infatigables Commentateurs se seraient-ils jamais doutés que leur docte Aristote en eut fait mention ? Je suis ra-

E vj

vi de leur apprendre qu'ils n'ont point encore tout vu dans des Ouvrages où ils s'éfforcent de trouver tant de choses.

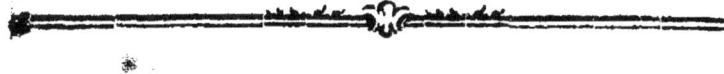

CHAPITRE IV.

Des avantages qui doivent résulter du nouveau Spectacle.

ON dirait que les hommes font tous leurs éfforts afin d'imiter la sagesse du Créateur. Ils voyent que rien n'est inutile dans la Nature; qu'une simple fleur a des propriétés qui relèvent encore l'éclat de ses vives couleurs. Cette sage remarque les remplit d'une noble émulation. Ils s'appliquent à joindre toujours ensemble l'agréable & l'utile; ils les unissent même jusques dans leurs plaisirs. En éffet, considérez un peu leurs divers amusemens, vous vous appercevrez qu'ils remplissent des vues bien opposées; ils servent à faire naître la joie, & procurent de solides avantages. Ce qui nous paraît d'abord le plus frivole, offre une certaine utilité, lorsqu'on l'éxamine avec attention. La Danse, par éxemple, nous enseigne l'art de nous présenter avec grâce, & donne au corps de la souplesse & de nouvelles forces. Les caprices de la Mode ne sont pas même produits sans raison. Ils répandent un nouvel agrément sur la Parure, & font vivre une foule d'ouvriers. Enfin les moindres actions des hommes ont leur utilité, ainsi que les plus petits ouvrages de la Nature.

Les Spectacles doivent réunir l'agréable à l'utile.

Les Spectacles sur-tout renferment le solide & l'agréable. On y trouve autre chose que des plaisirs passagers. Ils nous divertissent & nous instruisent, encouragent les Lettres & les font souvent refleurir. S'il en paraissait un dénué de bonnes qualités, & dont le principal mérite fut d'être frivole, divertissant ou nouveau, il faudrait le rejetter avec mépris, comme un Phénomène inconnu jusqu'à présent.

L'Opéra-Bouffon ne sçaurait s'en dispenser.

Ce que je dis ici est pour montrer que le nouveau Théâtre doit posséder des avantages réels, sinon qu'il serait indigne de l'accueil flatteur qu'on daigne lui faire. Ses ornemens, ses graces particulières, ne l'éxemptent point de la règle générale, qui est, qu'une chose possede en même tems des charmes factices, ou de convenances, & des qualités estimables. La plus jolie femme ferait peu d'impression sur les cœurs, si quelques vertus & de l'esprit n'achevaient d'embellir ses attraits. Il faut donc que notre Spectacle ne se contente pas d'être futile, mais qu'il se pare de quelques qualités précieuses. Satisfait-il à cette obligation indispensable ?

Il fait connaître plusieurs Gens à Talens.

Les Drames des Théâtres ordinaires n'ont besoin que des talens d'un seul Auteur ; la plus-part n'enrichissent la République des Lettres que d'un seul homme de génie. L'Opéra-Bouffon, au contraire, ne saurait paraître sans le secours de plusieurs mains habiles. Il faut qu'un Musicien vienne *lustrer* & embellir les paroles du Poète : on lui doit donc presqu'à chaque Pièce la connaissance d'un homme de génie & d'un Compositeur célèbre ; Eh, combien ne nous en fait-il pas passer en revue !

Il accoutume les gens riches à jetter les yeux sur les pauvres.

On avait toujours méprisé les habitans de la campagne ; à peine daignait-on jetter sur eux un regard de pitié. Les Artisans partageaient aussi le peu de cas que l'on fesait des gens utiles. On osait dédaigner ceux qui font éclore les trésors de la terre, & l'Ouvrier qui nous procure les commodités de la vie. Une erreur aussi ridicule est enfin détruite, sans le secours des Philosophes. Il est clair qu'on s'accoutumera enfin à regarder d'un œil favorable les paysans, les savetiers, & d'autres gens de cette espèce, qu'on voit paraître tous les jours sur la Scène. Les Bergers se sont fait dans le monde une brillante réputation ; l'on en est venu jusqu'à envier leur sort. Pourquoi cela ? Parce qu'on a tant célébré leurs tendres amours, les douceurs de la vie champêtre, & leurs prétendus plaisirs, qu'on en a fait des êtres chimériques & des hommes à la mode. L'Opéra-Bouffon élevera de même ſes perſonnages. On ne lui reprochera pas qu'il couvre de fleurs & de rubans de gros ruſtres, à peine poſſeſſeur d'une méchante ſouquenille. S'il parvient à nous faire goûter ſes Héros, ce n'eſt ſûrement point en les déguiſant. Il s'applique à faire parler & agir ſes Acteurs comme s'ils étaient des bucherons, des bouviers, des manans véritables ; ce qui ne laiſſe pas de faire un très-bel éffet. Les *Colins*, les *Lucas* de notre Opéra ſont loin de reſſembler aux *Tircis*, aux *Céladons* des églogues de nos Poètes.

Le nouveau Théâtre enrichit ſes Acteurs.

Je veux pour un moment que notre Spectacle bien-aimé n'ait aucune utilité profitable au Public ; au moins lui cédera-t-on le pouvoir d'enrichir ſes Acteurs. Ce qui ſe paſſe ſous nos yeux nous oblige à n'en point douter. Il a le ſecret d'attirer une foule de curieux. Chacun accourt remplir la bourſe de ſes *favoris*, (c'eſt ainſi qu'on peut nommer ceux qui le font tant valoir ſur la Scène) la fortune qu'ils font eſt ſi rapide que nous pourrions bientôt les voir ſe métamorphoſer en autant de Seigneurs de Paroiſſe. Cet aimable Théâtre ſçait donc recompenſer les talens ? Il doit être regardé comme très-néceſſaire, puiſqu'il rend heureux tous les ans un grand nombre de Citoyens eſtimables.

Avantages qu'en tirera la Poſtérité.

Comme on ne ſçaurait mettre en doute que le nouveau Spectacle ne parvienne à la Poſtérité, ſoyons certains qu'elle en retirera de très grands avantages. Elle y verra d'abord quel était le goût du dix-huitième Siècle ; nos mœurs, notre façon de penſer lui ſeront connues. Elle apprendra avec quel ſoin nous cultivions les Lettres. Nos Neveux, ſe feſant une gloire de ſuivre notre éxemple, ſoutiendront que les Spectacles ont été imaginés, non pour faire bailler, mais pour éxciter au plaiſir. Ils mettront leur principale étude à chanter *proprement*, à rire, à s'égayer ſans ceſſe, à faire naître chaque jour des modes bizares. Depuis trois mille ans on lit avec tranſport les petites *Odes*, ou plutôt les *Chanſons* d'Anacréon. Les Drames de notre Opéra jouiront d'un pareil deſtin.

Dans dix mille ans on chantera avec v(
lupté nos Ariettes divines, nos tendr
Romances. Avouons que le genre q
nous est si cher, rendra la Postérité jo
liment spirituelle, & tout-à-fait char
mante.

Fin du second Livre.

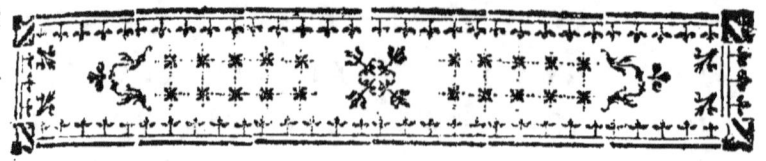

DE L'ART DU THÉATRE.

LIVRE TROISIEME.

SOMMAIRE.

Pour montrer plus particuliérement que le nouveau Théâtre ne doit point être méprisé, l'on prouve que ses Drames sont susceptibles de règles, & que la composition en est très-difficile. L'on apprend au jeune Poète ce qu'il doit avoir en vue en les écrivant; & on l'instruit en abrégé de ce qu'il est nécessaire qu'il sache, avant de se livrer à la composition.

CHAPITRE PREMIER.

Qu'on ne doit pas se figurer que la composition des nouveaux Drames soit aisée.

UN Drame qui réunit tant de perfections ne doit pas être l'ouvrage d'un jour à composer; il éxige même dans les Auteurs des qualités qui ne se rencontrent pas communément. La plupart des Poëtes sont incapables d'ensevelir, pour ainsi dire, leur génie sous des paroles minutieuses en apparence. Admirons donc les talens de ceux qui cachent modestement leur mérite, & donnent au Public des Ouvrages agréables sous une forme frivole & trompeuse. Quel Art ne leur faut-il pas ? La difficulté de l'acquérir le rend encore plus estimable.

La Critique va peut-être se réveiller ici. Quoi ! s'écriera-t-elle, peut-on soutenir qu'il y ait du mérite à composer des Drames où l'on ne voit souvent que de méchans quolibets, & dans plusieurs desquels le stile est à peine digne de ceux qu'on y fait parler ? Laissons la s'agiter de rage, & trouver à redire jusques dans nos plaisirs. En comparaison des applaudissemens dont nous comblons notre Spectacle, ses cris ne forment qu'un vain murmure. Elle est digne de notre pitié, plutôt que de notre haine. Elle n'éprouve point ce charme que nous ressentons à la vue de notre Opéra. L'amusant & le beau prennent, sans doute, à ses yeux des formes désagréables. Elle ressemble à ces gens qui voyent tous les objets de travers, parce qu'ils ont l'œil mal organisé.

DU THÉATRE. 117

Si l'on doutait encore qu'il foit néceffaire d'employer dans les Drames modernes le goût & l'efprit dont on eft capable, Boileau nous forcerait de changer
d'avis. Il me femble du moins que je puis
appliquer au nouveau Théâtre ce Vers,
tiré de l'Art Poétique :

Il faut même en Chanfons du bon fens & de
l'art.

Voilà un précepte que l'on ne fçaurait
trop fuivre ; quoiqu'il regarde particuliérement les Poëtes du Spectacle moderne,
il fe rapporte à tous les Auteurs en général. On ne fe pique pas actuellement de
l'avoir appris par cœur. Le plus grand
nombre de nos gens de Lettres, loin d'é-
crire avec art les bagatelles qu'ils compofent, s'éxemptent même quelquefois de
mettre du bon fens dans les Ouvrages un
peu relevés que leur plume ofe enfanter.

Beaucoup de gens fe figurent qu'on
peut faire un Opéra-Bouffon dans très-
peu de jours. Ils font bien dans l'erreur.
Ce qui leur infpire une pareille idée, c'eft
que n'y voyant que des chofes communes, ils concluent qu'elles doivent venir
aifément dans la tête d'un Auteur. Je ne
crois pas que les Poëtes qui fe confacrent

à ce genre ayent plus de facilité à composer du frivole qu'à produire des ouvrages sublimes ; mais quand même ils écriraient plus volontiers d'un stile lâche & rampant, il ne faudrait pas les mépriser ; au contraire, ils mériteraient d'avantage notre estime. Qu'on juge de l'éffort que doivent faire des gens d'esprit pour se plier au ridicule & à la bassesse de leur sujet. En descendant jusqu'à l'Opéra-Bouffon l'on prouve qu'on possède un génie souple, adroit, qui sçait se prêter à tout. Deux fameux Auteurs entreprirent, dit-on, de faire une Chanson de Pont-neuf contre l'immortel Rousseau, le David & l'Horace de la France ; dans laquelle ils se proposaient de tracer l'histoire de sa naissance, & les avantures de sa vie; il leur fut impossible d'atrapper le stile des Hales, & cette bêtise originale des Chantres enroués de la Samaritaine. Les meilleurs mots se présentaient au bout de leur plume ; les rimes les plus riches venaient les trouver en foule, comme pour les narguer. Ils jugèrent la Chanson digne d'eux, & la jettèrent au feu. Les Compositeurs de nos Pièces modernes, auraient bien sujet de se rire de leur embarras. S'ils fesaient pareille entreprise, les plus grands succès leur seraient assurés,

DU THÉATRE.

J'ai cru pendant long-tems, je l'avoue à ma honte, qu'on pouvait compoſer un Poëme pour le nouveau Théâtre avec autant de rapidité qu'on écrit des Chanſons. Un de ſes meilleurs Poètes a diſſipé mon erreur. Ses lumières, & l'étude profonde que j'ai faite de notre genre favori, m'ont ouverts les yeux. J'ai ſenti qu'on devait travailler avec ſoin les Pièces du nouveau genre, que la précipitation leur nuiſait, & qu'on eſt contraint de ſe hâter lentement. L'homme de mérite dont je viens de parler m'aſſura qu'il était auſſi long-tems à s'occuper du plan d'une Comédie-mêlée-d'Ariettes, qu'à en écrire les Scènes. On ne ſaurait refuſer d'ajouter foi aux diſcours de ce Poète chanſonnier. L'expérience donne toujours les meilleures leçons.

O vous donc, jeunes Auteurs, qui deſtinés vos talens à un Spectacle qui charme l'enfance & la vieilleſſe, les riches & les pauvres, les fous & les ſages, craignez d'entreprendre au deſſus de vos forces. Laiſſez parler les ignorans, & ne vous dégoûtez pas des longueurs du travail.

Vingt fois ſur le Métier remettez votre Ouvrage,
Poliſſez-le ſans ceſſe & le repoliſſez.

Redoublez d'ardeur & de vigilance, re voyez, corrigez souvent le Drame en gé néral. Apprenez que le tems seul met l dernière main aux Ouvrages d'esprit.

CHAPITRE II.

Que les nouveaux Drames sont susceptibles de règles, ainsi que les autres Poèmes.

APRÈS avoir prouvé que les Poèmes du nouveau genre éxigent des soins de la part de ceux qui travaillent à leur composition, il est naturel de dire qu'ils sont fondés sur des règles, qu'on ne doit point ignorer. L'étude en est absolument nécessaire. Les Critiques envieux, qui cherchent à ternir la gloire de notre Théâtre, lui disputeront ce nouveau mérite avec encore plus de chaleur que celui d'être l'ouvrage du gout & de la réfléxion. Il est aisé de sentir combien la prévention les aveugle mal-à-propos. S'il est démontré que les Drames modernes sont remplis de difficultés, il est clair qu'ils éxigent des règles, un art inconnu du vulgaire qu'on ne peut se dispenser d'apprendre; faut-il donner la torture à son esprit pour tirer cette conséquence ? La moindre

Chanson

Chanson a ses règles, ses loix particulières; les Strophes doivent en être coupées avec simétrie, certains mots rejettés, le stîle clair & concis. Voudroit-on que notre Spectacle, qui tient à la Chanson par des liens qu'on ne saurait rompre, ne marchat qu'au hazard & qu'au gré de ses caprices, tandis que la principale partie de lui même est soumise à de sévères loix ?

Non seulement notre Spectacle devrait profiter des leçons des grands Hommes, & se laisser guider à leurs avis, mais il devrait être aussi délicat, aussi gêné que les Théâtres qu'il peut surpasser. Il faut posséder autant de savoir pour travailler dans son genre, que pour écrire une Tragédie. M. Quétant, si connu par le succès incroyable du *Maréchal-Ferrant*, s'exprime à ce sujet avec beaucoup de force; « C'est, dit-il, une erreur d'imaginer » qu'il faille moins d'art pour faire un » Opéra-Comique, que pour composer » une grande Pièce. » Les paroles de celui à qui nous devons presque l'éxistence de notre Opéra, ne trouveront pas, je l'espère au moins, aucun contradicteur.

Le nouveau Théâtre change souvent les règles dramat ques.

Il est bon d'avertir le Lecteur que si le
TOME I. F

nouveau Théâtre va quelques-fois puiser des règles chez les Anciens, il se réserve toujours le droit de les entendre à sa fantaisie. Ses Poètes nous montrent, en agissant ainsi, un discernement juste, & une conduite remplie de sagesse. Pourquoi suivraient-ils à la lettre les doctes leçons d'Aristote? Ce qu'elles exigent est un peu trop difficile. Doivent-ils se piquer d'en faire d'avantage que les Auteurs des divers Théâtres, qui s'écartent, le plus qu'il leur est possible, des avis que le Philosophe Grec, qu'Horace, & d'autres Sages tels que lui, s'efforcent de leur donner? On verra dans le cours de mon Livre, l'art avec lequel l'Opéra-Bouffon fait mettre en usage leurs préceptes; c'est une cire mole qui prend à son gré toutes sortes de formes. Tantôt il retranche ce qui le gênerait trop, tantôt il amplifie une endroit qui lui plait. Il ne suit jamais si bien Aristote que lorsqu'il s'en éloigne entièrement. On l'apperçoit quelques fois ne marcher qu'à l'aide de ce Philosophe, on le voit aussi quelques-fois mépriser tout-à-fait ses conseils & ses lumières. Qu'on dise encore après cela, qu'il ne ressemble pas à la Comédie & à la Tragédie de nos jours.

CHAPITRE III.

But que le Spectacle moderne doit se proposer.

LE Théâtre, dit l'Abbé d'Aubignac, « étant peu-à-peu & par dégré monté a sa » dernière perfection, devint enfin l'image » sensible & mouvante de toute la vie hu- » maine. Or comme il y a trois sortes de » vie ; celle des Grands dans la Cour des » Rois, celle des Bourgeois dans les » Villes, & celle des gens de la Campa- » gne, le Théâtre aussi a reçu trois genres » de Poèmes dramatiques, savoir, la » Tragédie, la Comédie, la Pastorale » ou la Satire. »

Cette explication des divers genres de Spectacles pouvait être juste du tems des Grecs, mais elle ne l'est plus actuellement. Les Romains même divisaient en trois classes différentes les seuls genres propres à la Comédie. D'Aubignac aurait dû voir que le Théâtre qui semble n'être consacré qu'à une espèce de Poème, en reçoit pourtant dans lesquels on remarque quelque diversité. Le Haut Comique ressemble-t-il au Comique tout-à-fait enjoué ? L'Opéra-Sérieux ne mérite-t-il pas d'être compté à part ? Nous avons donc plus de trois Poèmes Dramatiques ? Ou d'Aubignac s'est mal exprimé, ou son raisonnement est faux. S'il affirme à la lettre ce que ces paroles expriment, il est facile de montrer son erreur en nommant après la Comédie & la Tragédie, la Pastorale & l'Opéra-Sérieux, Drames qu'il devait connaître. S'il prétend qu'il n'y a que trois sortes de personnages au Théâtre, il s'est encore trompé. La Scène ne passe point tout d'un coup des Princes aux simples Bourgeois, & ceux-ci ne doivent pas tous être rangés dans la même classe. On voit donc sur la Scène plus de trois sortes de personnages ? Remarquons seulement que le Théâtre qui reçoit des personnages qui lui sont étrangers, doit les faire agir de manière qu'ils ayent toujours un certain rapport avec son genre primitif.

Ce qui fait le genre principal du nouveau Spectacle.

Le dernier de nos Spectacles, & peut-être le plus naturel de tous, est l'Opéra-Bouffon. Il ne ressemble en rien à la Pastorale, quoique son intrigue soit ordinairement champêtre ; elle ne nous peint que les amours des Bergers, au lieu qu'il nous représente tout à la fois les mœurs naïves des gens de la campagne & les actions du menu Peuple de nos Villes. Il l'emporte donc de beaucoup sur elle.

Son principe, sa loi primitive, est de s'attâcher à faire passer devant nos yeux les Villageois & les mœurs des Artisans, dont nous n'avions qu'une faible idée. Lorsqu'il s'en écarte, en prenant des personnages d'un rang supérieur, on sent qu'il se dénature, & n'est plus dans son élément.

Ce qu'il faut entendre par Opéra-Bouffon.

Je pense qu'on ne sera pas fâché de trouver ici une définition précise & plus étendue du mot *Opéra-Bouffon*; elle le rendra familier à des gens qui se flattent mal-à-propos de l'entendre; elle servira sur-tout à démontrer pour quel motif le nouveau Théâtre est établi.

Le mot *Opéra* fut d'abord en usage chez les Italiens, parmi les nations modernes; ils le prirent du Latin qui l'employe pour signifier *œuvres*. Il se prend encore pour chef-d'œuvre, *opus eximium*; il veut dire encore chose difficile; *opus perdifficile*. *Opéra* chez les Italiens est ordinairement une pièce en Musique; c'est aussi une Comédie composée avec soin, & apprise entièrement par cœur. On trouve *Opéra* jusques au milieu des Joueurs ; c'est un terme de piquet, qui s'employe lors qu'on est *répic* & *capot* dans un même coup. Avouons que voila un mot qui se prend dans bien des acceptions différentes, & qui a furieusement dégénéré. Il est un de ceux que les Langues vivantes ont traité le plus mal. Nous pouvons lui appliquer la petite épigramme du Chevalier de Cailly au sujet d'*Alphana* que quelques Sçavans prétendaient venir d'*Equus*; il termina leur dispute par ce badinage :

Alphana vient d'*equus*, sans doute,
Mais il faut avouer aussi
Que pour venir jusques ici,
Il a bien changé sur la route.

Ce quatrain ne se rapporte que trop au mot *Opéra*. Sa vraie signification est tellement changée qu'il en est méconnaissable. L'adjectif *Bouffon*, qu'on commença de lui joindre en Italie, n'a pas besoin d'explication; c'est un mot bas qui a l'audace de marcher à côté d'un terme jadis respectable.

Mais laissons là les recherches grammaticales ; il nous suffit de savoir que *Bouffon*

& *Opéra* n'ont jamais été faits pour aller ensemble ; & que ce sont les Italiens qui s'avisèrent de faire une association aussi bisare. Voyons quelle idée on attache au terme *Opéra-Bouffon*. Dans les supplémens qu'on fait de nos jours, de ces fameux Dictionnaires qui éternisent nos Arts, nos Siences & la Langue, on aurait bien dû insérer le mot *Opéra-Bouffon*. Cet article ne méritait pas d'être omis. En attendant, le Public se contentera, de ce que je vais en dire.

Principale raison des succés du nouveau Théâtre.

(*) » *L'Opéra-Bouffon* est une peinture
» des mœurs de la vile populace. On n'y
» voit que des paysans grossiers, ou de
» pauvres Artisans. Sa Musique est vive
» brillante, enjouée. Le stile en est bas, les
» plaisanteries populaires, & l'action
» serrée & peu importante ; c'est un
» Drame singulier qui nous plait d'avan-
» tage dès qu'il se rend plus ridicule.

―――――――――――

(*) Article essentiel à placer particuliérement dans l'Encyclopédie.

» La source de l'amour qu'on ressent
» pour lui se trouve peut être dans le
» goût qu'ont tous les hommes à contem-
» pler l'image des moindres actions de la
» vie. Les Anglais se contentent avec la
» lecture de leurs Romans, qui retracent
» d'après nature ce qui se passe chaque
» jour sous leurs yeux parmi le menu peu-
» ple, dans les Cabarets, dans les rues, &c.
» Les Romans Anglais sont directement en
» récit ce que nos Poëmes modernes sont
» en action. Nos Histoires romanesques
» nous amuseraient délicieusement, nous
» empêcheraient de chercher ailleurs des
» peintures agréables par leur simplicité,
» mais comme elles ne sont toutes remplies
» que de fadeurs & de déclarations d'a-
» mour, nous les quittons avec justice en
» faveur d'un Théâtre qui satisfait en partie
» un panchant né avec nous.

» Il résulte de tout ceci qu'*Opéra-Bouffon*
» veut dire un Spectacle de choses com-
» munes, de pures frivolités ; une éspèce
» de Drame où l'ésprit ne se montre
» guères, où l'oreille seule est enchantée
» par les sons de la Musique ; & enfin
» un lieu dans lequel s'assemblent en foule
» des Spectateurs plus avides de nouveau-
» tès passagères que du sublime & du vrai.

» beau ; & plus curieux d'images basses &
» populaires que d'un Tableau noble &
» d'une vaste étendue. » (**)

Quoique St· Evremont n'en ait point voulu parler, il semble pourtant le définir assez, tel qu'il parait au prémier coup-d'œil, dans ce qu'il écrit au sujet de l'Opéra Sérieux. « L'Opéra, dit-il, est un » assemblage bisare de Musique, où le Poète » & le Musicien se gênent l'un & l'autre.... » L'Opéra occupe plus les yeux que » l'esprit.... les Opéras sont des sotises » magnifiques, chargées de Musique, de » machines, de décorations, mais tou-» jours une sotise. »

Le Lecteur est maintenant en état d'entendre ce que signifie *Opéra-Bouffon*. Je ne dis rien de la *Comédie-mêlée-d'Ariettes*, parce qu'elle lui ressemble souvent, & que lorsqu'elle adopte un genre plus noble, elle s'écarte trop de ce qui devrait être le caractère distinctif du nouveau Théâtre. Il ne me reste plus qu'à dire un mot sur le but moral que se propose, ou que devrait au moins se proposer notre Spectacle moderne, à l'imitation des autres Théâtres.

(**) Ici finit l'article proposé à tous les Dictionaires, & sur-tout à l'Encyclopédie.

But moral du nouveau Théâtre.

Il est aisé de comprendre ce que c'est que le *but moral* de l'Opéra-Bouffon. C'est la fin à laquelle il doit tendre. La Tragédie est l'Histoire du malheur des Rois, des amours & de la faiblesse des Heros ; elle apprend à craindre l'effet des grandes passions, & à redouter la foudre, même à l'ombre du dais. La Comédie, plus douce dans son stile, plus simple dans sa marche, fait agir l'humble habitant des Villes ; elle donne des leçons à tous les hommes en général, & sur-tout aux particuliers. Il faut que l'Opéra-Bouffon ait aussi un motif, un dessein déterminé, sans quoi il ne mériterait pas le nom de Spectacle, & serait indigne de la moindre attention. J'avoue qu'on a d'abord quelques peines à appercevoir ce motif ; en s'efforçant un peu, on le découvre enfin. De même qu'Esope fit servir à notre instruction *l'Apologue*, ou l'exemple des derniers animaux, ainsi l'Opéra Bouffon met en jeu des Ouvriers, des Artisans, afin que la vue de leurs passions nous corrige des nôtres.

Comment ses personages peuvent nous corriger

On a souvent demandé, ainsi que je l'ai dit plus haut, (1) quelle impression pouvaient faire sur nous des Gardes-Chasses, des Savetiers &c. Ma nouvelle réponse, à cette question embarrassante, ne ressemblera nullement à celle que j'ai déjà faite. Étant des hommes, ils sont sujets aux mêmes travers, aux mêmes vices que le reste du genre humain. On fait donc bien de nous rendre chaque jour les témoins de leurs actions : il est vrai qu'ils feraient un effet plus prompt, plus sensible, sur des Spectateurs de leur état. Un Serrurier trouvera plutôt à profiter en voyant agir ses pareils, qu'un Duc en écoutant les discours d'un Maçon, ou d'un Maréchal-Ferrant.

Que ce Spectacle conviendrait au menu Peuple.

L'Opéra-Bouffon devrait appartenir de droit au menu Peuple, de même que la Comédie est destinée aux gens riches & distingués. Chaque état aurait alors un Spectacle à sa portée, & propre à ses mœurs.

---

(1) Voyez le premier chap. du Livre 2 de cet Ouvrage.

Admirons en d'avantage l'adresse d'un Théâtre qui vise à gauche pour frapper au but, c'est à dire qui nous instruit en feignant de songer à tout autre dessein; & qui fait nous plaire & nous faire accourir en foule à ses Représentations, en ne se montrant occupé que du soin de charmer & d'attirer chez lui la plus vile populace.

CHAPITRE IV.

Il faut que le nouveau Théâtre se fonde sur la Vérité & sur la Nature.

APRÈS avoir prouvé que le but de notre Spectacle doit être le même que ceux des autres Théâtres, c'est-à-dire d'instruire en amusant, il faut faire voir qu'il ne saurait trop se soumetre à des loix encore plus difficiles. L'art trop affecté lui nuirait, au lieu de l'embellir; il ne s'écarte guères de la Vérité ni de la Nature; & de là lui viennent ses principales beautés; aussi ne cherche-t-il point ordinairement loin de nous les moyens de plaire. C'est pourquoi le plaisir qu'on éprouve à quelques uns de ses Drames, nous remplit de cette douceur délicieuse qu'on ressent à contempler des objets réels, qui nous occupent & nous attachent. Représente-t-il une action villageoise, on croit voir agir les vrais habitans de la campagne ; l'ame trompée par les charmes de l'illusion, éprouve alors le même sentiment dont elle est pénétrée quand nos oreilles sont frappées du son rustique des chalumeaux, & quand nos yeux errent agréablement sur une vaste plaine couverte d'herbes & de fleurs. Dépeint-il les mœurs d'un Teinturier, d'un Boulanger, on est transporté dans leur boutique ; on agit, on parle avec eux : enfin, jamais Spectacle ne copia si bien la Nature. S'il cessait de fonder sur elle tous ses Poëmes, il deviendrait bientôt ennuieux, froid, insipide.

Pourquoi l'Opéra-Bouffon doit imiter la Nature.

La raison en est simple. Le genre qui lui convient ne renfermant aucune apparence de Sublime, ne devant nous montrer que des personnages bas & vils, dont les discours se ressentent du rang qu'ils tiennent, l'esprit se révolterait de s'occuper long-tems de choses fausses & méprisables.

Nouvelles raisons qui nous portent à l'estimer.

Soyons en certains, le grand amour que nous avons pour ce Spectacle vient encore une fois, de ce que nous y trouvons presque toujours la peinture frappante des mœurs du Peuple. S'il se permettait d'outrer ou d'adoucir ses couleurs, nous le fuirions bientôt, comme ne ressemblant à rien.

Que le Beau naturel est rare de nos jours.

Démontrer que le genre du Théâtre moderne est de réunir la Vérité & la Nature, c'est prouver en même tems qu'il peut s'élever au dessus des autres Spectacles. En effet, de nos jours le Beau simple & le naturel ne se trouvent guères au Théâtre. La Scene-Bouffonne a daigné seule les accueillir. Je demande si la Comédie du *Moment* est l'image de nos mœurs? Ses Poëtes la font paraître chargée d'ornemens étrangers, de clinquans & de dorure. Elle ressemble à ces vieilles Coquettes qui n'ont d'autres attraits qu'une couche de rouge, & qui prennent encore des airs enfantins & minaudiers. Elle dit des riens d'un air à prétention, joue finement sur les mots, rit & pleure tout à la fois. La Tragédie *du Jour* n'est qu'un recueil de maximes pompeuses, de *tirades* placées à tors & à travers. La plus-part de ses personnages savent par cœur la carte du tendre; elle n'oserait se faire voir sans être accompagnée d'un habile décorateur, & d'une foule de gardes. L'Opéra-Sérieux paraît d'abord encore plus ridicule, & hors de nos mœurs. Son langage est un galimatias cadencé, fatiguant par les pointes, les antithèses dont il est rempli. Les contes avec lesquels on berce les enfans sont moins incroyables que les Épisodes & souvent le sujet de ses Drames; les Diables y dansent, les Dieux y radotent. Je parle ici de l'Opéra-Sérieux sans rien approfondir; on verra ce que j'en dirai lorsque je l'éxaminerai sérieusement.

Mais ce n'est pas seulement des Théâtres que l'image de la Vérité est bannie; le reste de la Littérature semble avoir conjuré contre elle. Les Auteurs de Romans, d'Histoires, d'Épîtres & particuliérement d'Héroïdes, loin d'être naturels dans leurs Ouvrages, & de chercher à dire des choses qui nous concernent au moins un peu, se perdent dans le pays de l'imagination,

& n'écrivent que des chimères; leur stile maniéré, plein d'un faux brillant, n'est qu'un vrai persiflage. Combien est-il d'hommes de Lettres qui se croiraient déshonnorés s'ils se servaient d'éxpressions usitées, & s'ils disaient les choses comme on les éxprime ordinairement? Le ton philosophique à fait grand tort aux Lettres, ainsi qu'à la noble simplicité du langage.

Quel cas ne devons nous pas faire de notre Opéra qui veut bien conserver le goût du simple & du vrai, au milieu de la dépravation générale? Ses Poëtes sont les seuls qui se ressouviennent encore de ces Vers du Satirique Français, & qui ont besoin sut-tout de ne les jamais oublier:

Jamais de la Nature il ne faut s'écarter.

. . . .

Rien n'est beau que le Vrai, le Vrai seul est aimable,
Il doit règner par-tout, & même dans la Fable. (2)

Dernières raisons des succès du nouveau Théâtre.

L'Art des Tragiques Grecs est de persuader que l'action s'est passée comme ils

―――――――――――

(2) Épitre 9.

la repréſentent, & qu'elle n'a pu ſe paſſer différament. Je ſoutiens que les Auteurs de l'Opéra-Bouffon portent quelquefois cet Art encore plus loin. Il eſt impoſſible de faire agir leurs perſonnages avec plus de naturel. On croit voir & entendre l'Ouvrier, le Manœuvre, qu'ils placent dans leurs Drames. Ils ont une difficulté à vaincre que n'avaient pas les Tragiques Grecs, & que n'éprouvent point les Auteurs modernes des grands Poèmes Dramatiques ; leurs Héros étant pour ainſi dire ſous nos yeux, nous pouvons comparer la copie à l'original, nous en ſentirions bientôt les défauts.

En un mot, de fortes raiſons nous convaincraient, s'il le falait, que les tableaux naïfs de notre Opéra ſont dignes d'être applaudis, & que c'eſt de ſa ſimplicité qu'il tire ſon principal mérite. Un des panégyriſtes de l'illuſtre Boileau vient appuyer mon ſentiment ; (3) » ce n'eſt que dans le Vrai ſeulement que » tous les hommes ſe réuniſſent ; il ne ſe » trouve que dans la Nature, ou pour » mieux dire, il n'eſt autre choſe que la » Nature même. » La Nature eſt préfé-

---

(3) M. de Valincourt, Diſcours à l'Académie Françaiſe.

rable à l'Art, personne n'en doute. Agésilas, Roi de Sparte, était persuadé de cette vérité. Un jour on le pressait de venir entendre certain Grec qui contrefesait admirablement le chant du Rossignol; il répondit simplement à l'Invitateur, j'ai souvent entendu le Rossignol même. (4) On doit se garder de conclure des sages paroles de ce Roi, qu'il est inutile d'aller à l'Opéra-Bouffon, contempler la peinture d'un Maréchal-ferrant, d'un Savetier, &c. puisque chaque jour nous pouvons voir les originaux. On rougirait de chercher la compagnie des vrais personnages. Il est plus séant d'aller au Spectacle que dans la boutique d'un vil Artisan; & puis d'ailleurs, les Bucherons, les Maréchaux, les Cordonniers qu'on nous représente sur le Théâtre, chantent un peu mieux que ceux qui sont par le monde.

CHAPITRE V.
Il n'est point de Drame sans Mœurs.

DIRE que les personnages d'un Drame ont des Mœurs, c'est en faire l'éloge.

---

(4) Plutarque, Vie des Hommes Illustres.

On entend par *Mœurs*, les passions, les caractères, la façon d'agir. Ce mot se prend quelquefois dans plusieurs sens, surtout dans la Poétique d'Aristote. Quand ce Philosophe recommande aux Poëtes, que les Héros de leurs Pièces ayent des mœurs, il ne veut point recommander qu'on ait soin de les rendre sages, vertueux ; mais qu'on les fasse parler selon l'Histoire, ou de la manière qu'ils se présentent d'abord dans un Poème. Nous l'employons communement pour éxprimer les vices ou les vertus de quelqu'un. C'est un homme de mauvaises mœurs, disons-nous, celle-ci a de bonnes mœurs. Mais je ne me sers ici de ce terme que pour marquer le caractère distinctif des personnages de nos Drames modernes.

Les Mœurs sont très bien saisies dans l'Opéra-Bouffon.

Nous les voyons ces personnages tels que sont ordinairement ceux que l'on copie. Rien ne les altère ; les discours qu'ils tiennent leur sont propres ; aussi faut-il remarquer qu'ils ne sçauraient les ennoblir, ni les rendre plus bas, sans disparaitre entiérement. Leurs mœurs se découvrent jufques dans leurs moindres actions ainfi que dans leurs geftes. Ils font dépeints d'après Nature. Si un fameux Peintre de l'antiquité (5) fe méprit en voyant fur un tableau un voile imité de main de maître, (6) les Artifans qui fervent de modèles à l'Opéra-Bouffon pourraient bien prendre leurs copies pour autant d'originaux. Ils auraient plus de raifon que n'en avait ce Payfan, qui, étant à la repréfentation d'un Opéra-Sérieux, ôtait bonnement fon chapeau, & tremblait de crainte, à chaque éclair qu'il apperçevait, & au bruit factice du tonnèrre. Admirons l'Art avec lequel on met fous nos yeux des objets fi connus, & qui ont pourtant les charmes de la nouveauté, quoiqu'ils foient fur la Scène, à très peu de différence près, les mêmes que dans le monde.

Les mœurs qu'on voit au nouveau Théâtre font différentes de celles des autres Spectacles.

Notre Théâtre n'a point à craindre le reproche que le Père Brumoy fait à la Comédie. « Les caractères des Drames

_____

(5) Zeuxis.
(6) Par Parrhaafius.

» comiques, s'écrie-t-il, font fort com-
» muns, & toujours les mêmes ». Les fiens
font variés avec goût, par une fuite de
cette éxactitude qu'on a de donner à chaque Artifan le genre qui lui convient. Il
fuit à la lettre le précepte d'Ariftote qui
dit ; « La feconde chofe qu'il y a à obfer-
» ver dans les mœurs, c'eft qu'elles foient
» convenables. » (7) Les paffions des
Héros de la Tragédie ont une certaine
convenance enfemble ; elles fe rapportent également au Prince & à fon Confi-
dent. Tel Roi peut être jaloux, galant,
ambitieux, auffi bien qu'un de fes Cour-
tifans, au lieu que les mœurs dépeintes
dans notre Opéra ne font applicables qu'à
une feule claffe d'hommes. Par exemple,
le caractère du Savetier a une autre nuance
que celui du maître Cordonnier ; le fimple Laboureur a une autre manière d'agir
que le riche Fermier &c. Ne portons pas
ce détail plus loin. Le Poëte qui veut travailler pour le Spectacle moderne doit
être en état de fentir ces nuances, & de
les faire délicatement diftinguer.

---

(7) Poët. Chap. 17.

CHAPITRE VI.

De ce qu'un Poète dramatique doit sçavoir pour être en état de travailler dans le nouveau genre.

AVANT de donner les derniers avis à ceux que je veux rendre capable de produire un bon Opéra-Bouffon, ou un Drame du nouveau genre; il est nécessaire de les préparer à recevoir mes instructions. Une terre n'est fertile qu'autant que le laboureur la dispose à faire germer les grains. On n'est pas tout d'un coup en état de composer des Pièces pour le plus fameux de nos Spectacles. Il faut une espèce de noviciat. Il pourrait arriver même qu'un homme dépourvu des qualités éssentielles, fit de très-mauvais Drames-Bouffons, après en avoir appris les règles par cœur. Voyons ce qu'on est obligé de sçavoir, & les dispositions qu'il faut que la Nature nous ait donnée.

Je prends un jeune Poëte qui brûle du desir de s'illustrer dans la carrière du nouveau Spectacle, je vais le conduire pas-à-pas; je développerai l'éffet que feront sur lui mes discours ; & je détaillerai les progrès insensibles de son esprit.

Vous que les Muses ont nourris de leur Ambroisie, c'est à dire des douceurs de l'espérance, vous prétendez donc consacrer vos veilles à l'Opéra-Bouffon ? Le dessein est louable. Mais répondez. Pourquoi ne travaillez-vous pas plutôt pour le Théâtre Français ? Le sublime Corneille, le tendre Racine, Molière le peintre de la Nature ; en un mot tous les grands Hommes qui l'ont rendu fameux, devraient enflammer votre génie, plutôt qu'un Spectacle où l'esprit est souvent contraint de se cacher. Je serais bien bon, me dites-vous, de courir après une gloire si difficile à atteindre, tandis qu'on me présente des laurier que je puis cueillir sans me donner beaucoup de peines. Les Opéras-Bouffons, ou les Comédies-mêlées d'Ariettes, sont devenus à la mode; je servirai le Public selon son goût. — Votre raison est valable; écoutez-moi bien pourtant. Craignez d'entreprendre un ouvra- au dessus de vos forces. Je vois briller dans vos yeux ce feu qui nous annonce un esprit vif & saillant ; ressentez-vous ces élans qui nous appellent aux grandes choses ? êtes-vous né Poète, en un mot ? Daignez me répondre, & me dépeindre ce qui se passe dans votre intérieur. — Je suis dévoré de la noble envie de me faire un grand nom. Je bégayais à peine, que je traçais sur le papier des Odes, des Sonnets & un déluge de toutes sortes de Vers. Quand je vais au Théâtre, le plaisir que je prends aux Drames qu'on y représente me fait verser des larmes. Je soupire après le sort des Auteurs qui s'y font connaître, mon cœur palpite, & je m'encourage à pénétrer dans la carrière des Lettres. — Etes-vous un peu sçavant ? — J'ai lû l'Histoire avec réfléxion, la Fable, & nos plus grands Poëtes. — Vous êtes un prodige ; mais vous n'avez aucune disposition pour le genre auquel vous vous destinés.

Il est presqu'inutile de rien sçavoir & de rien lire.

Ici mon jeune Poëte recule de surprise, il reste long tems immobile, & me parcourt de la tête aux pieds sans avoir la force de parler. Peu s'en faut qu'il ne me traite de visionnaire. Je l'arrête par ces mots, lorsqu'il est pret à me quitter en levant les épaules. Vous sçavez l'Histoire, dites-vous, à quoi vous servira-t-elle ? La Fable vous est aussi peu nécessaire : les
Écrits

Écrits de nos Poètes vous font de la dernière inutilité. Sera-ce pour composer un Opéra-Bouffon ou une Comédie-mêlée-d'Ariettes que vous aurez besoin de toutes les belles choses que vous avez apprises, & d'un génie supérieur? Lorsqu'il s'agit de faire parler un Artisan, un Laboureur, &c. il ne faut ni paroles élégantes, ni pensées sublimes.

Soyez certain qu'il vous suffit de savoir ce qu'on a écrit de mieux sur les règles Dramatiques. Lisez attentivement les Auteurs qui ont parlé avec succès de ce qu'il faut observer dans les Pièces de Théâtre; ne vous éfforcez pas de les suivre à la lettre : le nouveau Spectacle auquel vous destinez vos talens, permet à ses Poètes de prendre quelques libertés, c'est du moins ce que nous montre la plus-part de ses Drames. Vos Lectures, comme vous voyez, & ce qu'il est nécessaire que vous sachiez, se bornent à très-peu de choses. S'il était possible de trouver un Français qui vit d'un œil indifférent l'Opéra-Bouffon, je me flatte qu'il me rendrait justice, & conviendrait que je n'avance rien qui ne soit très-facile à prouver.

Notre Candidat Littéraire commence à prêter l'oreille à mes discours. Son étonnement se dissipe par dégrés ; il respire en s'appercevant qu'il est aisé de mettre à profit mes leçons. Je démêle pourtant sans peine que l'amour propre livre dans son cœur un furieux combat. Il est désespéré de voir qu'un genre qu'il regardait comme devant le combler d'honneur soit presque méprisable dans l'esprit de certaines gens. Quoi, s'attachera-t-il à des Pièces dénuées de graces, & dont la composition ne lui paraît plus qu'un jeu d'enfant ! Peu s'en faut qu'il n'abandonne son projet, & ne renonce à une gloire aussi singulière. Le plaisir qu'il envisage à se faire combler d'applaudissemens, à se voir accueillir du Public avec enthousiasme, le fait bientôt se décider. Il se sent pénétrer d'une nouvelle ardeur. Le Spectacle moderne redevient admirable à ses yeux. La petitesse du genre considéré de près, la bassesse apparente qu'il éxige, ne le dégoûtent plus ; il s'assure que c'est un avantage assez rare ; il se rappelle que les machines les plus considérables ont souvent de faibles ressorts. On va voir maintenant quels sont les grands secrets que j'enseigne à mon Élève.

Les qualités qu'il faut avoir pour se distinguer dans le nouveau genre.

Notre Opéra n'éxige pas un génie ordinaire. Tel qui n'aurait que de l'élévation serait indigne de lui. On doit tempérer, pour ainsi dire, la trop grande force d'esprit, mais avec tant d'art que la médiocrité soit au dessus des vrais talens, sans que cela paraisse. Vous aurez mille occasions de dire des choses communes, & vous n'en aurez pas quatre d'en écrire de sublimes. Le Poète qui se destine pour le Spectacle moderne doit être persuadé que ces deux Vers de Boileau ont été faits pour lui ;

Il faut qu'en cent façons pour plaire il se replie ;
Que tantôt il s'éleve & tantôt s'humilie.

Piquez-vous d'une certaine bonhommie. Ayez l'honneur de ressembler au célèbre La Fontaine, qui paraissait tout autre, loin de son cabinet. Que vos Ouvrages semblent être le fruit de la distraction des grands hommes. Mais n'allez point vous rendre si petit qu'il soit impossible de vous appercevoir.

. . . . . . Soyez simple avec art.

Devenez le Peintre fidèle de la Nature ; défendez-vous de la ridicule honte de n'oser nous montrer ses infirmités, ses taches, ses désagrémens. On se plaît dans ce siècle singulier à contempler des objets vils & méprisables:

Que la Nature donc soit votre étude unique.

Les Poètes de l'Opéra-Bouffon comparés aux Auteurs naturalistes.

L'estimable Auteur du *Spectacle de la Nature* nous en a découvert les merveilles jusques dans les plus petites choses. Il nous fait parcourir les campagnes, nous arrête utilement devant une plante, un insécte, un grain de sable; il nous en explique la construction, le méchanisme incompréhensible; rien n'échape à ses yeux pénétrans, il met son Lecteur à portée de discerner presqu'aussi bien que lui. Efforcez-vous de l'imiter dans un autre genre. Peignez le caractère des habitans du village, leurs mœurs, leurs actions; faites-nous passer en revue les derniers Artisans de nos Villes. « Voulez-vous copier la » Nature, (dit Horace dans son Art Poé- » tique,) étudiez-là dans le cœur & dans » les mœurs mêmes des hommes de diffé- » rens états; tous les traits que vous tirerez » alors d'après elle, seront des traits vifs » & animés. (8) » Ces paroles semblent

---

(8) Etatis cujusque notandi sunt tibi mores. *De Arte Poëtica.*

avoir été faites en faveur des Poètes qui se destinent à la composition des Pièces du nouveau genre. Que rien ne soit au dessous de votre génie. Que vos Drames soient une espèce d'*Encyclopédie*, où nous trouvions tout ce qui concerne l'état, le métier, & la personne des gens de la lie du Peuple.

Mon jeune Élève sent l'importance de mes conseils, il se promet bien de les mettre en usage. Un instant de réfléxion achève de le persuader. Il s'écrie avec enthousiasme, que les Poètes de notre Opéra doivent s'efforcer de suivre mes leçons, & que ses Spectateurs en ont aussi besoin.

Que les Poètes devraient voyager, éxcepté ceux du nouveau Théâtre.

Je continue de l'instruire. Chez les Grecs & les Latins celui qui se destinait à charmer son Siècle & la Postérité, par des Ouvrages de génie, étudiait les mœurs des hommes, non-seulement dans les Livres, mais en parcourant différentes Contrées. Homère ne vécut pas dans une seule Ville. L'Historien Joseph passa de l'Asie chez les Romains. Virgile ne resta dans sa Patrie que pendant sa prémière jeunesse. Térence voyageait, puisqu'il perdit dans une tempête la meilleure partie de ses Ouvrages, ce qui le fit, dit-on, mourir de chagrin. Diodore de Sicile, Auteur d'une sçavante Histoire du monde, qui malheureusement n'est venue jusqu'à nous que par lambeaux, parcourut l'Égypte, l'Asie, l'Affrique, & d'autres pays éloignés des lieux qu'il habitait ordinairement. Qu'on me cite un seul Poète de nos jours qui, afin de mieux connaitre les hommes, ait entrepris un voyage un peu considérable. Ceux qui passent dans les pays étrangers, n'y vont que parce qu'ils sont contraints de s'absenter de leur chère Patrie ; une Muse satyrique ou licentieuse les porte à quitter, malgré eux, leurs Dieux Pénates. Les gens de Lettres dont l'humeur est plus douce, & la Verve moins déréglée, se permettent à peine d'aller de Province en Province, ou de s'éloigner des environs de la Capitale. Les Auteurs de notre Spectacle, Copistes fidèles des Écrivains d'un genre un peu plus sublime, ne font pas de trop grandes sorties dans l'Univers. La Ville dans laquelle ils se trouvent suffit au besoin qu'ils ont de voir & d'apprendre. Une petite promenade dans la campagne achève de les instruire. Sont-ils obligés de chercher au loin des Savetiers, des Maréchaux ferrans, des Bucherons, & les autres personnages qu'ils introduisent sur la Scène?

En quoi les Auteurs de l'Opéra-Bouffon diffèrent des Poètes ordinaires.

La seule différence que je voie entre les Poètes du Théâtre Français & ceux des Italiens, c'est que les uns font bailler, & que les autres divertissent. Ceux-là ne sont presque jamais applaudis, ceux-ci le sont toujours avec transport. Les prémiers n'attirent que peu de monde à la représentation de leurs Drames, tandis que les derniers font accourir chaque jour toute la France à leurs plus frivoles productions.

Mon Élève est enchanté de ce qu'il vient d'entendre. Il se livre à la joie la plus vive. Dans son ivresse, il demande du papier, veut écrire au plutôt un Opéra-Bouffon, charmé d'avoir un moyen d'égaler des Gens de Lettres qu'il croyait être contraint de respecter toute sa vie. Je parviens, non sans peine, à modérer ses transports; il se résout à m'écouter; mais je vois aux mouvemens qui l'agitent, aux impatiences qu'il ne peut s'empêcher de faire paraitre, qu'il lui tarde furieusement de pouvoir en liberté produire un de ces merveilleux Drames, dont le succès est si rapide, & les avantages si considérables.

Les Poëtes du nouveau Théâtre devraient habiter avec leurs personnages.

Celui qui veut composer une Tragédie tâche d'être souvent au milieu des Grecs & des Romains; il lit de nombreux volumes, il s'éfforce de faire connaissance avec les Héros qu'il prétend faire revivre : Les Auteurs de notre Opéra doivent à son imitation, chercher la compagnie des personnages qu'ils font agir. Qu'on les voye donc à chaque instant fréquenter les Manœuvres, les derniers Artisans, & toutes les espèces de gens qu'ils nous obligent de contempler au Théâtre. Il est nécessaire qu'ils les visitent dans leurs demeures peu fastueuses, qu'ils les suivent au cabaret; il faut épier, pour ainsi dire leurs passions & leurs mœurs. Si nos Auteurs refusent de me croire, ils se rendront indignes du genre auquel ils se consacrent, & travailleront en aveugles. En effet, comment est-il possible de sçavoir les coutumes, les façons de parler d'une foule de gens que l'on ne fréquente jamais ? Que dirions-nous d'un homme qui se mettrait dans la tête de nous faire la description générale d'un pays dont il n'aurait qu'une faible idée ?

Les Poëtes de notre Spectacle me répondront peut-être qu'ils n'ont besoin que de jetter les yeux dans la boutique d'un Ouvrier, & que tous les jours ils ont occasion de les voir, de leur parler, par les différens services qu'on en retire, sans qu'ils aillent s'abaisser jusqu'à les traiter de camarades, jusqu'à boire avec eux. Votre réplique est séduisante, mais le genre de vos Drames vous oblige d'entrer dans des détails qui demandent une grande connaissance des choses. L'Artisan dans sa boutique n'est pas le même que dans son ménage ; l'amour le rend encore différent. Sa manière de se comporter au cabaret mérite d'être observée ; il agit autrement que chez lui. Comment prétendez-vous saisir toutes ces nuances, si vous ne le suivez de près, si vous n'êtes souvent à ses côtés ? Vadé, le créateur du genre poissard, ne parvint à s'y rendre habile qu'en fréquentant les Harengères, les Poissardes, les Bateliers : on le voyait tantôt aux Halles & tantôt sur les Ports. Il ne dédaignait pas de boire avec une Ecosseuse, une Bouquetière, un Batélier, & d'autres gens de cette espèce. Les Auteurs de l'*Encyclopédie*, de cet énorme colosse que le tems aura tant de peines à détruire, ont senti la nécessité de s'approcher des Artisans dont l'on veut dépeindre l'état. S'agissait-il de parler d'un Cordonnier, d'un Perruquier, aussitôt ils couraient les chercher, s'entretenaient familiérement avec eux; & les gratifiaient de légers présens. Les exemples que je propose sont trop illustres pour n'être pas suivis par la plûpart des Auteurs de l'Opéra-Bouffon. Ils ne peuvent absolument se dispenser de goûter mes conseils. Les leçons que je leur donne sont puisées dans la nature même du Spectacle auquel ils se consacrent.

Le Poëte Dramatique doit imiter les gestes, les actions de ses Héros.

L'Oracle des Savans, le Philosophe qui fut si long-tems le Prince de l'Ecole, Aristote en un mot, va beaucoup plus loin. Il éxige des compositeurs de Drames, qu'ils s'imaginent être les personnages mêmes de leurs Pièces. Voici ses propres termes: il faut encore, autant qu'il est possible, que le Poëte en composant, imite l'action & les gestes de ceux qu'il fait parler. (9) Horace est du même sentiment;

---

(9) Poët. Chap. 18.

Quintilien l'adopte aussi ; & le docte Dacier soutient qu'ils ont raison tous les trois. Il s'en suit delà que les Auteurs des nouveaux Poëmes ne se contenteront pas, s'ils ont envie de bien faire, de visiter assidument les personnages qu'ils cherchent à copier, mais ils auront soin encore de s'imaginer qu'ils sont métamorphosés en Tonneliers, en Gardes-Chasses, en Boulangers, &c. Quel plaisir de les voir dans la chaleur de la composition, suivant à la Lettre le précepte d'Aristote, contrefaire les gestes & l'action d'un Serrurier, d'un Porte-faix, d'un Mendiant ! &c. Qui ne serait charmé d'un si noble enthousiasme ! L'un, en récitant certaine Ariette, semblerait être autour d'une Forge ; l'autre, se promenant à grands pas, paraitrait labourer un vaste champ ; celui-ci, en cherchant des paroles qui le fuient, s'échaufferait comme s'il travaillait à une Cuve. Ceux-là, composant des discours qui peignent leurs Héros toûjours subalternes, feraient l'action de scier des Planches, de battre le Fer, de Pêcher, de tirer le pain du four. &c. &c.

Je ne doute pas que les Poètes de notre Opéra n'approuvent ce que je dis d'après les législateurs de tous les Théâtres. Je présume qu'ils étaient déja instruits en partie de cet Article important ; leurs Drames font trop admirables pour qu'ils ayent tardés jusques à aujourd'hui à le mettre en usage : au reste, on sentira bien que je ne parle qu'à ceux qui sont encore tout-à-fait novices.

Mais si l'on a dessein d'éxceller dans les Drames modernes, il faut écouter attentivement le reste de mes instructions. Afin d'aller de gradation en gradation, j'ai réservé pour le dernier Article le conseil le plus utile.

Le vin inspire mieux les Poètes que l'eau de l'Hypocrène.

Tout le monde conviendra que les Poètes, ennemis de Bacchus, ne sauraient rien produire de passable : il est donc nécessaire de mêler l'Hipocrène avec le doux jus de la Treille ; je crois pourtant qu'on ferait encore mieux de boire pure la précieuse Liqueur de la vigne, sans l'altérer par aucun mêlange. Les Auteurs de notre Spectacle imiteraient alors bien plus au naturel les Héros de leurs Drames. Horace dans sa dix-neuvième Epitre à Mécène invite tous les Gens de Lettres à se rendre partisans d'un sistème aussi aimable. « Si

» l'on en croit, dit il, le bon-homme
» Cratin, jamais buveur d'eau ne fit des
» Vers capables de plaire & de se soutenir
» long tems. » (11) Il s'exprime dans un
autre endroit de la même Epitre d'une
maniere encore plus sérieuse. « Le Bareau,
» s'ecrie-t-il, est pour les buveurs d'eau,
» & la Poèsie pour les Ivrognes. » (12)
Si les Auteurs de Poètique n'ont pas insérés dans leurs Ouvrages cette condition, sans la quelle on n'écrirait que des choses froides, sans esprit & sans âme, c'est qu'ils ont pensés que les Gens de Lettres en sentiraient d'eux-mêmes l'importance. Je suis le prémier qui donne de semblables conseils dans un Livre fait plutôt pour instruire que pour égayer ; mais j'espère qu'on en retirera de très grands avantages : une Ouvrage qui traite en partie du Théâtre moderne, doit renfermer des règles Bisares & singulières, quand ces règles lui sont analogues.

Voila mon jeune Élève instruit en général des dispositions & de la science, que doit avoir un Poète, qui veut travailler avec fruit à l'Opéra-Bouffon & à la Co-

---

(11) Nulla placere diu, nec vivere carmina possunt.

(12) Quæ scribuntur aquæ potoribus.

médie - Mêlée d'Ariette. Ce Chapitre, & une partie des deux Livres qu'on vient de lire ne sont qu'un abrégé des principes nécessaires; je vais les développer dans les Livres suivans, en parlant de ce qui concerne les Drames en tout genre, & des regles essentielles auxquelles ils sont assujettis.

Fin du Livre Troisième.

DE L'ART DU THÉATRE.

LIVRE QUATRIEME.

SOMMAIRE.

Ce Livre renferme un détail des principales règles du Poème Dramatique. Le nouveau Théâtre doit suivre les règles avec plus d'attention qu'il ne fait; avec quel art il s'en écarte; & dans quel cas il est excusable. Critique de plusieurs de ses Poèmes. Observations sur la manière dont ils sont écrits. Tous les Spectacles passent en revue. On s'adresse tour-à-tour aux Poètes Dramatiques de chaque genre. Enfin, ce Quatrième Livre est le résumé de ce qu'on peut dire d'essentiel, sur le Théâtre en général.

CHAPITRE PREMIER.

Le sujet.

LE sujet est la partie essentielle d'un Poème Dramatique, il en est, pour ainsi dire, l'ame. De lui dépend sa chûte ou son succès. S'il est mal choisi, s'il ne peut se plier au Théâtre, les efforts du génie deviennent inutiles; envain, le Poëte aurait une diction brillante & soutenue, & le feu de l'imagination joint aux graces de l'esprit.

Tous les sujets doivent non seulement être vrais, mais vraisemblables. Des qu'ils sont fondés sur l'impossible, le Spectateur se révolte, indigné qu'on veuille le rendre trop crédule. Le Poëte ne saurait enfin être trop difficile sur le choix d'un sujet. Si quelques Auteurs du Théâtre Français voyent mourir leurs pièces à l'instant qu'elles viennent de naître, c'est qu'ils n'ont pas sçû démêler si l'événement qu'ils prenaient pour leur action plairait aux Spectateurs, ou les révolterait. M. De Belloi se montre un grand Maître dans la pratique du Théâtre; il n'ignore point que le sujet fait souvent le principal mérite d'une Tragédie.

Cette sévérité dans le choix de ce qui doit être la matière d'un Drame, que je recommande si fortement aux Poëtes, les Anciens la poussaient beaucoup plus loin que nous. Ils ont connu de tous tems combien le sujet prêtait de mérite à un Poëme; ils l'ont même soumis à certaines règles, avant d'avoir la moindre notion des autres difficultés du Drame.

Ce qu'est le sujet dans les Drames en tout genre.

La Comédie & la Tragédie souffrent un sujet rempli d'incidens; elles éxigent même qu'on ait toujours soin d'en faire naître plusieurs les uns des autres; elles ne veulent pas néanmoins des faits incroyables ou compliqués, comme ceux de *l'Etourdi* & *d'Héraclius*, mais de simples & de naturels. Il faut que les événemens se rapportent à un seul Acteur, afin que le principal personnage attire seul toute l'attention. Faites lui successivement éprouver de nouveaux revers, qu'il parvienne au comble du bonheur ou de l'infortune lorsqu'il en paraît encore éloigné

Le sujet est bien peu de chose dans l'Opéra Bouffon.

Les sujets de notre Spectacle doivent être clairs & concis; la simplicité en fait souvent le prémier mérite. Il est vrai que quelques-uns de ses Drames contredisent ce que j'avance. Mais ils s'écartent trop de son genre. Je prie le Lecteur d'en être persuadé; ce n'est qu'après une Etude réfléchie de la nature du nouveau Théâtre que j'ose en pénétrer les Mistères, & que je m'enhardis a donner des règles pour la composition de ses Poèmes. *Tom Jones, la-Fée Urgèle*, &c. ont beau avoir du succès, je soutiendrai toujours qu'ils ne sont point faits pour le nouveau Théâtre, puisqu'ils s'éloignent de la simplicité que son genre demande absolument. Le Public montre chaque jour qu'il est de mon avis; il fait bien plus d'accueil aux Pièces *simples* de son aimable Théâtre, qu'aux Poëmes *intrigués* qu'on se hazarde à y produire. En un mot, un seul événement suffit pour animer le Drame de notre Opéra : encore n'est-il pas nécessaire que cet événement soit essentiel & considérable : il suffit même de copier la moindre petite action de la vie de son principal personnage; & souvent rien du tout.

Exemples.

Dans *le Savetier*, *Blaise* court risque de voir enlever ses meubles, & n'en a que la peur : voila une Pièce qui renferme un seul événement. Le Drame du *Jardinier & son Seigneur* ne peint rien de considérable. un Paysan a dans son Jardin un lièvre qui ronge ses Choux & ses Navets ; il supplie son Seigneur de vouloir bien lui faire la Chasse; celui-ci vient avec une suite nombreuse, & les Potagers du manant sont tout-à-fait détruits; voila une intrigue peu fatiguante à suivre: on verra dans un autre Chapitre, ce qu'elle offre de peu vraisemblable.

Je crois avoir prouvé que le sujet de l'Opéra-Bouffon est toujours peu de chose. *le Maréchal-Ferrant*, & presque toutes les pièces qui brillent sur son Théâtre, ne sont qu'un image de la vie des Artisans, sans qu'on leur fasse ordinairement arriver la moindre avanture, la plus petite catastrophe. Les mariages qui terminent les nouveaux Poëmes ne multiplient point les événemens qu'on doit avoir en vue, puisqu'ils ne tiennent en rien au fond du sujet primitif & n'ont aucun rapport au titre de la Pièce. Ils en forment l'épisode & l'Episode est toujours une faute. Pour qu'il fut possible de les regarder comme participant à l'intrigue, il faudrait que ce fut le Héros du Drame qui se mariât, au lieu que c'est toujours un Personnage subalterne. Mais s'ils ne doublent point l'action principale puisqu'ils sont comme détachés, ils détournent trop l'attention du Spectateur de ce qui devrait l'occupper, & semblent former deux petites Pièces dans une, ainsi que je le prouverai ailleurs. Le jeune Poète du nouveau Théâtre est donc contraint de faire choix d'un sujet qui soit très-simple. Un rien lui suffira pour occuper la Scène. S'il a le bonheur de trouver un métier quelqu'obscur qu'il soit, dont l'Opéra-Bouffon n'ait point encore tiré parti, il est certain de remporter tous les suffrages. Qu'il sache peindre d'après nature tel Artisan dans sa Boutique, cela lui tiendra lieu de l'intrigue la mieux recherchée, & composée avec le plus d'Art. Je lui conseille, encore une fois, de rejetter tout sujet un peu relevé, qui demande du travail de la part du Poète, & de l'attention de la part du Spectateur; le Spectacle moderne n'en est point susceptible; on l'avouera sans peine si l'on connait bien son genre & sa nature; il semble dire ce Vers à tous les Auteurs dont il enflamme le génie :

N'offrez point un sujet d'incidens trop chargé.

Plus son action sera simple & commune, plus elle fera d'èffet sur le Théâtre que nous adoptons. Messieurs Sédaine & Anseaume sont les meilleurs éxemples qu'on puisse se proposer.

Il faut retrancher du sujet tout ce qu'il a d'inutile.

Autant qu'il est nécessaire de chercher

un sujet facile, bas & sans intrigue, autant est on obligé de le rendre court & précis une fois qu'on a eû le bonheur de le rencontrer. Les Drames du nouveau genre veulent être serrés dans leurs marches & dans leurs discours. Il faut élaguer le plus qu'il est possible. L'Art est de sentir ce qu'il est apropos de faire & ce qu'on ne peut se dispenser de dire.»On ne peut, re-» marque fort bien M. Diderot,(13)mettre » trop d'action & de mouvement dans la » farce:qu'y dirait-on de supportables»? Le Dialogue des nouveaux Drames ennuirait bientôt s'il se donnait la liberté d'être trop‑long. Ceci achève de prouver qu'il faut que leur intrigue soit éxtrêmement simple:

Fuyez de ces Auteurs l'abondancee stérile,
Et ne vous chargez pas d'un détail inutile.

Les Drames modernes ne sont pas aisés à inventer.

On conçoit que la composition de nos Opéras est assez difficile. Ils sont comme autant de mignatures qui représentent en petit ce que la Comedie nous offre en grand. C'est dans le choix du sujet qu'on

——————————————— ————

(13) Réfléxions sur l'Art dramatique.

éprouve sur-tout le plus d'embarras. On peut encore regarder les Drames du nouveau Spectacle comme des plans ou des canevas de Comédies, dans lesquels on ne jette quelques paroles qu'afin d'exquisser le caractère des Personnages.

S'il est vrai que tous les sujets sont épuisés.

On s'écrie depuis long-tems que tous les sujets en général sont épuisés. Examinons si l'on raisonne juste.

Ceux de la Comédie le sont presque entiérement.

Il est certain que ceux de la Comédie ne sont plus aussi abondans qu'autrefois, non par ce que les hommes se sont rendus meilleurs ; ils seront toujours méchans & enclins à mille faiblesses ; mais par ce que les grands défauts ont été saisis. Il ne nous reste à mettre sur la Scène que des demi caractères, des vices à la mode, qui changent bientôt de forme. Molière s'empara des fameux originaux qu'il apperçut dans le monde. Regnard vint traiter après lui ceux qui lui échappèrent ou que la mort l'empêchat de peindre. Néricault Destouches, cet aimable Philosophe, acheva de tout moissonner. Ces grands hommes ne nous ont laissés que leurs restes, s'il est permis de le dire, que ce qu'ils ont dédaignés. La Comédie épuise bientôt les ridicules : ceux d'un siècle sont à peu près les mêmes que ceux de mille autres. Les Hipocrites se couvrent sans cesse du manteau de la Religion : l'Avare sera toujours l'esclave de son Argent, & éprouvera la misère au sein des richesses : les Joueurs de notre siècle ne sont malheureusement que trop semblables à ceux du tems de Louis XIV. Enfin, les grands caractères de la Comédie sont très rares. Ils se présentent d'abord à l'homme de génie qui s'en saisit, & ne nous laisse à peindre que des vices de société.

Réfutation du sentiment de Mr. Marmontel.

Monsieur Marmontel est d'un avis différent dans sa Poètique. Il prétend que les sujets des Pièces de Théâtre ne tariront jamais. Je suis au désespoir de me trouver forcé de le contredire. Puisque les principales Passions des humains restent toujours au même dégré, il est clair qu'une fois qu'on les aura mises sur la Scène, on ne pourra plus y faire paraitre que des Passions du second ou du troisième Ordre: ce n'est point un peu de couleur, une ombre plus ou moins forte ajoutée à un Tableau qui lui prête le mérite de la nouveauté.

Monsieur Marmontel pour prouver qu'il est facile de rencontrer des sujets neufs, a la bonté d'en indiquer quelques-uns aux jeunes Poètes. Mais il aurait bien dû s'appercevoir que la plus part des sujets qu'il leur donne pour nouveaux, ont une certaine analogie avec ceux qu'on à déja traités. Les caractères de ses contes moraux ne sont pas même tout-à-fait des Copies Originales. Par exemple, *le prétendu connaisseur* ressemble très-fort à M. *Francaleu de la Métromanie*, ainsi qu'au Baron du *Médecin par occasion* de Boissy. *La bonne & la mauvaise Mère*, sont presque la même chose que *l'Ecole des Mères*, Comèdie de la Chauffée. Cet Auteur éprouve le sort de ceux qui entreprenent actuellement de mettre sur la Scène Comique des caractères qui lui sont inconnus ; ils peignent les faibles originaux de leur société, ou bien ils dérobent, sans s'en appercevoir, quelques traits d'un caractère qui nous est déja familier.

La

La meilleure preuve que je puisse donner de la stérilité du Théâtre Comique, c'est que les Auteurs de nos jours, osent à peine entreprendre de travailler pour lui; & que les plus hardis n'y font paraître que de Pièces singulières & bisares.

Pourquoi la Tragédie n'est pas dans le même cas.

La Tragédie serait dans une aussi grande disette de sujets, s'il n'était permis d'y employer souvent les mêmes Passions. Tous ses Personnages sont ambitieux, fourbes, cruels; je ne conçois pas comment on ne se lasse point d'une pareille répétition. Avant d'assister à la représentation d'une Tragédie, il est aisé de savoir quels en seront les Personnages. Qu'on s'attende de voir paraître un Tiran, un Usurpateur, un Prince mal'heureux, une Princesse qui aime & qui hait; on ne se trompera pas de beaucoup. On n'apréhende point d'être mis au rang des plagiaires, quand on donne au Héros d'une Pièce nouvelle, les mêmes passions qui ont déja servi de matière à cent Tragédies: il suffit que le Héros qu'on fait agir soit d'un pays éloigné du Prince dont il imite les mœurs, & qu'il s'exprime différemment.

La Tragédie jouit encore d'un autre avantage qui nous assure qu'elle n'épuisera guères ses sujets. L'Histoire est un vaste champ qu'elle ne parcourera jamais en entier, & qui s'agrandit à chaque pas qu'elle y fait. Elle y trouvera toujours des exemples de fureur, d'héroïsme & d'amour. La Tragédie est donc plus féconde que sa Rivale, & par conséquent moins difficile, puisque les sujets sérieux viennent s'offrir sans peine. Il est vrai que son stile arrête, embarrasse quelques fois ses Auteurs, car il n'est pas aisé d'écrire en même tems avec simplicité & avec Noblesse. Mais comme on surmonte maintenant cet obstacle en avilissant un peu sa manière de s'exprimer, sa composition n'est presque plus gênante.

Des meilleurs sujets tragiques.

Les Poètes Grecs qui se livraient à la Tragédie, n'avaient guères de sujets propres pour ce genre de Drame. Ils ne leur était permis de mettre sur la Scène Tragique que deux ou trois Familles, célèbres dans leur Histoire, telles que celle d'Alcméon, d'Œdipe, d'Oreste, de Méléâgre, de Thyeste, de Teléplus (14). Ils s'écartaient bien quelquefois de la route ordinaire, mais ils y revenaient le plus-tôt qu'il leur étaient possible; qu'on en juge par les Pièces d'Eschile, de Sophocle & d'Euripide. Les Grecs croyaient sans doute, que les divers malheurs qu'éprouvèrent Œdipe & la maison d'Agamemnon, inspiraient plus de terreur & de surprise, qu'aucun trait d'Histoire qu'on aurait pu mettre au Théâtre. Ils avaient tort de borner les sujets tragiques; c'était trop gêner les Poëtes; c'était empêcher le génie de s'étendre, & de créer des situations nouvelles.

Si on ne sçaurait faire un pareil reproche aux Français, on a lieu de s'étonner qu'ils ayent été plus d'un siecle à ne représenter sur la Scène tragique que des Héros Grecs & Romains, sans considérer que leur propre Histoire offrait des sujets aussi frappans & plus dans leurs mœurs. L'exemple des Grecs devait plutôt nous faire ouvrir les yeux: c'était toujours parmi eux qu'ils prenaient les actions de leurs Drames. Alors les Spectacles leur étaient vraiment utiles, puisqu'ils n'entendaient parler au Théâtre que de la Religion qu'ils suivaient, des guerres que

---

(14) Voyez la Poétique d'Aristote. Chap. 16.

racontaient leurs annales, & de la gloire ou des infortunes de leurs ayeux. Enfin les Français se sont apperçus de nos jours qu'ils avaient négligé ce qui ferait le plus d'honneur à leur Théâtre. M. de Voltaire est un des prémiers qui osât placer des Héros Français sur notre Scène Tragique. M. de Belloi, éclairé par les éssais & par les réfléxions de ce grand homme, a composé de nos jours un Poëme qui ne doit peut-être son prodigieux succès qu'à l'heureux choix de son sujet, pris au milieu de la Nation. Il me semble que nos Poètes Tragiques, encouragés par les applaudissemens qu'ils ont vu prodiguer à M. de Belloi, doivent s'appliquer à nous peindre les infortunes, les vices, les vertus, des grands hommes nés dans la France. Ils seront certains de plaire, d'attâcher d'avantage. Nous serions plus séduits, plus frappés du tableau des malheurs de nos Pères, que de la peinture d'un Grec ou d'un Romain, qui vivait deux mille ans avant nous, ou qui n'éxista peut-être jamais. Que les Poètes Tragiques ne craignent donc point de puiser dans nos annales, qu'ils ayent même la hardiesse de nous retracer des faits presque nouveaux, n'est-ce donc que la seule l'Antiquité qui rend les sujets vraiment tragiques? Lorsqu'un événement peut dater d'un siècle, on est libre de dire hardiment la vérité : pourquoi faut-il attendre un tems si long ? Parce que l'Historien & le Poète ne sont que des hommes.

Des sujets propres à la Comédie.

Le sujet qui offrira un ridicule frappant à peindre, qui ne fera paraitre que des actions enjouées, ou qui n'ayent rien de triste, est du vrai genre de la Comédie. On veut voir sur sa Scène une critique plaisante des mœurs & des folies humaines, & non des situations douloureuses. Je conseille au Poète qui voudra composer une véritable Comédie, telle qu'on en conçoit l'idée, de préférer un sujet purement gai. Veut-on que le Comique larmoyant se répande par-tout ? Je parlerai ailleurs de ce qui le concerne : il me suffira de faire remarquer ici, combien il est mal adroit dans une Comédie, quelque soit son genre, de mettre un des personnages en danger de mort. Quel intérêt peut-on ressentir ? Ignore-t-on qu'il ne doit point perdre la vie, puisque ce n'est point une Tragédie qu'on nous représente ?

Les sujets de l'Opéra-Bouffon ne tariront pas sitôt.

Le nouveau Théâtre ne craint point encore de manquer de Sujets. Un jour viendra peut-être qu'ils commenceront à devenir rares. Ce tems est trop éloigné pour nous causer la moindre inquiétude. Avant que notre Spectacle ait fait passer en revue tous les Arts & Métiers, il se fera fait de grands changemens dans le goût, dans la façon de penser des Français.

Sujets dont le nouveau Théâtre pourait tirer un grand parti.

Les jeunes Poètes qui se consacrent au Théâtre moderne ont peut-être certaine peine à rencontrer des Sujets. Je vais leur en proposer quelques uns. S'ils les travaillent avec soin, ils auront sûrement la gloire de réussir. En leur fournissant des matériaux pour composer quelques Drames du nouveau genre, je leur enseigne plus fortement ce que j'entends par des Sujets convenables à notre Opéra. *La Marchande de modes* pourrait être une jolie pièce. *Le Boucher* mérite bien d'être traité. *Le Chaircuitier* serait un Drame fort agréable. *Le Perruquier* ferait sûrement plaisir. On pourrait composer un Opéra-Bouffon intitulé *Le Rien*, qui charmerait la France entiere. On personnifierait l'idée que nous avons des *Riens* ; dans chaque Scène on verrait des *Riens* qui prendraient des formes différentes. Cette Piece prouverait que des *Riens* nous plaisent & nous occupent. Une musique sur des *Riens* ne serait point étonnante : dira-t-on que le Drame que je propose ressemble assez à la plus-part de nos Opéras ?

Si l'on ferait bien de traiter plusieurs fois le même sujet.

Il se présente ici naturellement une question importante ; doit-on traitter des sujets déja connus ? Pour moi je suis d'avis qu'il faudrait trancher la difficulté, & se décider tout uniment en faveur de l'affirmative. Cependant, comme il est de gens qui ne se rendent qu'à force de raisons, je vais m'efforcer de leur en dire quelques unes.

Les Français sont si grands amateurs de la nouveauté qu'ils la veulent par-tout. Les Auteurs Dramatiques sont contraints de se fatiguer, de se donner la torture afin de chercher des Sujets neufs. Qu'arrive-t-il de là ? Ils écrivent souvent des sotises. Au-lieu qu'en travaillant sur un modèle fait de main de maître, ils feraient moins de fautes & plairaient d'avantage. Ce que l'un a mal fait, l'autre ne sçaurait le perfectionner. Ainsi quand un beau sujet a le malheur de tomber dans des mains mal-habiles, il est perdu pour jamais. Voilà pourquoi la Comédie est maintenant si pauvre & si stérile. Permettez même qu'on traite une autre-fois, *l'Avare*, *le Tartufe*, *le Joueur*, *le Glorieux*, &c. En donnant à ces divers caractères les nuances qui sont propres à notre Siècle. La Comédie fleurira de nouveau. Quelque Molière sortira peut-être tout-à-coup du sein de la poussière où le retient la difficulté de se procurer des sujets saillans & théâtrals. De même que vous vous amusez à contempler les différentes manières de jouer des Acteurs qui montent tour-à-tour sur le Théâtre, de même vous jouirez du plaisir de voir de quelle façon cet Auteur traitera tel sujet bien ou mal rendu par ses prédécesseurs; vous goûterez la douceur maligne de la comparaison. Vos amusemens se multiplieront alors, & les Lettres en retireront un nouveau lustre.

Qu'il faudrait imiter les Poètes Tragiques.

Il est étonnant qu'on laisse prendre à la Tragédie plus de libertés. Elle fait reparaître sans crainte, l'ambition, la cruauté, l'amour & l'héroïsme ; on lui permet encore de nous montrer plusieurs fois les sujets de ses Drames retravaillés de nouveau. Que dirions-nous si les Auteurs de la Comédie osaient s'emparer des mêmes avantages, & si quelqu'un d'eux s'avisait de mettre au jour une Pièce intitulée *Le Tartuffe*, ou *le Misantrope*? M. de Voltaire ne se fit point un scrupule de donner au Public *Œdipe* déja traité par le grand Corneille. La Mothe ne se contenta pas de faire paraître un troisième *Œdipe*, il en composa deux tout à la fois, l'un en prose, l'autre en vers (15). Nous avons trois *Mariamne*; & je ne sais combien de *Cléopatre*. Il est facheux que la Comédie ne puisse rien citer de pareil ; puisque sa rivale s'élève au dessus du préjugé que nous avons établi, pourquoi n'oserait-elle aussi le secouer à son tour ?

---

(15) On compte au moins dix Œdipe, tant représentés qu'imprimés.

Ridicule de n'oser remettre en musique les meilleurs Opéra-Sérieux.

Nous étendons jusques sur la Musique ce préjugé si ridicule. Tandis que les Italiens voyent chaque année leurs meilleurs Opéra-sérieux mis en musique par de sçavans Compositeurs, nous allons gravement applaudir les notres, dont nos Grands-Pères savaient les airs par cœur. Une pareille absurdité est cause que notre Opéra-sérieux décline chaque jour. Ses amateurs meurent insensiblement, il ne restera plus que ceux du Spectacle moderne, & sa ruine totale s'ensuivra. Revenons d'une erreur aussi dangereuse aux progrès des Arts & des Sciences, & nos Théâtres sembleront renaître.

Les sujets de notre Opéra sont tous simples.

Mais reprenons le fil de mon discours. J'ai dit plus haut que la simplicité fesait l'ornement des Drames de notre Spectacle, & que sans elle ils ne sauraient subsister. Qu'on ait donc soin de choisir des sujets simples. Ceux que présentent les principales sources ou l'on va les puiser, ne peuvent être surchargés d'événemens. Que fait naître l'idée d'un pauvre ouvrier ? Rien : On se contente de le peindre au milieu de ses occupations & de sa famille. Il est impossible de se trouver dans le cas d'imaginer une Pièce embrouillée par une intrigue pénible à suivre.

Leur éloge.

Il se trouvera peut-être des gens qui croiront avoir lieu de mépriser l'Opéra-Bouffon, parce que ses Drames sont, ou doivent être, la simplicité même. Je les prie de ne point aller trop vite, & de vouloir bien réfléchir un instant. Les Auteurs de Poétiques soutiennent tous, qu'il faut que l'action des Drames soit simple. Les Anciens nous ont dictés cette loi si sage. Leurs Pièces n'ont presque point d'intrigue. Rien de si simples que les Tragédies d'Éschyle, telles que le *Prométhée*, *les Perses*, *Agamemnon*, *les Suppliantes*, &c. On m'objectera que je ne cite que l'enfance du Théâtre ; mais son enfance vaut bien sa décrépitude. D'ailleurs, Plutarque même recommande en général ce que je n'adresse qu'aux Auteurs de l'Opéra-Bouffon. « Lorsque l'on fait des jeux, il faut les fai-
» re en jouant, & les accompagner d'une

» grace naive & simple, non pas d'un ap-
» pareil de grand éclat. » Scaliger encourage les Poètes du Théâtre moderne à
être simples : « En un mot, dit-il, les pe-
» tits sujets entre les mains d'un Poète in-
» génieux ne sauraient mal réussir ». (16)
D'Aubignac dit encore la même chose :
» Il faut remarquer aussi que le Poète doit
» toujours rendre son action la plus sim-
» ple qu'il lui sera possible (17) ». En voilà assez pour excuser notre Opéra. Son
vrai genre est ennemi des vains ornemens ; il est d'autant plus beau qu'il se pique toujours d'être simple.

Que les Spectateurs ressemblent aux personnages dont ils goutent les mœurs.

Les sujets que les Auteurs de notre Spectacle ont choisis jusqu'à présent ont eu presque tous un succès prodigieux. Suivant le raisonnement de l'Abbé d'Aubignac dans sa Pratique du Théâtre (18),

---

(16) Voyez encore ce passage, Poët. Lib. 3. Chap. 97: Argumentum brevissimum sumendum, idque maxi-mè varium multiplesque faciendum.
(17) Prat. du Théâtre, Liv. 2.
(18) Liv. 2. Chap. 1.

nous en devrions tirer une conséquence tout à fait particulière. Voici les propres termes de cet Écrivain ». Il ne faut pas » oublier, (& ce n'est pas une des moin- » dres observations que j'aye fait sur le » Théâtre) que si le sujet n'est conforme » aux mœurs & aux sentimens des Spec- » tateurs, il ne réussira jamais, quelque » soin que le Poète y employe, & de quel- » ques ornemens qu'il le soutienne ». Ainsi nous aurions les mœurs d'un Bucheron, d'un Savetier, &c. Non, j'aime mieux croire que d'Aubignac s'est trompé. Si l'on soutient qu'il a rencontré juste, on ne nous prêtera pas une façon de penser trop noble. Il serait alors de notre honneur d'estimer plutôt les Tragédies de Corneille, où respire l'antique vertu des Romains, que des Pièces où l'on dépeint d'après nature un misérable Artisan. Mais, encore une fois, l'Abbé d'Aubignac se trompe dans l'endroit de son Livre que je viens de rapporter ; il faut absolument le penser, le dire & le faire croire.

Ce que sont les Pièces des différens Peuples.

Il est pourtant probable qu'un Auteur Dramatique doit saisir dans ses Pièces le goût de sa Nation. Ce qui se pratique chez nos Voisins en est une preuve. Les Anglais, les Allemands, les Hollandais & les Dannois, aiment les intrigues compliquées, & des Spectacles prodigieux. Aussi leurs Poètes mettent-ils sur le Théâtre tout ce qui peut le plus frapper les yeux, soit par sa bisarerie, soit par son horreur. Les Italiens & les Espagnols sont naturellement dévots, aussi voit-on dans quelques unes de leur Comédies des Processions dans les règles, & tout ce qui a rapport à la piété. Je dirai peut-être encore ailleurs combien le goût d'un Peuple influe sur les actions de ses Drames; mais j'espère qu'on me pardonnera de parler souvent du Théâtre de nos Voisins.

CHAPITRE II.

L'Exposition, le Nœud & le Dénouement.

JE réunis ces trois parties du Drame dans un même article, parce qu'elles n'en font qu'une dans un Poème bien constitué. On a soin de les lier ensemble avec des fils imperceptibles. L'une doit natutellement amener l'autre. Mais quel art ne faut-il pas pour les faire paraître & suivre à propos !

De l'Exposition.

L'Exposition est d'une importance extrême. Elle annonce ce qui doit se passer, mais de façon pourtant que le Spectateur n'apprene que ce qu'il ne peut ignorer absolument. C'est une lumière qu'on ne doit point rendre trop brillante. Si l'on m'instruit plus qu'il n'est nécessaire, je vois d'un œil indifférent des événemens que j'ai prévu ; si l'on ne m'instruit pas assez, l'attention fatigante que je suis contraint de donner à ce qui se passe sous mes yeux, afin de tâcher d'y comprendre quelque chose, me rebute bientôt, & me rend une peine ce qui devrait être un plaisir. Le Poète est donc obligé de mettre tous ses soins à l'Exposition d'un Drame. Selon moi, elle n'est établie que pour avertir de ce qui est arrivé avant l'ouverture de la Pièce.

Ce qu'elle était chez les Anciens.

Les Anciens ne la restreignait point à des règles aussi gênantes. Euripide est de tous les Auteurs Grecs celui qui la négligea d'avantage. Ce seul défaut me ferait préférer les Ouvrages de Sophocle aux siens. Les Romains en sentirent peu-à-peu l'importance. Les Prologues de la plûpart de leurs Drames Comiques ne sont point une Exposition, ainsi qu'ils l'étaient quelquefois chez les Grecs ; mais une réponse à quelques critiques faites contre l'Auteur, & une prière aux Spectateurs de vouloir bien écouter en silence : On aurait besoin d'employer souvent un pareil moyen dans presque tous les Théâtres de Province.

Ce qu'elle est chez les Modernes.

Nous avons rendu l'exposition beaucoup plus difficile qu'elle n'était chez les Grecs & les Latins. Je crois même que nous surpassons, à cet égard, tous les Peuples de l'Europe. L'exposition de nos Tragédies me paraît pourtant trop lente, trop grave ; il faut bien qu'elle soit un récit, mais ce récit ne doit pas avoir l'air d'un discours Etudié. Celle de la Comédie est plus vive, plus naturelle.

Que le nouveau Spectacle paraît n'en avoir nul besoin.

Le nouveau Théâtre peut se passer du

secours de l'exposition. Ses personnages sont ils dans le cas qu'on désire de sçavoir ce qui leur est arrivé avant l'ouverture de la Scène ? Je vois que dans ses Drames en général, cette partie essentielle à la perfection du Poëme, est tellement oubliée, qu'elle parait retranchée tout-à-fait. Il serait possible d'envisager notre Opéra comme n'ayant qu'un nœud & qu'un dénouement. Mais je l'ai déja-dit, qu'à-t-il besoin de l'exposition, puisqu'elle n'est établie que pour apprendre des faits passés depuis long-tems ? S'il était survenu de grandes avantures à ses personnages au moment où commence l'action, elles influraient dans le cours de la Pièce, y répandraient beaucoup d'intérêt, embrouilleraient l'intrigue, & détruiraient nécessairement cette admirable simplicité qui le distingue. L'exposition sert à préparer les événemens de la Pièce ; ainsi quand le genre d'un Drame est de n'en renfermer aucun, elle devient inutile.

Ce qu'elle est dans les Drames du nouveau genre.

Je remarque que dans notre Opéra l'on ne la place guères à la prémière Scène, quand toutes fois on veut bien l'admettre;

on ne la voit qu'à la seconde, à la troisième, & même à la quatrième ; ce qui est un peu contre l'usage. Examinés *le Peintre amoureux de son modèle, On ne s'avise jamais de tout, le Sorcier, Les deux Chasseurs & la Laitière*. &c. &c.

Que le sujet doit toujours être éxposé.

Le Poète qui compose un Drame du nouveau genre, & qui veut se distinguer de la foule, aura pourtant soin dans la prémière Scène d'exposer le sujet. Il le fera d'une manière claire & précise. Je ne connais qu'un Opéra dans lequel il soit bien développé : il l'est dans une seule phrase, & par un coup de maître. Je parle du Drame intitulé *le Savetier*. *Blaise* veut aller au Cabaret, selon sa coutume; sa femme s'écrie tout à-coup ; « Mais au-» jourd'hui, malheureux que tu es, on » vient nous enlever nos meubles ! » voila ce qui s'appelle décrire son sujet avec Art. Il est peu d'exposition aussi bien faite, aussi facile à retenir, dans les Drames anciens & modernes. Je la donne pour éxemple à tous ceux qui consacrent leurs talens au nouveau Spectacle.

Une Arriette ou un Duo fait beaucoup d'éffet placés dès l'ouverture.

Le commencement des Pièces ne doit être jamais froid, & particulierement celui des Poèmes chantans : un Duo, ou bien une Ariette s'y voient toujours avec plaisir, sur-tout quand l'on n'a rien d'interessant à dire aux Spectateurs, & que les personnages ont quelque sujet d'agitation. Il ne faut pas craindre qu'en jettant d'abord un trop grand feu, l'on ne refroidisse le reste du Drame. Le Poème Epique est le seul Ouvrage de Littérature dont le commencement doit être modéré ; encore ne s'agit-il que du stile & de l'invocation, car l'on peut y mettre de grandes passions, des événemens considérables, dès le prémier Chant, aussi-bien que dans le cours du Poème. Lors qu'à l'ouverture d'un Drame, les personnages sont animés par la joye, par la douleur, ou par d'autres causes, l'intérêt en devient plus-vif, il se répand un je ne sçai quoi qui ébranle & attache l'ame des Spectateurs. Il ne s'agit plus que de les soutenir dans la même action, ce qui n'est pas difficile avec un peu de génie. Ainsi le Poète du Théâtre moderne aura raison de placer toujours une Ariette, un Duo, dès l'ouverture de la Scène. Je me propose d'en parler encore dans un autre endroit de cet Ouvrage. (19)

Le Nœud.

Le nœud ou l'intrigue est la Pièce même. On peut le regarder comme une suite de l'exposition. Le nœud se forme par dégrès d'événemens multipliés sans être trop confus. Il marche au but, c'est à dire au dénouement, en paraissant s'en éloigner à chaque pas. Il doit être vif, serré. Que rien ne languisse ni ne diminue l'attention du Spectateur : dès qu'on l'a refroidit, l'illusion dans la quelle il était, se dissipe, il se voit au Théâtre. Que tout concoure à tromper les esprits ; la représentation d'un Drame est, pour ainsi dire, un songe qui doit redouter le moment du réveil. Si l'intrigue est pressée, rapide, l'ame attentive à ce qui se passe, n'a pas le tems, s'il m'est permis de parler de la sorte, de réfléchir sur la tromperie qu'on lui fait ; elle s'afflige, ou se réjouit avec des personnages chimériques, qu'elle croit rèels. La Critique ne se fait entendre que l'orsqu'on lui laisse

---

(19) Voyez le Chap. 6. du Liv. 7.

le tems de fupputer de lègers défauts ; mais quand l'action court, fans jamais s'arrêter, elle ne peut rien faifir, ou fa voix ne ferait pas écoutée ; elle eft même contrainte d'admirer ; & fouvent elle s'étonne, à la lecture d'un Drame, des applaudiffemens qu'elle prodiguait à fa repréfentation.

Des événemens prérarés ou imprévus.

Il ne fuffit pas que l'intrigue foit nouée avec chaleur, il faut encore qu'elle foit naturelle. Que les incidens qui la compofent foient amenés avec Art, & paraiffent une fuite de ceux qui les ont précédés. Ils ne doivent point être prévûs, mais préparés ; « car, dit un moderne, s'ils » étaiens prévus, ils ne cauferaient plus » de furprife dans l'éfprit des Spectateurs; » & s'ils n'étaient point préparés, ils paraîtraient peu vraifemblables, & étrangers au fujet principal ». [20]

Il ferait poffible pourtant de faire une Pièce dont tous les événemens feraient attendus & défignés. Il faudrait alors que ce qu'on marquerait devoir arriver à tel Perfonnage lui convint de telle forte que le Spectateur craignit à chaque inftant de

---

[20] D'Aubignac, Prat. du Thé. Liv. 2. Chap. 8.

l'en voir déchu. Une Pièce de ce genre aurait autant de beautés, & réunirait peut-être plus de difficultés que celle du genre ordinaire. M. Diderot en est l'inventeur, & s'en déclare le partisan. Il promet de composer un Drame dans lequel on sçaura dès la prémière Scène tout ce qu'éprouveront les principaux Personnages, & de quelle manière le nœud se débrouillera ; cet Auteur célèbre se flatte d'attacher autant que s'il piquait la curiosité des Spectateurs en leur cachant les ressorts d'où naissent les événemens, & amènent la catastrophe ; je ne doute pas qu'il n'ait la gloire de réussir.

Mais la règle générale, la seule que l'on suit & que l'on connait, est de faire naître les incidens par des moyens auxquels on ne s'attende pas. On remplit plutôt l'ame de terreur ou de joye, en éxcitant la surprise.

Le Nœud n'est pas aussi simple qu'il devrait être.

Le Nœud chez les Anciens étaient toujours simple. Les Peuples modernes loin de les imiter, font entrer dans leurs Pièces le plus d'intrigue qu'il leur est possible. On voit des événemens accumulés souvent fans choix, dans les Pièces de Lopès de Véga, Auteur Espagnol, & sur-tout dans celles de Shakespéar chez les Anglais; Leurs Tragédies finissent souvent par le massacre des principaux personnages. Le Nœud de nos Pièces était autrefois assez simple. Depuis quelques années nous commençons à nous écarter des Anciens, nos Drames sont surchargés d'intrigue, de merveilleux, de situations forcées. Le Poète s'applaudit sur tout des coups de Théâtre qu'il s'efforce de faire entrer dans un Drame, comme si le mérite de l'action Théâtrale était de n'attacher qu'un instant, & de ne causer qu'une surprise momentanée. Le goût du simple s'éteindrait enfin parmi nous, sans le nouveau Théâtre.

L'Opéra-Bouffon rétablit le nœud dans sa simplicité.

Ce Spectacle mérite toute l'attention des Poètes qui veulent en parcourir la carrière. Ses Pièces ont un nœud aussi difficile à former que celui des Drames des autres Théâtres. L'intrigue en est ordinrement fort simple; mais on fait naître de petits incidens qui tiennent en haleine les Spectateurs, & donnent à la Pièce une certaine durée. Les Poèmes du nouveau genre demandent beaucoup plus d'action que de paroles. Avant d'entrer dans les règles que je vais établir, voyons d'abord de quelle nature est l'intrigue des Drames qu'on joue actuellement au Spectacle moderne.

Ce qui compose l'intrigue des Poèmes du nouveau genre.

Au prémier coup d'œil, je n'apperçois qu'un ouvrage sans intérêt, & par conséquent sans nœud. Mais comme il en faut absolument dans une Pièce, ou que si non, elle n'en ferait pas une ; examinons s'il serait impossible de démêler quelque apparence d'intrigue. Mes recherches ne sont pas tout-à-fait infructueuses. Je crois découvrir des incidens assés multipliés pour former ce qu'on appelle un nœud.

Notre Opéra n'est que la représentation des mœurs de la populace ; son but est rempli en mettant sur la Scène un Bucheron, un Serrurier ; il lui suffit de les peindre tels qu'ils sont toujours. Il va pourtant plus loin. Le Personnage qu'il fait paraitre éprouve dans son ménage des tracasseries, des chagrins passagers ; sa femme le tourmente, selon la maxime d'Aristote, qui dit avec assez peu de galanterie, que les

femmes

femmes sont ordinairement mauvaises.(21) Sa fille est amoureuse de quelque Colin, & il se trouve forcé de la lui donner. Voilà l'intrigue de nos Drames chantans. On me dira peut-être qu'il n'est point là de nœud, puisque le nœud se forme des accidens qui viennent troubler, renverser les desseins du principal Personnage, & qui doivent seul le concerner. Je répondrai, qu'on n'y regarde pas de si près au Théâtre-moderne. On n'éxige de lui que de l'agréable, de l'amusant, & l'on s'inquiette peu si ses Poèmes sont tout-à-fait dans les règles. D'ailleurs, les différents genres qu'il embrasse le rendent éxcusable de pècher dans quelques-uns. S'il a des Pièces sans nœud, ce mot pris à la rigueur du terme, il en a tant d'autres où les préceptes du Philosophe Grec sont suivis, qu'on ne peut accuser ses Poètes d'y manquer par faiblesse ou par ignorance ; mais j'ai observé plus haut que ces Pièces dont l'action est un peu relevée ne sont nullement dans son genre. L'intrigue de nos Opéras, roule donc, du moins en partie, sur les désagrémens, sur les embarras du ménage. Venons maintenant aux moyens

---

(21) Poët. Chap. 16.

dont un Poète habile doit se servir pour en former le nœud avec Art.

Il est aisé de sentir que le nœud du Spectacle moderne ne ressemble en rien à celui des Drames ordinaires. Dans la Comédie ou dans la Tragédie, les évènemens aboutissent tous, pour ainsi dire, au premier Acteur ; comme on voit les rayons du soleil se rassembler au centre d'un miroir concave. Les incidens y sont marqués avec de fortes touches afin qu'ils fassent sur les Spectateurs la même impression que sur le Personnage qui les éprouve. On n'y donne le nom d'incidens qu'à des malheurs imprévus, qui changent la face des choses, amènent la fin de la Pièce en paraissant la reculer. C'est tout le contraire dans notre Opéra. La moindre petite bagatelle y prend le nom d'événement. Le principal Héros est souvent tranquille, tandis que les autres Acteurs ont quelque sujet de trouble.

Cela posé, il n'est pas difficile d'imaginer ce que ses Poètes ont à faire. Une simple opposition de la part du Héros de la Pièce au dessein de sa femme, de sa fille, ou de qui que ce soit, composera toute l'intrigue. Les bouffonneries d'un personnage singulier, la naïve peinture d'un Artisan, suffiront aussi à former le Nœud, en observant d'y mêler l'amour d'un tendre Colin.

On me demandera comment je prétens qu'on mette dans notre Opéra plus d'action que de paroles, si un rien lui tient lieu d'intrigue ? Le terme d'action a changé maintenant de signification ; & notre nouveau Spectacle en est la cause. Quand je dis qu'il y ait beaucoup d'action dans un Opéra, je n'ai garde d'entendre qu'il soit rempli d'événemens ; je recommande seulement que les Acteurs restent très peu sur la Scène, qu'ils soient toujours en mouvement, qu'ils aillent & qu'ils viennent. La gravité de leur caractère ne les empêche pas de changer souvent de place. Il faut qu'ils ne tiennent que des discours absolument nécessaires : le langage du menu Peuple est vif, coupé, il ne disserte jamais. Les choses inutiles sont bannies sur-tout de l'Opéra-Bouffon. Que chaque Scène soit courte & aille au but. Ce précepte de Boileau ne sçaurait trop être entendu :

Que l'Action marchant où la raison la guide,
Ne se perde jamais dans une Scène vuide.

Il y a quelquefois deux intrigues dans les Pièces du Spectacle moderne.

J'observe que l'intrigue est souvent double dans quelques Drames modernes, ou plutôt, je vois qu'ils contiennent deux sujets. Si les amours qui forment l'Episode des Pièces du nouveau genre n'en doublent point l'action, parce qu'ils n'y ont souvent aucun rapport, ils sont encore plus à blamer, puisqu'on dirait qu'on a réuni plusieurs Poèmes ensemble. Il arrive aussi que le Spectateur est tout étonné de voir représenter avec ce qu'on lui a promis, des choses aux quelles il ne s'attendait pas; ce mêlange de choses qui n'ont que peu de rapport les unes aux autres, est cause qu'il ne sait où fixer son attention. Qu'on partage en deux quelques uns de nos Opéras, ou Comédies-mêlées d'Ariettes, on en fera tout de suite deux Pièces différentes.

Critique du Roi & du Fermier.

Le Roi & le Fermier, par exemple, contient double action, ou une intrigue étrangère au sujet. *Richard* a perdu sa maîtresse; certain *Milord* la lui enlève; elle s'échappe des mains de son ravisseur, ils se rejoignent. Le prémier Acte ne roule que sur leur amour malheureux & content. Je soutiens que la Pièce est terminée dès que la belle *Jenny* se retrouve avec son cher *Richard*. On s'écriera que le titre ne serait pas rempli, puisqu'il annonce qu'il fera question d'un Roi. Oui, mais jamais le titre n'excufe une Pièce. Qu'était-il befoin d'employer tout un Acte à des amours épifodiques? Et lequel encore? Le prémier, qui ne doit fur-tout rien renfermer d'inutile. Mais, infiftera-t-on, le Roi agit hors de la Scène, & l'on en parle; ainfi votre reproche tombe de lui-même. On ne m'annonce point que je dois voir un Roi chaffant; le peu de mots que l'on en dit me fait bien efpérer qu'il paraitra, mais je ne fçais ni pourquoi ni comment. Voyez avec quel art Molière fait attendre fes perfonnages. *Le Tartuffe* ne fe montre qu'au troifième Acte; les deux prémiers ne font point pour cela de purs épifodes; à chaque Scène on fait mention de ce fameux Hipocrite; ce font toujours de nouvelles couleurs ajoutées au tableau; on le dépeint fi bien que je crois le voir.

Son principal perfonnage n'eft point tel qu'il devrait être.

Je trouve encore d'autres défauts dans la Pièce dont il s'agit; c'eft que le titre me fait attendre un Fermier: j'ai lieu de croire qu'il fera peint tel que je me repréfente les gens de la campagne; & point du tout. Au lieu de voir des Paysans, mes yeux ne parcourent que des gens armés, & un inspecteur des gardes-chasse. La décoration du dernier Acte a peut-être du rapport avec ce que je me figurais de rencontrer. Mais cette demeure rustique dément un peu l'étalage des biens que posséde celui à qui elle appartient, « que son » père a fait voyager, étudier comme un » Milord, » (22) & qui a le bonheur d'être inspecteur des chasses de la forêt de Chéroud. Je voudrais bien sçavoir ce qu'on penserait d'un Auteur, qui représenterait le Capitaine, ou l'Inspecteur des chasses de la forêt de Fontainebleau, logé dans une misérable chaumière. Il me semble encore qu'un homme qui a la charge de M. *Richard*, doit être au moins à la suite du Roi lorsqu'il vient chasser dans les lieux de son district.

La duplicité d'action est un grand défaut.

Je conseille aux jeunes Poètes qui voudront éviter de tomber dans de pareilles fautes, de détacher du sujet de leur Drame tout ce qui pourrait lui nuire, & faire perdre un instant de vue l'action principale ; qu'ils ayent soin que les événemens

---

(22) Scène seconde, du Roi & du Fermier.

se rapportent au Héros de la Pièce. Vous annoncez, par exemple, un *Bucheron*, qu'il ne soit question que de lui seul, que ce soit lui seul qui soit amoureux. Il serait plutôt permis de tripler l'action dans une Comédie, que de la rendre un peu confuse dans un Poème du nouveau genre. Je me suis éfforcé de prouver que la simplicité fesait l'ornement de l'Opéra-Bouffon; ou de la Comédie-mêlée d'Ariettes; en doublant l'intérêt ne détruit-on pas ce précieux avantage ?

Que le Nœud du nouveau Drame pourrait être meilleur.

On se rappellera que le Nœud des Pièces de notre Spectacle n'est autre chose que deux volontés qui se croisent; ou que le tableau d'un personnage comique; ou l'image des mœurs & de l'occupation d'un Artisan. Il est sûrement possible de former un Nœud d'une espèce différente. J'engage ses Poètes à le tenter. La seule règle qu'ils ayent suivis jusqu'à présent, est de ne point trop donner l'éffort à leur imagination, & de se contenter du moindre petit obstacle qui recule le dénouement.

Le Dénoument.

Nous voici à la dernière partie du Drame. Le Dénouement en est la fin pleine & entière. Après lui l'on ne doit rien désirer. Ce qui le précède l'annonce sans le faire connaître. On sçait bien qu'une Pièce ne peut pas durer toujours; mais on ignore par quels moyens elle sera terminée; & le Dénoüement, quoiqu'attendu, n'en fait pas moins de plaisir.

Les événemens peuvent être connus, sans préjudicier à l'intérêt.

Ceci achève de nous prouver que des incidens prévus, & une catastrophe que tout le monde sçaurait, causeraient autant de trouble, de compassion ou de joie, que des événemens ignorés. La Tragédie intitulée *La mort de César,* avertit bien par son seul titre que le principal Héros doit mourir; & cependant on est aussi surpris, aussi affligé de sa fin tragique, que si l'on n'eut jamais sçu ce qui devait lui arriver. On voit plusieurs fois de suite la même Pièce, & l'on sent toujours pour le Héros le même intérêt que si l'on apprenait pour la prémière fois son

Hiftoire. Ce que je dis ici n'eft point pour me déclarer en faveur de ceux qui foutiennent que le dénouement peut être connu fans préjudicier à l'intérêt ; c'eft feulement pour avertir qu'on eft libre de le faire des deux façons. J'avertis que la dernière, inventée par les modernes, éxige un art & un travail infini.

Ce qui conftitue un bon dénouement.

Un dénouement fera bien fait, lofqu'il fera fubit, qu'il ne trainera point en longueur, qu'il fe rapportera à la Pièce qu'il termine, & que le Nœud l'amenera naturellement. L'arrivée imprévue d'un nouvel Acteur, comme dans Molière, les miracles, les maladies, & la mort fubite de quelqu'un, font abfolument à rejetter. Les reconnaiffances, hormis qu'elles foient ménagées dès le commencement, font toujours un mauvais éffet. Les méchans Poètes mettent fouvent des *Chevilles* dans leurs Vers, de même un Auteur médiocre termine fes Drames par des chofes forcées, qu'on pourrait auffi nommer des *Chevilles*.

Du dénouement de la Comédie & de la Tragédie.

Il eft facile de conçevoir que le dénouement des Pièces comiques doit être heureux. Le vice ne doit pourtant pas triompher de la vertu ; mais il faut que sa punition le touche faiblement, & qu'il se voye chatié d'un air enjoué comme dans *le Joueur*. *Le Tartuffe* accablé de se voir, démasqué, n'est nullement alors un personnage de Comédie ; je voudrais qu'il se promit d'être plus heureux une autre-fois, ou que sa punition fut telle qu'il put en rire. *Le Méchant* de Gresset est peut-être mieux dénoué. Il n'appartient qu'à la Tragédie de rendre tout-à-fait malheureux quelques uns de ses personnages. Lorsque la Vertu est couronnée, il faut que ce soit après de grandes agitations; nous éprouvons alors le même sentiment que l'on goûte quand un calme enchanteur succède à un orage affreux : de pareils dénouemens sont donc recevables, puisqu'ils nous causent la surprise & la terreur, en nous présentant le vice justement puni. Mais Aristote soutient que les meilleurs dénouemens tragiques sont ceux qui pénètrent l'ame du Spectateur d'un profond chagrin, & je crois qu'il a raison.

Ce qu'il faut observer dans les dénouemens des Pièces du nouveau genre.

Le dénouement des Pièces du nouveau genre doit venir promptement. Que les Auteurs qui se destinent à travailler pour le Spectacle moderne, sçachent par cœur & répettent souvent cette utile maxime du grand Corneille. « Comme il est né-
» cessaire que l'action soit complette, il
» faut n'ajouter rien au delà, parce que
» quand l'éffet est arrivé, l'Auditeur ne
» souhaite plus rien, & s'ennuie de tout ».
Si l'on réfléchissait avec soin sur cette observation d'un grand homme, on ne verrait pas tant de Pièces en tout genre dont la fin est défectueuse. Il serait à souhaiter que les dénouemens de notre Opéra eussent une certaine liaison avec l'intrigue. Je voudrais qu'on s'appliquât d'avantage à les rendre imprévus. Il faut qu'ils soient heureux, c'est-à-dire, qu'aucun des Acteurs n'ait lieu d'être de mauvaise humeur; autrement il serait impossible de placer à propos un Chœur ou un Vaudeville. Lorsqu'on ne peut rendre contens tous les personnages, on fera sortir ceux dont la mauvaise humeur troublerait la gaieté des

autres. C'est à quoi l'on fait très peu d'attention; l'on fait chanter à la fin des Opéras-Bouffons un personnage qui n'a souvent nulle envie de prendre part à la joie générale. De même qu'il est nécessaire de mettre un morceau de Musique à l'ouverture des Drames modernes, il faut aussi en placer un après le dénouement; cela achève de réjouir le Spectateur, & c'est finir par un beau coup d'éclat.

Observations sur le Vaudeville.

Je desirerais, & je ne puis trop le recommander, que les Vaudevilles ne fussent point détachés du sujet de la Pièce; qu'ils fussent faits avec tant d'art, qu'ils se rapportassent aux Acteurs & au Public en même tems; car l'illusion doit se conserver tant que les personnages sont sur la Scène. Il est vrai que la Pièce est finie, que le dénouement a terminé tout, & que le Vaudeville n'est pas établi pour éxpliquer rien qui puisse se rapporter à l'action. Mais je le répette, tant que les Acteurs ne sortent point du Théâtre, je m'obstine à voir en eux les personnages qu'ils représentaient. Si vous les faites chanter, c'est parce qu'ils en ont sujet; faites leur donc dire des choses qui leur soient analogues. Le Vaudeville deviendrait alors d'une difficulté prodigieuse, j'en conviens ; il aurait auſſi plus d'agrémens ; il plairait d'avantage en paraiſſant plus naturel.

Quel eſt le couplet du Vaudeville qui peut n'avoir nul rapport aux Acteurs.

Le ſeul couplet que je permettrais qui fût tout-à-fait étranger au Drame, ſerait celui que l'on adreſſe au Public, pour demander ſon indulgence. Encore ferait-on mieux de le compoſer de manière qu'il eut un certain rapport avec l'Acteur qui le chante, & ceux qui l'écoutent. Le dernier Vaudeville du Maréchal-Ferrant, par exemple, eſt dans la règle que je propoſe ; *Je ſuis un pauvre Maréchal*, &c. Il eſt dans la nature que *Marcel* chante ce couplet, en s'adreſſant aux Acteurs qui ſont ſur la Scène, & qu'il les prie de lui accorder leur pratique, puiſqu'il en eſt même deux qui viennent le faire travailler.

Qu'on doit ſuivre l'éxemple de J. J. Rouſſeau dans le Devin du Village.

Le fameux citoyen de Genève eſt le

seul de tous les Auteurs d'Opéras & de Comédies qui ait amené avec Art le Vaudeville. Cet homme unique en tout, sentant bien qu'une Chanson répugne à la fin d'un Drame, lorsqu'elle n'est soutenue que par le seul motif de faire chanter des couplets malins & saillans, évite avec beaucoup d'adresse dans *le Devin du Village*, ce défaut trop ordinaire. Il suppose qu'il court une Chanson nouvelle, dont on à remis une copie au prétendu Devin, homme censé dans le cas d'être visité par des gens à même de la savoir ; le Devin la donne aux deux Personnages de la Pièce, simples Paysans, qui n'auraient pu chanter une Chanson aussi spirituelle sans blesser la vraisemblance. De pareils traits de génie & de gout, distinguent les ouvrages des grands hommes. Les Auteurs d'Opéra-Bouffons, ou de la Comédie-mêlée d'Ariettes, devraient bien s'éfforcer d'imiter dans leurs Vaudevilles, l'Auteur immortel dont je parle ici.

Voilà toutes les règles que j'aie à prescrire sur le dénouement du Drame moderne. Je finirai cet article en remettant dans la mémoire ce Vers du satyrique Français ; il contient en abrégé tout ce que je viens de dire :

Que le Nœud bien formé se dénoue aisément

Examinons maintenant de quelle espèce sont les dénouemens de notre Opéra, & s'ils ne s'écartent point des préceptes des Auteurs qui ont écrit sur le Théâtre.

Les Dénouemens des nouveaux Drames ne sont pas dans les règles.

Ils diffèrent tous, selon moi, de ceux dont parle Aristote. Je n'en vois aucun chez les Anciens & les Modernes à qui je puisse les comparer. Où rencontrer un dénouement qui laisse les principaux Personnages dans le même état qu'ils étaient ci-devant? Lorsqu'ils ne changent point de fortune, au moins ont ils été souvent dans le cours de la Pièce sur le point de se trouver tout-à-fait heureux ou malheureux.

Ils sont peut-être excusables.

Il serait pourtant facile de disculper notre Opéra. Ne renfermant que peu d'action, il doit avoir un dénouement sans catastrophe, sans-péripétie, c'est-à-dire sans changemens notables. Le nœud du *Maréchal* est proportionné à sa fin. *Marcel* le ferreur de mule, demande au commencement de la Pièce, sa Cravate & ses bouts de Manche, pour aller au Chateau; le compère la Bride, vient le visiter : il boivent Bouteille ensemble, sortent, s'enivrent à la Cuisine du Seigneur du Village. Le Hèros du Drame revient chez lui ; une terreur panique lui fait croire sa Maison remplie de filoux ; sa crainte se dissipe. Que voulait on que le dénouement lui fit éprouver? L'Auteur pouvait le reculer autant qu'il lui aurait plû. Il était facile de donner à la Pièce encore trois Actes.

Tous les Dénouemens du nouveau Théâtre sont fondés mal-à-propos sur un changement de volonté

Il faut prendre garde, recommande Corneille, que le dénouement ne vienne pas par un simple changement de volonté, mais par quelque incident qui oblige d'agir ainsi. Ces paroles condamnent tous ceux du Spectacle moderne, & forcent de convenir qu'ils sont la plus-part défectueux : le fort de l'intrigue roule toujours sur des amours épisodiques. Le Père, la Mère, ou le tuteur, ne veulent pas consentir à l'hymen des jeunes Amans ; ils s'intéressent en faveur d'un autre : Lorsque le Drame est parvenu à sa juste longueur, ils permettent enfin leur union, sans qu'on voie d'autre cause d'un changement si subit de volonté, que l'obligation où se trouve le Poète de terminer la Pièce. *Le Maréchal*, que je viens de citer, est la preuve de ce que je dis. *On ne s'avise jamais de tout*, *le Bucheron*, *Annette & Lubin*, & une foule de Poèmes du nouveau Théâtre, témoignent que je n'avance rien que de vrai. Le changement de volonté passa toujours pour le plus mauvais dénouement possible. Aristote le condamne sans réserve; & les Auteurs de Poétique, ou plutôt ses Commentateurs, n'ont pas manqué de soutenir la même chose; mais avec beaucoup de raison. Que dirons-nous donc de notre Spectacle, qui tombe presqu'à chaque instant dans une faute si impardonnable ? Le fait était trop avéré, pour qu'il m'ait été possible de le passer sous silence. J'aime mieux en convenir, plutôt que de courir les risques qu'on me reproche trop de partialité. La sincérité que je fais paraître ici persuadera qu'elle m'accompagne toujours lorsque je vante le mérite de notre Opéra. Celui qui ne dissimule point les fautes d'un genre qu'il chérit, doit être cru quand il élève à leur tour ses diverses beautés.

Qu'ils sont bons du moins par leur précision.

Si les Opéras-Bouffons & les Comédies-mêlées d'Ariettes péchent dans plusieurs de leurs dénouemens, il faut avouer aussi que leurs Auteurs se rendent presqu'excusables d'un si grand défaut, en fesant arriver le dénouement avec une promptitude admirable. Au moins ne leur reprochera-t-on pas de le traîner en longueur. Toutes les Scènes des Poëmes du nouveau genre, & sur-tout les dernières, sont & doivent être filées éxtremement vite. Je citerai pour éxemple les dernières Scènes de *Tom Jones*, où les éclaircissemens se font par un seul mot; & où chaque Acteur ne dit que ce qu'il doit dire absolument.

Il est certain qu'on ne verra pas de dénouémens terminés plus promptement dans aucune Pièce de nos Théâtres, & après lesquels on dise moins de chose.

Observons encore au sujet du dénouement en général, que pour qu'un Drame soit bien fait, il est essentiel que tous les Acteurs qui ont parus dans le cours de son action, servent à la terminer, & se trouvent sur le Théâtre lorsqu'elle est arrivée à sa fin.

CHAPITRE III.

De l'Unité de lieu, de Tems & de Personne.

JE rassemble ici ces trois qualités nécessaires au Drame, parce qu'elles doivent être unies dans une Pièce de Théâtre. Je me flatte de les mettre plus vivement dans l'esprit du Lecteur, en les plaçant sous un même point de vue, que si j'en avais fait trois articles différens.

Unité de lieu.

On entend par *Unité de lieu* l'endroit fixe de la Scène, qui ne peut plus changer, sous aucun prétexte, une fois qu'il est établi. Beaucoup d'Auteurs Dramatiques s'élevèrent jadis contre cette règle si sensée. Après bien des disputes, elle surmonta toutes les difficultés, & passa d'une voix unanime.

Raisons qu'on alléguait pour ne pas la recevoir.

Ceux qui refusaient de l'adopter se fondaient fur ce qu'Ariſtote, l'Oracle des Scavans, n'en a pas dit un feul mot dans les Ouvrages qui font parvenus juſqu'à nous. Mais s'il n'en parle point, c'eſt que le Chœur des Pièces anciennes la ſuppoſe abſolument. Car ſerait-il vraiſemblable qu'une foule de Peuple changeât ſubitement de place, fans qu'on la vit ni ſe mouvoir, ni paſſer dans un autre lieu par quelqu'événément ſurnaturel?

Corneille paraît avoir eu de la peine à s'y ſoumettre.

Corneille, le grand Corneille lui-même eut bien de la peine à s'y ſoumettre. « Quant à l'Unité de lieu, dit-il, je n'en » trouve aucun précepte ni dans Ariſto- » te ni dans Horace ». Il fait un long raiſonnement, dans lequel on entrevoit qu'il panche à la trouver trop gênante. S'il ne conſeille pas nettement de s'en écarter tout-à-fait, il le dit à demi mot: & d'ailleurs quelques uns de ſes Ouvrages prouvent qu'il ne ſe piquait pas toujours de la ſuivre. Qu'on ſe tienne en garde contre un pareil éxemple. Il eſt démontré maintenant qu'elle fait une des principales beautés de nos Drames. Aucun Moderne n'oſerait s'en diſpenſer.

L'Opéra-Sérieux est dans le cas de ne point l'adopter.

L'Opéra-Sérieux se permet seul de la dédaigner. Mais un Drame aussi singulier en tout, où le merveilleux est souvent mis en usage ; une sorte de Pièce aussi bisare, dis-je, peut méprifer l'Unité de lieu, sans que cela tire à conséquence, ainsi que je le prouverai ailleurs.

De fameux Auteurs soutiennent qu'elle est nécessaire aux Drames.

Monsieur Dacier la défend de son mieux contre les Antagonistes qu'elle avait de son tems. « Comment, s'écrie-t-il, pré-
» tend-on persuader à des Spectateurs que
» sans changer de place ils voyent une ac-
» tion qui se passe en trois ou quatre lieux
» differens, éloignés les uns des autres ? »
Cette réfléxion me parait sans replique. Les éxcellentes choses que dit d'Aubignac à ce sujet ne sçauraient être lues avec trop de soin.

Pour moi, s'il m'est permis de dire mon sentiment après les gens habiles, je recommande sur-tout aux Poètes l'Unité de lieu. Rien n'est plus fatigant que de voir à chaque instant un Acteur tantôt dans un endroit, tantôt dans un autre. On est presque tenté de croire, chaque fois que la Scène change, qu'on va représenter une nouvelle Pièce. La beauté des décorations ne charme que le Peuple. L'homme de goût ne va point à la Comédie pour admirer des toiles peintes; mais pour contempler l'action sérieuse ou enjouée qu'on y représente. Puisqu'il est plus difficile de faire passer une partie de l'Histoire de son Héros dans un même endroit, il en réjaillit un nouveau mérite sur le Poëte qui sçait le faire avec art ; & par conséquent sa gloire en est plus grande. L'honneur de pouvoir vaincre toutes les difficultés, & la douceur de pouvoir se dire à soi-même, qu'on n'a rien fait contre les règles, doivent nous animer d'une noble émulation, & nous engager à n'épargner ni nos veilles ni nos soins.

Combien il est peu naturel de s'en écarter.

Jugez quel bouleversement on cause lorsqu'on s'écarte de l'Unité de lieu. D'abord on rend mouvant un terrein stable. On fait tourner la terre comme sur un pivot. Les Acteurs font autant de chemin dans l'espace de quelques minutes qu'il faut d'heures pour la durée de la Pièce ; encore des jours & des années entières ne suffiraient souvent pas pour qu'il leur soit possible de parcourir l'espace qu'on leur fait traverser en un clin d'œil. Une force magique est donc supposée alors transporter les Acteurs de la Pièce ainsi que les Spectateurs que rien ne peut naturellement faire changer de place. Je demande quel est le pouvoir assez grand pour opérer des tels prodiges ?

Cet article regarde particuliérement les Italiens, qui, non seulement font changer la Scène à la fin d'un Acte, mais qui même au milieu d'une Scène, transportent leurs Acteurs dans plusieurs endroits. Outre que les règles sont éxtremement violées par un pareil usage, les Spectateurs ne sont point à leur aise quand la Scène change ainsi coup sur coup, parce que la Nature, qui parle intérieurement à tous les hommes, leur fait sentir, même malgré eux, qu'on s'écarte trop de la vraisemblance. Il est étonnant que les Auteurs Italiens ne veulent pas se corriger, & rendre leurs Drames un peu moins monstrueux.

En ne suivant pas l'unité de lieu, on double l'Action.

Une raison encore plus forte qu'il me reste à détailler, achevera de faire sentir

& vous la verrez varier plusieurs fois. *Le Diable à quatre, Le Roi & le Fermier, L'École de la jeunesse, la Fée Urgèle, Tom-Jones*; en un mot toutes ses Pièces d'une certaine durée sont défectueuses, en ne renfermant aucune Unité de lieu. Il semble qu'on soit convenu de s'en écarter dans tous les Opéras-Bouffons de longue haleine.

Quelle en est la raison.

La raison d'une pareille faute vient, sans doute, de ce qu'on craindrait d'ennuyer, si l'on ne soutenait ce genre de Pièce par un grand Spectacle. C'est bien peu connaître l'amour des Français pour la Musique.

De l'Unité de tems.

Venons à l'Unité de tems. On veut dire par-là qu'il faut que l'action d'un Drame se passe dans un certain nombre d'heures. Aristote lui donne le cours d'un Soleil, (22) ce qui signifie, sans doute, le tems que sa lumière paraît sur notre horison, plutôt que le cercle qu'il décrit autour de notre Globe, ou que la révolution que fait la terre sur elle-même. Pour mieux m'éxpliquer, Aristote entend

---

(22) Poët. Chap. 5.

un jour ordinaire de douze heures. On a cru peut-être mal-à-propos qu'il étendait l'action jusqu'à vingt-quatre heures. L'Action Théâtrale ne doit point abfolument paffer ce tems précis, c'eft-à-dire, douze heures, ou vingt-quatre tout au plus.

Ufage fingulier des Chinois.

On conçoit fans peine que je ne parle point de la durée de la repréfentation, encore plus bornée. Les Chinois font les feuls Peuples de l'Univers qui la faffent continuer pendant dix ou douze jours de fuite, en y comprenant les nuits. (23) Les Spectateurs & les Acteurs fe relèvent mutuellement : tandis que les uns vont boire, manger, dormir, les autres demeurent au Théâtre, où rien n'eft interrompu. La Pièce ne finit que lorfque les Spectateurs fe retirent comme de concert. Voilà pour le coup un fingulier ufage. Il faut que ce Peuple foit bien amoureux de Spectacle. Nous devons conclure d'une fi bifare coûtume que les règles de leurs Drames font très différentes des notres. Je penfe qu'il leur eft permis de mettre en action toute la vie de leurs perfonnages, de forte que leurs Tragédies font l'hif-

---

(23) Voyez Acofta.

l'importance de l'Unité de lieu. Une seule & même action est absolument nécessaire, personne n'en doute : or, en fesant changer souvent le lieu de la Scène, on semble ajouter une nouvelle action. Donc si l'on veut conserver le prémier intérêt, il faut que le lieu de la Scène soit toujours le même.

Qu'il est même ridicule de transporter les Acteurs d'une chambre dans l'autre.

Il est certain que les personnages qui ne vont que d'une chambre, d'une maison dans l'autre, qui ne passent que dans divers quartiers d'une Ville, n'en sont pas moins à blâmer. Il est aussi absurde de leur faire faire tout-à-coup un quart de lieue, qu'un voyage considérable, avec trois mille personnes qui considèrent leurs actions. Il est clair que si j'observe quelqu'un à la promenade, par éxemple, je ne le verrai plus dès qu'il s'en éloignera : c'est pourtant ce qu'on veut me rendre possible, en cherchant à me faire croire que je vois encore dans sa chambre celui qui vient de passer dans un autre lieu. D'ailleurs, après que je me suis éfforcé de m'imaginer que je suis véritablement dans une

une salle, ou tel autre endroit où se passe la Scène, n'est-ce pas abuser de ma bonne volonté, & me mettre dans le cas de perdre à la fin toute l'illusion que je serais charmé de ressentir, que de me contraindre à recommencer à tout moment le même ouvrage ?

Ce n'est guères qu'en France qu'on suit l'unité de lieu.

Disons à la gloire des Français qu'ils sont les seuls peuples de l'Europe qui ayent voulu adopter l'unité de lieu ; il n'ont pas craint, ainsi que les Allemans, les Anglais, les Espagnols & les Italiens, de s'asservir à des règles trop gênantes; aussi leurs Poëmes ne craignent ils aucune comparaison.

L'Unité de lieu se trouve rarement dans les Drames du nouveau genre.

Je ne puis dissimuler pourtant que cette Unité de lieu si recommandée, si importante, ne se trouve guères dans les Pièces du nouveau Théâtre. Ses Drames d'un Acte sont les seuls où nous la rencontrons ordinairement. On dirait qu'il lui soit impossible de s'étendre au delà de deux Actes sans contredire toutes les règles. La Scène du *Maréchal-ferrant* ne change point ; mais examinez les Drames en trois Actes,

TOME I. K

toire détaillée de leur Héros ; car je ne crois pas qu'ils ayent de Comédies ; parce qu'une action comique ou la peinture d'un ridicule, ne sçaurait être d'une si grande étendue qu'une action purement tragique. Tous les Drames Chinois renferment donc un détail circonstancié des avantures & tous les discours du Héros qu'ils veulent représenter. L'impatience, la légéreté Française, goûteraient-elles un amusement aussi long ? Trois heures nous suffisent, & c'est encore beaucoup que nous ayons la force d'y tenir.

Que les vingt-quatre heures prescrites sont trouvées trop longues.

Le sentiment d'Aristote au sujet de la durée de l'action, n'est pas généralement suivi. D'habiles modernes commencent à croire que cette importante partie du Drame est encore loin de la perfection. Quelques Auteurs de Poëtique ont pris même la liberté de le combattre. Rossi, Auteur Italien, veut qu'elle n'ait que huit ou dix heures au plus. (24) Le Sçavant Scaliger ne lui en donne que

___

(24) Tale Poema representa una actione fatta in otto alo dieri hore più. *Dell. Tra.* Chap. 6.

(25) *Prat. du Thé.* Liv. 2. Chap. 7.

DU THÉATRE. 221

fix. (25) L'Abbé D'aubignac accourcit encore la durée de l'action; & je suis de son avis. « Il serait même à souhaiter, » dit-il, que l'action ne demandât pas » plus de tems dans la vérité que celui » qui se consume dans la représenta- » tion ». (26) Je ne rapporterai point à ce sujet, les diverses opinions d'un peuple de commentateurs; il me suffit de montrer quel est le parti qu'il serait à propos de prendre.

Que la durée de l'action ne devrait pas passer celle de la représentation.

Je crois, ainsi que l'a déjà pensé D'aubignac, qu'il faudrait que le Poète intelligent rendît l'action de sa Pièce égale au tems qu'on employe à la voir représenter. Il en résulterait de grands avantages, qu'il est important de ne pas négliger.

Alors la vrai-semblance serait éxactement gardée; on se figurerait voir passer dans le monde ce que l'illusion du Théatre nous représenterait au naturel; les événemens deviendraient plus rapides; le Nœud se formerait avec chaleur, & se dénouerait promptement. Si les Poètes

_____

(26) Scenorum negotium totum sex octave horis peragitur. Poet. Lib. 3. Chap. 97.

K iij

font jaloux de rèpandre beaucoup d'intérêt dans leurs Drames, il n'ont qu'à preffer la durée de l'action. En un mot, le nouveau mérite qu'on ajouterait aux Pièces de Théâtre, en fuivant le confeil que je donne ici, fe démontre fans peine. Plus on peut faciliter au Spectateur les moyens de s'imaginer que ce qu'il voit eft réel, plus on eft certain que fon plaifir eft vif, & qu'il s'intéreffe à l'action; or on eft fur d'y réuffir lorfqu'on racourcit le tems prefcrit à la Comédie. Je fais que je ne paffe que deux heures à confidérer telle Pièce; & vous prétendez me faire croire que j'y emploie un jour entier!

La perfection éxigerait même que l'heure du Spectacle fut auffi le tems de l'action du Poème.

J'ai fait une remarque au Théâtre, qui me conduit à propofer une nouvelle règle d'unité de tems. Celui de l'action de nos Pièces eft toujours mal choifi, eu égard aux Spectateurs. On la fait commencer en plein jour, quelquefois dès le matin; il me femble que c'eft oter à l'illufion. Ne ferait-on pas mieux d'arranger fon fujet de façon que l'intrigue fut fuppofée fe paffer à l'heure ordinaire du

Spectacle? On me répondra peut-être, qu'il faudrait que le lieu de la Scène fût alors dans l'obscurité ; ce qui ferait perdre beaucoup au jeu des Acteurs, & a la pompe du Spectacle. Je répliquerai ; que deux lumières suffisant dans une chambre pour l'éclairer, on pourrait aussi les supposer au Théâtre, lorsque le bien de la Scène les éxigerait. Si elle répréfentait une rue ou la campagne, on n'y ferait pas pour cela règner une nuit obscure ; une lueur assez forte éclairerait les objets, répandrait autour d'eux l'éclat nécessaire ; & ce ferait à la Lune qu'on s'imaginerait la devoir, ou à d'autres causes étrangères.

Je ne prétends point que l'action allât bien avant dans la nuit. Ce ferait vouloir déranger l'ordre prescrit par la Nature, qui veut que tous les êtres vivans jouissent du repos, quelques tems après le Soleil couché. Des accidens imprévus peuvent bien quelquefois obliger certains hommes de veiller au milieu de la nuit ; mais on aurait tort d'en faire une règle générale. Etant décidé que l'action des Drames ne doit durer que trois heures, elle ferait terminée avant le tems indiqué pour le sommeil, puisque son commencement serait à cinq heures, & sa fin à huit.

Il est quelques Drames où cette règle nouvelle est suivie.

Selon moi, cette règle adoptée répandrait de grandes beautés dans les Pièces modernes. *Le Roi & le Fermier* mérite d'être cité pour exemple à ce sujet; non-seulement son action ne dure qu'autant de tems qu'il en faut pour sa représentation, mais encore elle est supposée se passer dans le même tems qu'on la représente : c'est joindre deux excellentes qualités ensemble, dont une seule suffirait pour rendre une Pièce parfaite. L'ouverture de la Scène est à six heures du soir; & c'est alors le tems que le Spectacle commence. Le dénouement arrive aussitôt après l'heure du souper. M. Sédaine n'ignorait pas sans doute la règle que je propose. Il a soin de faire avertir, par un de ses Acteurs, de l'instant où le Théâtre s'ouvre, afin de mieux faire appercevoir l'art qu'il a mis dans la durée de ce Drame. Quelle heure est-il? demande *Richard* brusquement, dès la seconde Scène; il est six heures, répond son ami *Rustaut*. Voilà donc le moment de la Pièce bien déterminé. La suite n'est pas marquée avec moins de clarté, puisqu'au dernier Acte, il est dit que la plufpart des Acteurs viennent de fouper.

L'illufion ferait plus grande si on la fuivait régulièrement.

Si l'on formait les Opéras-Bouffons, & les Drames en tout genre, fur un modèle auffi beau, on les regarderait avec juftice comme autant de chefs-d'œuvres. Le Spectateur aurait lieu de fe perfuader qu'il eft réellement témoin de l'avanture qu'il ne voit qu'au Théâtre. Les beautés du Drame que je viens de citer achèveront de perfuader (je m'en flatte au moins) ceux qui balanceraient encore à donner à l'action de leurs Pièces la même durée que celle de la repréfentation.

Si l'on s'obftine à rejetter la règle utile dont je fuis peut-être l'inventeur, au moins l'on fera contraint d'approuver ce qu'il me refte à dire.

Que rien au moins n'indique le tems de l'action s'il n'eft égal à celui de la repréfentation.

Il faut fe garder d'avertir le Spectateur de l'heure où fe paffe l'action, lorfqu'elle est opposée à celle du Spectacle. Je ne sçais si tout le monde est comme moi, mais quand un personnage vient dire au Théâtre qu'il est trois heures ou midi, je sens s'évanouir l'illusion que je m'étais faite, je m'apperçois que je suis à la Comédie. En général, le Poète doit éviter de mettre dans ses Pièces des dates d'heures, de jours, de mois & d'années; il est tant de moyens de les passer sous silence, sans que l'intrigue en souffre! Dans *Dupuis & Desronais* on nous dit expressément, c'est aujourd'hui mardi: le véritable jour de la représentation peut être un lundi; & cette supposition qu'il faut que le Spectateur se fasse tout-à-coup le fatigue sans nécessité. Ma mémoire ne me fournit point de dates de mois, ainsi je n'en dirai rien. Il est beaucoup de dates d'année dans les Poèmes; mais il ne m'en revient non plus aucune dans l'idée. Il faut se garder de parler aussi de quelqu'événement passé. L'éxemple que je vais rapporter me fera miex entendre. Dans *l'Impromptu de campagne*, Comédie de Poisson, un des principaux personnages dit à sa femme, « Corbleu, Madame, » je vous épousai sitôt après le passage du » Rhin ». Le Spectateur conçoit tout de suite qu'on lui parle de cette fameuse action de Louis XIV, qui traversa le Rhin à la tête de ses troupes, & en présence des énnemis, l'an 1671 ; or il a de la peine à se figurer qu'une femme de cet âge soit celle qu'il a devant les yeux, & qu'elle puisse vivre encore, ainsi que le reste des Acteurs de la Pièce. Plus on jouera cette Comédie, & plus cet endroit deviendra ridicule.

La moindre chose détruit l'illusion.

La moindre inattention suffit pour nous faire perdre l'illusion. Les Comédiens de Province devraient être soigneux de la conserver, en ne fesant pas retirer une table, un fauteuil, ou ramaser quelque chose par un garçon de Théâtre, tandis que la Scène est occupée.

On va quelquefois jusques à appliquer à l'Acteur les paroles de son Role.

Si une partie de ce que je viens de dire paraît trop minutieux, je prierai les Critiques de songer que les Spectateurs d'un Drame sont assez portés à s'appercevoir de la tromperie qu'on leur fait, sans qu'on

K vj

aille encore leur procurer des moyens de ne reſſentir aucune illuſion. Ne les voyons-nous pas appliquer tout de ſuite au Comédien certains diſcours que ſon role lui met dans la bouche ? Il ſerait à propos que les Auteurs évitaſſent tout ce qui peut avoir quelque rapport à la vie du Comédien. Le Spectateur ſenſé n'apperçoit, il eſt vrai, dans l'Acteur que le perſonnage de la Pièce ; mais comme le plus grand nombre l'emporte toujours, il faut ſe proportionner à ce que demande ſa faibleſſe.

Quand on s'écarte de l'Unité de tems, on renverſe toutes les règles.

Je reviens à mon ſujet. S'il ſe trouvait quelqu'un qui n'approuvat pas même l'unité de tems fixée à douze heures, je me contenterai de lui faire obſerver qu'il renverſe toutes les règles reçues. En ſuivant ſon éxemple, la vrai-ſemblance ſerait viſiblement choquée, parce qu'il n'eſt pas naturel que les hommes agiſſent au dela de douze heures, & qu'il leur faut enfin du repos. En un mot, la raiſon, le bon ſens, & l'éxpérience nous enjoignent de donner aux Drames le moins de durée qu'il eſt poſſible.

Le nouveau Théâtre la suit avec plus de soin qu' aucun Spectacle.

Je ne recommande point l'Unité de tems aux Auteurs qui se proposent d'écrire pour le Théâtre-moderne. Ils n'ont qu'à lire avec attention les Poèmes dont sa Scène est enrichie, ils appercevront cette unité, placée avec trop d'art pour ne pas s'efforcer de la faire toujours briller au nouveau Théâtre : notre Opéra est de tous les Spectacles celui qui la possède le mieux. Elle ne passe jamais chez lui la durée de la représentation. Je défie qu'on puisse me citer une seule de ses Pièces, sur-tout en un Acte, ou elle aille jusqu'aux limites prescrits par Aristote. Le nouveau Spectacle a la gloire d'imiter Eschyle, Sophocle & Euripide, qui dès la naissance du Théâtre pratiquaient cette règle, source de mille beautés. L'action du *Maréchal* est aussi bien faite que celle du *Roi & du Fermier*; elle commence à cinq heures du soir, & se termine avant souper. celle des *deux Chasseurs & la Laitière* se passe dans deux heures, puisque *Perrette* n'est qu'à quelques pas de la Scène lorsqu'elle renverse son Pot au Lait. Celle de *Blaise le Savetier*, ne va pas même si loin. Je n'aurais jamais fini, si j'entreprenais de faire passer en revue tous les Drames Burlesques-chantans dont la durée de l'action égale celle du tems qu'on la représente. Il est de la nature de notre Opéra d'acourcir ainsi l'unité de tems : son intrigue étant éxtrêmement vive & pressée, il s'en suit qu'elle éxige un tems peu considérable, & qu'elle doit bien-tôt se terminer.

De l'Unité de personne.

Disons maintenant un mot au sujet de l'unité de personne. Faites rouler l'action sur un seul personnage, si vous voulez qu'elle soit *une*; car vous la doublez nécessairement en mettant dans votre Pièce deux Acteurs qui partagent l'intérêt. De cette règle bien entendue résulte le bon ordre dans un Poeme : lorsqu'on s'en écarte, on péche contre tous les principes; vous compliquez l'intrigue mal-à-propos; vous faites un seul Ouvrage de ce qui pourrait en faire deux ; vous blessez la vrai-semblance. Lorsque vous êtes témoin de quelque avanture dans le monde, c'est ordinairement une seule personne qui l'éprouve : pourquoi donc, en peignant ce qui arrive tous les jours dans les Villes, ou bien dans la Campagne, ajoutez vous à l'Histoire un nouveau personnage ? Choisissez un sujet qui ne renferme qu'une seule action; il en contiendra plusieurs s'il est question de différens Acteurs. Un grand nombre d'événemens peuvent arriver à la même personne; laissez en arrière les moindres; ou bien, s'ils sont tous de la même qualité, contentez vous d'en prendre un seul.

Faute de quelques jeunes Poètes dramatiques.

On apperçoit dans la plus-part de nos Tragédies nouvelles mises au Théâtre par de jeunes Auteurs, une faute assez considérable, qu'il me semble qu'on doit particulièrement relever, afin qu'on l'évite avec soin : on la voit principalement dans les Ouvrages de ceux qui font le prémier pas dans la carrière dramatique. Voici de quoi il s'agit. Nos jeunes Auteurs croyent avoir tout fait dès que leur intrigue ne roule que sur un seul personnage. Mais ils ne prennent pas garde que ce n'est point assez. Non-seulement il faut que l'action soit une & qu'on soit averti de ce qui va se passer ; mais il faut aussi que les sentimens des principaux personnages soient toujours les mêmes, & qu'ils ne parlent que d'après les passions qu'on nous annonce qu'ils vont ressentir. Il est ridicule de leur donner tout-à-coup au milieu d'une Pièce des sentimens auxquels on ne s'attendait pas, & qui ne servent qu'à amener une belle Scène. Un personnage peut bien prendre un parti imprévu dans une violente situation ; mais il ne faut pas qu'à chaque instant les Acteurs d'un Drame se trouvent dans une nouvelle situation afin d'avoir lieu de débiter de beaux Vers. Tout ce qu'ils éprouvent doit tenir à l'action principale, & doit y avoir un si grand rapport, qu'on ait pour ainsi dire pu le prévoir. Ce n'est pas par un mot ou par un seul Vers, qu'on amène les événemens & les passions : il faut que le prémier Acte d'un Drame offre une idée parfaite de ce qui doit arriver, & de ce qu'on va dire. Les Poëmes de nos grands maîtres sont ils remplis des disparates que se permettent quelques uns des jeunes Poètes qui se distinguent dans la carrière du Théâtre ? Les discours que tient *Rodogune*, ceux des autres Acteurs de la Piéce, & les événemens entiers du Drame, ne se rapportent-ils pas à ce qu'on nous annonce d'abord ? Arrive-t-il un seul fait, & voit-on un seul Vers dans l'*Iphigénie* de Racine qui ne soit une suite de ce qu'on a vû & de ce qu'on a entendu dans le prémier Acte ? En un mot, les événemens d'un Poëme bien fait, & les passions qu'on y fait naître doivent tous tirer leur source de ce qui s'est passé au prémier Acte, & de l'action principale, qui ne peut être *une*, qu'autant que les incidens & même les paroles des personnages, se rapportent entiérement à elle.

Comment l'Action est une, quoiqu'elle soit composée de divers incidens.

Je sens que le Lecteur est tenté de m'objecter, qu'il est impossible que l'action soit *une*, parceque plusieurs actions concourent au même événement. Voici ma réponse, que je prie de bien considérer, & qui servira d'éxplication à la règle dont il s'agit. Divers incidens forment une grande action ; pour la représenter, il faut la peindre avec ses circonstances ; voilà ce qu'on appelle unité d'action. Elle serait double, si l'on prenait les incidens d'une autre, qui joints avec ceux de la prémière, formeraient parconséquent deux intrigues différentes. Pour l'ordinaire, on évite de pareils déffauts en jettant tout l'intérêt sur un seul Acteur.

Pourquoi la règle de l'Unité de personne est établie.

La règle de l'Unité de personne est tirée de la connaissance du cœur humain. L'homme est trop méchant pour s'intéresser à plusieurs personnes à la fois : c'est bien assez qu'il partage les maux ou la joie d'une seule. D'ailleurs, l'attention que le Spectateur est contraint de donner à une Pièce dont les principaux personnages ont des intérêts opposés, l'impatiente & le met de mauvaise humeur. Enfin, il est essentiel de suivre scrupuleusement cette règle, si l'on a quelqu'estime pour la vraisemblance & pour les beautés de l'art. Elle est peut-être la seule qui soit de nos jours le plus généralement suivie dans l'Europe.

Qu'il s'en faut de beaucoup qu'on la suive dans l'Opéra-Bouffon.

La sincérité m'oblige d'avouer que le nouveau Théâtre ne se soumet guères à l'Unité de personne. Ses Auteurs ont pensé sans doute qu'il n'en était point susceptible. Ils ont cru qu'étant nécessaire de jetter de l'intérêt dans un Drame, & l'Opéra-Bouffon, ou la Comédie-mêlée-d'Ariettes n'étant fondés presque sur rien, il fallait doubler les personnages, afin que la variété des objets le rendit au moins supportable. Ils étaient loin de s'attendre aux prodiges que la Musique opérerait un jour en France ! Maintenant que l'amour excessif que nous avons pour elle est connu, ils devraient revenir à l'Unité de personne. Mais le prémier moyen qu'ils ont employé leur parait trop commode, pour l'abandonner de sitôt. Les nouveaux Poëmes du Spectacle moderne contredisent autant la règle dont je parle que les Anciens. En général les uns & les autres paraissent en faire très peu de cas.

Il m'est facile de prouver ce que j'avance, ainsi que j'ai promis de le faire plus haut ; je n'ai qu'à prier le Lecteur de jetter les yeux sur le prémier Opéra Bouffon qui lui tombera sous la main. Tout le monde sçait que l'intrigue d'une Pièce doit toujours se rapporter au principal Acteur. Les Drames du nouveau Spectacle ne suivent guères cette maxime établie de tout tems. Ils présentent souvent tout le contraire de ce qu'ils promettent par leur titre. Vous m'annoncez, par éxemple, *le Maréchal-*

ferrant; je m'attens qu'il lui arrivera des choses qui le concerneront en particulier: or quelle est ma surprise, en voyant qu'il ne fait que paraître, sans éprouver aucun événement; & quand je m'apperçois que ce n'est pas pour lui que je dois m'intéresser; mais en faveur de sa fille *Janette*, & d'un certain *Colin*, qui sont des personnages subalternes ? Le vrai titre de cette Pièce serait plutôt, *Les amours de Janette & de Colin*. Ce que je dis ici du *Maréchal* se rapporte à cent autres Poëmes du même genre.

L'amour des personnages subalternes gâte les Drames du nouveau Théâtre.

Je le répette, les amours dont sont remplis la plupart des Drames modernes, les gâtent & ternissent souvent leurs beautés, parce qu'ils n'ont aucune analogie avec l'action principale. Si vous voulez mettre de la galanterie dans vos Pièces, rendez votre Héros amoureux; à la bonne heure; vous travaillerez alors selon les règles. Je vois dans *le Roi & le Fermier* trois personnages à qui je m'intéresse. *Jenni*, *Richard* & *le Roi*. La Pièce intitulée *Les deux chasseurs & la Laitière* réunit visiblement deux sujets & double action. Les Acteurs sont tous des principaux personnages. C'est un tableau sans ombre, & dont toutes les figures viennent à la fois frapper la vue. Deux paysans guêtent un ours, l'un n'agit pas plus que l'autre; voilà donc mon attention partagée entre eux également. Ce n'était pas assez de ce défaut. Une Laitière survient, l'intérêt se subdivise; je plains *Colas*, je plains *Guillot* qui manquent leur ours, & je plains encore la pauvre *Pérrettte* qui casse son pot au lait. Vous m'avouerez que cette Pièce est d'un genre tout-à-fait nouveau. Les Anciens ni les Modernes n'en ont jamais eu l'idée. *Tom-Jones* n'est pas aussi répréhensible; il n'a seulement que deux personnages sur lesquels roule particuliérement le fort de l'intrigue; le prémier est le Héros de la Pièce, comme de juste; le second, la belle *Sophie*. Monsieur *Western* est peut-être un demi-principal-personnage, si l'on peut parler ainsi, qui détourne un peu l'attention. Toute réfléxion faite, je suis presque tenté de regarder ce Drame comme une galerie de portraits, qui viennent frapper la vue chacun à leur tour, & dont l'un fait oublier nécessairement l'autre.

Il me serait aisé de rapporter un plus grand nombre de Poèmes de notre Théâtre qui n'ont aucune unité de personne. Mais le Lecteur sensé n'a pas besoin que je prenne cette peine : & voulant donner des règles pour la composition des Pièces de notre Opéra, je dois mettre le moins qu'il me sera possible de mauvais modèles sous les yeux des jeunes Poëtes.

J'aurais cité avec plaisir un Opéra-Bouffon ou une Comédie-mêlée-d'Ariettes qui eut renfermé avec art l'Unité de personne; mais ce *Phénix* est encore à naître. Il faut espérer que nous aurons le plaisir de le voir paraître un jour; pourvu toutefois que le nouveau Spectacle soit enfin cru digne d'avoir des ouvrages bien constitués.

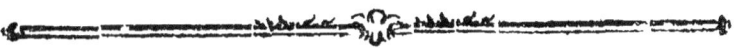

CHAPITRE IV.

Des Personnages.

LE sujet ne peut être bon qu'autant que les personnages sont bien choisis, que leur caractère se développe avec art. C'est à quoi le Spectateur fait le plus d'attention. Certains défauts dans la conduite, dans la marche, dans le stile du Drame, peuvent lui échapper. Mais ce qui concerne les personnages est trop simple & trop connu, pour qu'il fasse la moindre grace au Poëte qui s'en écarte. Je pense que la plus-part des Pièces ne tombent que parce que le caractère du principal Héros est manqué. Les personnages réunissent sur eux tous les regards. On n'a d'ame, pour ainsi dire, que pour sentir leurs peines ou leur bonheur, & que pour juger s'ils sont représentés tels qu'ils doivent être. Il est donc important de mettre tous ses soins à ce qui les regarde.

Quand je dis *les personnages*, je parle en général; mon discours se rapporte à diverses Pièces à la fois. On fait agir plusieurs Acteurs dans un Drame; mais un seul est dominant; c'est pour lui que les autres paraissent sur la Scène; ils servent à le faire sortir d'avantage. Cette règle ne sçaurait trop être suivie à la rigueur. Les Grecs & les Latins ne s'en éloignèrent jamais; & nous tâchons de suivre leur exemple. Dans *Electre*, Tragédie d'Euripide, l'Héroïne est peinte avec de fortes couleurs, & de plus grandes touches que le reste des personnages, quoiqu'ils soient pourtant considérables par eux-mêmes, tels que *Clitemnestre*, *Egiste*, *Oreste*. Le prémier Comique des Latins, l'élégant Térence, dans ses *Adelphes* ne s'est appliqué qu'à mettre au grand jour le caractère de *Démée*. Si l'on trouve que celui de son frere *Micion* soit aussi très marqué, qu'on ne reproche point à ce grand Poëte d'avoir fait une faute : il a eu soin d'avertir de ce qu'il se proposait, en intitulant sa Pièce les *Adelphes*, c'est-à-dire *les Frères*. Les meilleurs Auteurs modernes s'attachent à mettre dans leurs ouvrages de Théâtre cette règle nécessaire, qu'on ne sçaurait enfreindre sans détruire toutes les autres. *Le Glorieux* est au milieu de divers personnages, dont les mœurs sont assez saillantes ; mais les traits qui les peignent ne servent qu'à le faire briller d'avantage.

Le principal personnage d'un Drame doit toujours être le même.

Il faut observer encore une chose qui n'est pas moins essentielle ; c'est que les personnages d'un Drame ne doivent jamais se démentir. Dès qu'ils ont paru fourbes, méchans, amoureux, bons ou cruels, il faut bien se garder de leur prêter ensuite des vertus ou des vices différens. L'art est de leur faire éprouver les situations les plus opposées à leur caractère : comme, par exemple, de rendre un ava-

re

re amoureux d'une femme qui ne connait d'autre plaisir que celui de dépenser son bien ; de marier un homme jaloux avec une coquette ; de mettre l'homme prodigue presque dans le cas de ne pouvoir plus l'être. Lorsqu'on croit qu'ils vont changer entièrement, l'art exige que tout-à-coup ils redeviennent les mêmes. Ce n'est tout au plus qu'au dénouement qu'il est permis de les faire renoncer à leurs faiblesses, à leur erreur. Je pense même qu'une Pièce est mieux dans les règles lorsqu'elle finit sans que ses personnages se soient démentis un seul moment.

D'un nouveau personnage inventez-vous l'idée,
Qu'en tout avec soi-même il se montre d'accord ;
Et soit jusques au bout tel qu'on l'a vu d'abord.

Dans les chefs-d'œuvres des grands maîtres, le Héros paraît à la catastrophe tel qu'il a été dépeint dans l'exposition.

Son caractère ne doit pas même changer au dénouement.

Il est certain que rien ne blesse tant la vraisemblance que cet abus qu'adoptent quelques Auteurs de nos jours, de rendre leur Hèros meilleur au dénouement qu'on ne l'a vu dans le cours de l'action. Les hommes pour l'ordinaire perſiſtent toujours dans leurs vices. Ainſi qu'on n'oſerait faire changer les mœurs d'un perſonnage au milieu d'une Pièce, de même eſt-il ridicule de ſe le permettre à la fin. Ce qui ſerait un défaut s'il était ſuivi de pluſieurs Sçènes, ne ſçaurait être autoriſé. C'eſt donc envain que les règles recommandent au Poète de ne jamais repréſenter ſes Acteurs ſous deux aſpects différens, s'il a le privilège de les contredire dans un endroit de ſon Poème ? Si vous permettez de faire tel perſonnage meilleur à la fin d'un Drame, ne puis-je pas dans le même cas rendre celui-ci méchant, de vertueux qu'il était ? Cependant que dirait-on d'un Poète qui peindrait tout-à-coup *Titus* cruel, *Henri IV*. mauvais Prince, par la ſeule raiſon qu'il ſe trouverait à l'inſtant de la cataſtrophe dans une ſituation délicate qui ſemblerait le contraindre d'agir de la ſorte ? On ſiflerait, je crois, un Drame auſſi ſingulier. Or on ne devrait pas traiter les autres dénouemens avec moins de rigueur.

Ce n'est que dans les Pièces chrétiennes.

Ils ne sont supportables que dans une Pièce chrétienne; parce qu'il est alors à supposer qu'un pouvoir divin agit sur les personnages qu'on juge à propos de faire changer. D'ailleurs, ces mêmes personnages sont sans conséquence, puisqu'ils ne sont ordinairement que des subalternes.

Des Contrastes.

On pouvait avoir raison autrefois de s'appliquer à faire contraster les personnages d'un Poëme. Le contraste est dans la nature. On voit assez communément des gens d'un caractère opposé se rencontrer dans le monde, & se trouver contraints de vivre ensemble, par les diverses circonstances qui les réunissent. Combien de fois l'Avare est il contredit par le Prodigue! Combien de fois la Coquette se rencontre-t-elle à côté de la Prude! d'ailleurs, les Poëtes Dramatiques tiraient du contraste plusieurs avantages; ils fesaient sortir avec force le principal caractère mis en action; il semble qu'on en sentait un peu plus le ridicule ou le mérite. La plus-part des productions de l'art les engageaient encore à se servir d'un moyen si utile & si usité. Les ombres d'un tableau contrastent avec la lumière & la rendent plus vive. Une Peinture champêtre est embellie par l'opposition d'un morceau d'Architecture. Les dissonnances que l'on fait entrer dans la Musique rendent les sons agréables plus délicieux. Malgré toutes ces raisons qui peuvent excuser les contrastes, il ne faut les employer que le moins qu'il sera possible. On les a mis trop souvent en usage, pour qu'un Poëte jaloux de se distinguer veuille récourir aux moyens qu'ils offrent de composer une intrigue. M. Diderot s'est élevé fortement contre eux parce qu'ils ressemblent à ces pensées communes qu'on voit par-tout. Mais ce qu'il y a de singulier, c'est que cet Auteur estimable, qui défend aux autres le contraste, n'a pû s'empêcher lui-même de faire contraster quelques-uns des personnages de ses Drames : le caractère brusque & dur du *Commandeur*, par éxemple, n'est-il pas opposé à la douceur, à l'humanité du *Père de famille ?* Si M. Diderot tombe dans le défaut qu'il a sujet de reprocher aux Auteurs dramatiques, on doit en conclure que ce défaut est difficile à éviter, & qu'on a lieu de craindre de le laisser glisser dans ses Ouvrages, si l'on ne se tient soigneusement sur ses gardes.

Il faut varier les Passions qu'on met en jeu.

Je finirai par faire ressouvenir les Poëtes, que les caractères des personnages qu'ils mettent en action doivent être *nouveaux*; c'est-à-dire n'avoir aucune ressemblance avec les caractères déja tracé dans des Pièces connues. Je serais loin de donner un pareil avis, si le préjugé ne nous défendait point de traiter plusieurs fois les mêmes Drames. Si l'on choisit des caractères qui diffèrent peu de ceux que nous offrent déja la Scène, il faut s'appliquer à faire éprouver aux personnages ressemblans, des situations tout-à-fait nouvelles; il faut rendre l'action & la marche du Drame entièrement opposées au Poëme dont l'on copie le Héros.

Que chaque Auteur diffère dans la peinture de ses Personnages.

Il n'est pas plus difficile de varier une action que les paroles qu'on met dans la bouche de ses Acteurs, & qui nous rendent sensible ce qui se passent dans leur âme : je m'éxplique. Ce n'est pas seulement par

L iij

le ſtile que les Poëtes dramatiques différent les uns des autres. Ils ne ſe reſſemblent guères dans la manière de peindre leurs perſonnages, & par les ſentimens qu'ils leurs donnent. On peut aſſurer que le même caractère mis pluſieurs fois au Théâtre par différents Auteurs, changerait toujours de forme, & paraîtrait preſque tout autre. La raiſon de cette variété peut ſe trouver d'abord dans le ſtile propre à chaque Poëte ; car le Poëte qui écrira avec force rendra ſes perſonnages plus fiers, plus hèroïques, que celui dont le ſtile eſt rempli de douceur. On peut encore en voir la cauſe dans l'eſprit, dans la manière de penſer des hommes, qui ne ſont jamais les mêmes ; tant la Nature eſt variée dans tous ſes ouvrages !

Les mœurs de chaque Nation font varier les tableaux dramatiques.

Si l'on apperçoit des différences éſſentielles dans la peinture que les Poëtes d'un même pays nous font de leurs perſonnages ; on en découvre de plus frappantes dans les ouvrages dramatiques des Auteurs de chaque Nation. Le goût du pays qu'ils habitent en eſt la vraie cauſe, auſſi bien que leur ſiècle. Ariſtophane & Ménandre ont un peu moins de délicateſſe que Térence, parce qu'il leur manquait ce poli, cette fine élégance que les Romains connurent auſſi-tôt que le luxe. La plus-part des Hèros des Tragédies Grecques ſont vraiment grands & fiers, quoiqu'ils ſe montrent avec une certaine ſimplicité; parce que les Grecs ne s'attâchaient qu'à peindre leurs mœurs. Les perſonnages des Pièces Italiennes n'ont point cette élévation qu'ils auraient eu du tems des Romains. Ceux des Eſpagnols ſont à moitié dévots, ou d'une grandeur bourſouflée, ainſi qu'une partie de la Nation qui s'en amuſe. Si les Anglais peignent les leurs, féroces & ſanguinaires, c'eſt que le Peuple éprouve aſſez un pareil panchant. Enfin, les perſonnages de nos Tragédies ſont toujours amoureux, parce que l'amour eſt une des paſſions qui nous animent le plus fortement. Je ne parle point du Comique de chaque Peuple; il tient tout-à-fait aux mœurs d'une Nation; les connaître, c'eſt avoir une idée de ſes Pièces enjouées.

L'Opéra-Bouffon ne peut ſe diſpenſer de ſuivre ces règles.

Tout ce que je viens de dire au ſujet de ce qu'il faut obſerver dans la manière de dépeindre un perſonnage, regarde autant les Poètes de l'Opéra-Bouffon que les Auteurs des divers Théâtres. Les règles que contient ce Chapitre leur sont indispensables. Ils sont obligés de s'y soumettre.

Il les suit en partie.

On ne saurait reprocher à l'Opéra-Bouffon ou à la Comédie mêlée-d'Ariettes, de ne point conserver à ses personnages l'état & les mœurs qu'ils ont d'abord. Ils sont à la fin ce qu'ils étaient au commencement. Leurs mœurs & leur état ne varient jamais. *Le Bucheron* est même le seul Drame dans lequel le Héros soit éxposé à changer de fortune.

Les Personnages du Théâtre moderne ne sçauraient être trop vils.

Les Poètes du nouveau Spectacle ne doivent pas craindre de prendre des personnages trop vils : plus ils iront chercher dans l'obscurité les Héros de leurs Drames, plus ils seront certains de nous plaire. Le fameux Boileau achève encore de les rassurer par ces Vers de sa Poétique :

D'un Pinceau délicat l'artifice agréable,
Du plus affreux objet fait un objet aimable.

Il ne s'agit que de les peindre plaisament, que de prendre garde à dégoûter le Spectateur par des détails trop bas ; il suffit de placer beaucoup de morceaux de Musique. Sur-tout ne tombez pas dans la bassesse, en courant après le burlesque. Je le répette encore une fois, & je ne me lasserai point de le dire, parce qu'il paraît que les Poètes de ce Spectacle n'y songent guères ; que vos plaisanteries soient proportionnées à ceux qui les disent, & qu'elles ayent un certain tour qui les rendent dignes du Théâtre. Notre Opéra est le vrai genre de la Bouffonnerie, j'en conviens ; & pourtant je voudrais que les Poètes qui l'enrichissent de leurs productions, lui appliquassent ce Vers du célèbre Auteur que je viens de citer plus haut :

Il faut que ses Acteurs badinent noblement.

La règle que je conseille ici paraîtra peut-être une étrange nouveauté à notre Spectacle ; il me semble au moins qu'elle lui est assez inconnue. Ai-je raison ? Ai-je tort ? je laisse la question indécise.

Des Personnages amoureux.

Je placerai ici une observation importante que je tiens d'un Acteur du Théâtre moderne, estimable par son caractère

& par ses talens. Les personnages amoureux du nouveau Spectacle ressemblent un peu à ceux du grand Opéra ; ils sont fades à force d'être tendres, répètent presque toujours les mêmes paroles, & donnent lieu à des Sçènes fort ennuyeuses. Comme il serait inutile de souhaiter qu'on bannisse l'amour des Poèmes du nouveau genre, puisque sans l'amour nous ne sçaurions faire de Drame, & qu'il occupe principalement la Sçène de l'Opéra-Bouffon ; voici ce que l'on désirerait que le Poète intelligent observât. Il faudrait qu'il eut soin de ne faire rencontrer qu'une seule fois ses amans ensemble, & que même les circonstances les empêchassent de se parler de leur passion. S'il ne peut éviter qu'ils s'entretiennent de leur amour, que ce soit en très peu de paroles ; qu'ils n'en disent qu'un mot en passant. En agissant de la sorte, les personnages amoureux du nouveau Spectacle ne seront plus si froids, si glacés ; les Acteurs qui les représenteront pourront rendre leur jeu plus vif, & la Pièce sera plus animée.

On veut encore que les Amans des Drames modernes ne se parlent qu'en se tutoyant ; il est vrai que c'est imiter la franchise, l'aimable simplicité des habitans de la campagne. Mais il me semble que le tutoyement entre gens qui s'aiment, annonce trop de familiarité. Au reste, le Poète ne doit point le contraindre; il peut à cet égard suivre son goût & ses idées particulières.

Que les personnages en général du nouveau Théâtre soient dépeints d'après nature.

Je puis, je crois, me dispenser d'avertir de nouveau que les personnages de notre Spectacle doivent être vrais, & si ressemblans à leur modèle qu'il soit facile de s'y tromper. On est persuadé de l'importance de cette règle, qui tire son origine du genre même du Théâtre-moderne; chaque jour on la met en usage avec le plus grand succès. « Le Poème Dramatique est » une imitation, ou, pour en mieux par- » ler, un portrait des actions des hommes; » & il est hors de doute que les portraits » sont d'autant plus excellens qu'ils ressem- » blent mieux à l'original ». Ces paroles du grand Corneille prouvent que nous avons raison d'être charmés de la peinture qu'on nous a fait du Maréchal-Ferrant, du Savetier, & d'autres gens pareils; elles engagent encore les Poètes du nouveau Spectacle à continuer d'être vrais & naturels.

CHAPITRE V.

Du nombre des Acteurs.

LES Auteurs qui ont entrepris de donner des règles sur le Théâtre, ont été jusques à marquer combien on pouvait faire parler d'Acteurs dans une même Scène. S'ils sont entrés dans un semblable détail, c'est qu'ils l'on cru nécessaire; & c'est avec raison.

Trop d'Acteurs parlants dans une même Scène jettent de la confusion.

Il est certain que lorsqu'on remplit trop le Théâtre de personnages parlants, on court risque d'embrouiller l'intrigue, surtout s'ils ont des choses à dire assez importantes pour qu'il faille les entendre. Le Spectateur, étonné d'un Tableau aussi vaste, ne sait où ses yeux doivent s'arrêter; il le parcourt d'un œil inquiet: lorsqu'il croit avoir trouvé l'objet sur lequel il peut se fixer, le discours d'un nouvel Acteur lui fait craindre de s'être mépris, son attention détournée à chaque instant, se lasse enfin; & ne se fatigue plus à écouter un si grand nombre d'interlocuteurs. De pareilles Scènes jettent beaucoup de confusion & de désordre dans le Drame ; il est aisé de perdre le fil du dialogue ; & un mot mal entendu, mal-compris, fait souvent un mauvais éffet. C'est afin d'éviter tous ces inconvéniens, que la plus-part des Poétiques ont déterminé le nombre des interlocuteurs qu'il est permis de placer dans une Scène.

On n'est point d'accord sur le nombre des Interlocuteurs.

Aristote & Horace veulent qu'on ne fasse jamais parler quatre Acteurs ensemble. (27) D'Aubignac ose être d'un avis différent. » On peut mettre, dit-il, & faire » agir dans une Scène tant d'Acteurs que l'on voudra «. (28) Je crois pourtant qu'on aurait tort de prendre ses paroles à la lettre. Il entend que le Poëte ne suivra son caprice qu'autant que cela ne préjudirait pas à l'intrigue, & qu'il serait possible de faire parler plusieurs Acteurs sans trouble & sans confusion.

Quel est mon sentiment à ce sujet.

Voici les règles que je proposerais, si

---

(27) Nec quarta loqui persona laboret. *Hor. Arte Poetica.*

(28) Prat. du Théât. Liv 4. Chap. 1.

ma voix était comptée pour quelque chose. Le Poëte Dramatique aura la liberté de faire agir tout ensemble jusques à quatre Acteurs : l'attention de ceux qui sont au Spectacle peut bien les suivre sans trop se fatiguer. Lorsqu'il voudra mettre sur la Scène un nombre plus considérable que celui que je viens de proposer, il observera qu'il n'ayent rien à dire d'essentiel, & qu'ils n'y soient amenés qu'un moment, & qu'afin de délasser les yeux du Spectateur, trop long-tems arrêtés sur le principal personnage. En un mot, ce n'est qu'au dénouement qu'on voit avec plaisir un grand nombre d'Acteurs occuper la Scène ; l'art veut même alors qu'on fasse paraître généralement tous ceux qui ont agis dans le cours de la Pièce ; ainsi que je l'ai recommandé plus haut.

Foule d'Acteurs parlants qu'on voit au nouveau Théâtre : ce qu'il faut observer.

Si nous adoptions le précepte d'Horace, dont j'ai parlé plus haut, les *quinqué*, les *septuor*, de l'Opéra-Bouffon & de la Comédie mêlée d'Ariettes en seraient bannis pour jamais; & le nouveau Spectacle perdrait son plus bel ornement. Il est certain que dans notre Opéra l'on voit souvent sur la Scène cinq, six & même sept Acteurs à la fois. Mais ils donnent lieu à un morceau de Musique délicieux pour les oreilles des Amateurs. Il est alors à supposer que ses personnages ne doivent plus se faire entendre ; car parlant tous à la fois, il est presque impossible de démêler dans cette confusion un seul mot de ce qu'ils disent. Après le *quinqué* ou le *septuor*, il faut au moins faire ensorte que la plus grande partie des Acteurs se retirent. Mais je n'ose appuyer sur cette règle, dans la crainte qu'elle ne soit trop contredite. Les Poètes du Théâtre moderne ne se pressent pas à débarrasser la Scène, après l'avoir comme surchargée. On en voit la preuve dans le *Sorcier*, dans *tom-Jones*, où le Théâtre est longtems rempli de presque tous les Acteurs nécessaires à l'action de la Pièce. M. Sédaine est un de ceux qui se soient plû d'avantage à multiplier les objets sur la Scène. Il craint peu de brouiller les images en les rendant confuses. Il sait qu'un morceau de Musique fait oublier bien des fautes. Un seul exemple me suffira. Dans le *Jardinier & son Seigneur*, il met en action dans une même Scène les personnages les plus importans, & un grand nombre de subalternes; & comme si ce n'était pas encore assez, il fait accourir dans le même lieu tout un Village. Voila, je l'avoue, un oubli marqué des règles. Il eut été facile de reculer ces deux Scènes, & de les placer au dénouement; alors la Critique aurait peut-être été contrainte de se taire.

CHAPITRE VI.

Des Sçènes.

LE mot *Sçène*, auquel on donne tant de diverses significations, ne voulait dire dans son origine, qu'un lieu couvert de branchages. Ceci me confirme dans le sentiment où je suis que la Comédie ancienne ne se jouait chez les prémiers Peuples que sous des branches & des berceaux d'arbres. La fameuse Fête des Tabernacles célébrée par les Juifs, a pris le nom de *Scenopegia* de cet usage d'appeller *Sçène* une un endroit que l'on couvrait de feuilles artistement entrelacées (29). Certains Peuples d'Arabie se nomment *Sçènites* parce qu'ils vivent toujours sous des berceaux de feuillages. Le mot *Sçène*

---

(29) Voyez la Pratique du Théâtre, par d'Aubignac.

consacré au Théâtre par les Modernes, signifie proprement le lieu de l'action, & les différentes parties d'un Acte où l'on voit agir les Acteurs.

C'est à tort qu'on veut lui chercher des interprétations plus étendues ; il n'en a point d'autres que les deux que je viens de marquer. Lorsqu'on dit, la Sçène ne doit point être ensanglantée, ou bien, la Sçène change ; on entend le lieu de l'action : il est aisé de le sentir.

Usage des Grecs & des Latins.

Les Grecs n'ont fait aucun usage de ce terme, qui nous vient directement des Latins. Ils se contentaient peut-être de mettre à la tête de la partie du Drame que nous appellons *Sçène*, le nom des personnages qui formaient le dialogue. On présume que les Poëtes Latins, tels que Plaute, Térence, ne s'en sont point servi non plus. Donat est le plus ancien Commentateur dans les ouvrages duquel on le trouve. Sans doute quelques Sçavans l'auront mis en usage, ainsi que celui d'Acte, en le plaçant dans les Drames qu'ils commentaient, afin de mieux désigner les parties du Poëme dont ils avaient occasion de parler. Nous l'avons adopté parce qu'il nous a paru propre à éxprimer en peu de mots un inſtant de dialogue entre pluſieurs Acteurs, ou le diſcours qu'un ſeul perſonnage ſe tient à lui même. Mais afin d'éviter les équivoques, on aurait dû faire choix d'un terme qui n'eut pas tant d'acceptions différentes.

On ne parle ici des Sçènes que comme diviſions d'Actes.

Je n'entreprens de parler dans ce Chapitre que des Scènes qui compoſent les Actes, & non du lieu de l'action. J'ai déja traité cette partie éſſentielle du Drame; ainſi je n'en dirai rien ici, crainte de me répéter inutilement.

Ce qu'éxigent les Sçènes pour être bien faites.

Les Sçènes doivent être ſi bien liées enſemble qu'elles paraiſſent ne faire qu'un ſeul & même tout. C'eſt-à-dire, que quoiqu'elles faſſent proprement des eſpèces de petits Poèmes ſéparés, il eſt néceſſaire qu'elles tiennent au reſte de l'ouvrage, & qu'on ne puiſſe les en détacher ſans le rompre & le détruire entièrement. Leurs principales beautés réſultent de leur union. Il faut encore qu'elles ayent beſoin d'être jointes pour être entendues & senties. Si vous otez la moindre petite roue d'une montre, vous l'empêchez de faire son éffet; chaque ressort concourt à la faire mouvoir : il en est de même de la construction d'un Drame travaillé avec art; une Sçène amène naturellement l'autre; celle qui précède fait naître celle qui suit; & leurs chocs mutuels, s'il est permis de s'éxprimer de la sorte, donnent le mouvement à l'ouvrage entier.

Tout leur mérite dépend de faire entrer & sortir à propos les Acteurs.

On sera certain de suivre toujours la règle dont je parle, si l'on fait attention à l'entrée & à la sortie de ses Acteurs. Ils entreront à propos, lorsqu'ils viendront sur le Théâtre pour quelque motif déterminé. Il faut que le concours des circonstances les oblige à paraître dans le lieu de l'action. Il serait ridicule de leur faire dire au milieu d'une rue, ou dans une sale trop fréquentée, ce qu'ils pouvaient dire dans leur cabinet, ou bien ailleurs. Le Poète aura donc soin d'amener ses personnages le plus naturellement qu'il sera possible. La prémière Sçène même éxige qu'on pratique cette règle à la rigueur; les plus fameux Auteurs Dramatiques nous en ont donnés des exemples qu'on ne sçaurait suivre avec trop de soin. L'ouverture de la Comédie du *Tartuffe* est faite avec un art infini. Madame *Pernelle* sort précipitamment de la maison de son fils; on l'accompagne afin de tâcher de l'adoucir. Voilà donc des personnages qui viennent occuper la Sçène sans blesser en rien la vraisemblance. L'ouverture des *Deux Chasseurs & la Laitière* est aussi très-bien faite : *Colas* est supposé dans la forêt où il a passé la nuit à guêter l'ours. En imitant des pareils modèles, on se procure nombre d'avantages, & de grandes ressources dans le cours de son ouvrage. Quand quelques Acteurs sont amenés à propos dès la prémière Sçène, il est moins difficile de faire ensuite arriver les autres.

Les principaux moyens dont on peut se servir pour faire arriver à propos ses personnages.

Je vais rapporter une partie des moyens dont on peut se servir pour l'entrée de ses personnages. Un de ceux qui se trouvent sur le Théâtre en envoye chercher un autre. Mais il faut pour cela considérer deux choses. Prémièrement, que l'Acteur qu'on fait venir à l'aide d'un Meſſager, ne ſoit pas trop éloigné de l'endroit où ſe paſſe l'action : en ſecond lieu, celui qui en mande un autre doit être d'une condition un peu diſtinguée, parce que les gens de la lie du peuple n'ont aucune dignité qui les empêche d'agir à leur fantaiſie, & qu'il ne ſerait pas naturel de les voir attendre gravement les perſonnes auxquelles ils ont envie de parler : l'Opéra-Bouffon ne peut guères employer ce moyen. Il faut encore faire enſorte qu'on ait des choſes importantes & preſſées à dire à l'Acteur qu'on envoye chercher ; & détailler une raiſon plauſible qui retient ſur la Scène celui qui fait faire le meſſage ; autrement, on demanderait pourquoi il le fait venir avec une telle promptitude, & pourquoi il ne va pas le trouver lui-même ? Mais à préſent on n'y regarde point de ſi près. L'obſervation éxacte de cette règle rendrait la plus-part de nos Pièces défectueuſes.

Le nouveau Théâtre obſerve quelques-uns des moyens indiqués

Il eſt peu d'éxemple dans l'Opéra-Bouffon, & dans la Comédie-mêlée-d'Ariettes, du dernier moyen que j'enſeigne ici,

pour faire arriver avec vraisemblance de certains personnages d'un Drame ; ma mémoire ne m'en fournit qu'un seul ; je le prends dans *Tom Jones*. C'est lorsque M. *Werstern* ordonne d'aller voir si *Alworthy* est dans le Château. Peut-être serait-il aisé d'y trouver à redire. Mais l'Auteur est-il obligé d'observer des loix dont on s'écarte chaque jour dans des Ouvrages d'un genre encore plus relevé ? d'ailleurs, il rachète bien de légers défauts par le soin qu'il a eu de marquer le motif qui engage M. *Werstern* à mander son ami *Alworthy*. « Allez, dit cet éternel Chasseur, dont le caractère est un des mieux travaillés de la Pièce ; « qu'*Alworthy*
» vienne tout-à-l'heure, c'est pour af-
» faire pressée ; s'il ne peut quitter, j'i-
» rai moi-même ». Où pourra-t-on rencontrer une manière plus rigide d'observer les règles ?

Suite des moyens de faire entrer naturellement les Acteurs d'un Poëme.

Reprenons le détail des prétextes qu'on met en usage pour rendre l'entrée de ses Acteurs facile & naturelle. On peut fort bien en supposer quelques-uns qui apperçoivent en paſſant ceux qui occupent la Scène, & les abordent afin de s'entretenir avec eux : alors il faut que le lieu de l'action ſoit une rue, ou bien un endroit public. Il eſt encore tout ſimple qu'un nouveau perſonnage vienne apprendre une nouvelle intéréſſante, ou s'inſtruire de ce qu'il ignore. On ſe ſert d'un autre moyen qui facilite beaucoup les Poètes, mais qu'il faut craindre de répéter : celui qu'on introduit ſur la Scène, ſouvent ſans aucune raiſon, rend ſon entrée éxcuſable, en diſant à l'Acteur qui occupe le Théâtre, *je vous cherchais*, ou bien, ſi la Scène eſt vuide, *je cherche un tel*. Ceci eſt bon une fois, la vraiſemblance le permet ; quand on y revient à pluſieurs repriſes, on riſque de faire rire les Spectateurs. Je me rappelle d'avoir vû une Pièce, dans laquelle tous les perſonnages ſe cherchent les uns les autres ; je crois qu'elle eſt intitulée, *la jeune Grecque*.

En général, ayez ſoin que vos Acteurs ne paraiſſent pas ſans avoir quelque choſe à dire, & ſans être utile à l'action préſante & au reſte de l'intrigue. Expliquez, détaillez le motif qui les conduit. « Il faut » rendre raiſon de l'entrée de chaque Ac-

» teur (30) ». Qu'ils ne semblent pas tomber des nues ; que la chaîne des événemens concoure à les amener ; & qu'il soit même impossible qu'un autre fut venu à la place de celui-ci.

Il n'est pas moins nécessaire de faire sortir ses personnages avec art.

Passons maintenant à ce qui concerne la sortie des Acteurs ; elle n'est pas moins importante. Ayez soin que l'on sache pourquoi tel personnage se retire ; où il va, ce qu'il prétend faire. Lorsqu'on introduit quelqu'un immédiatement après lui, il faut qu'il ait été si pressé de sortir, qu'il n'ait pû rester pour le voir. Ne le faites pas quitter sans aucune raison, & afin de faire place à d'autres. « Je tiens » cette règle indispensable, dit le grand » Corneille ; & il n'y a rien de si mauvaise » grace qu'un Acteur qui se retire seule- » ment parce qu'il n'a plus rien à dire ». La sortie de vos personnages sera naturelle & dans les règles, lorsqu'ils s'éloigneront pour un motif nécessaire, qui redonne un nouveau jeu à l'action, &

_____

(30) P. Corneille.

qui

qui tende au dénoûment. En voilà assez. Pour peu que le Lecteur soit intelligent, il étendra mes idées, que j'ai resserrées, dans la crainte de répéter, mal-à-propos, ce que les Auteurs de Poétique ont écrits avant moi.

Ai-je besoin d'observer que les Scènes de nos Drames sont mieux liées que celles des Poèmes des Italiens, des Espagnols & de toutes les Nations qui chérissent le Théâtre ?

Ce que le Comédien doit observer en quittant la Scène.

La remarque que je vais mettre ici paraîtra superficielle ; mais on ne saurait être trop minutieux quand il s'agit d'une plus grande perfection. Je me crois obligé d'avertir les Comédiens de Province, de prendre garde à ne pas sortir du même côté que doit entrer un autre Acteur. En fesant quelquefois trop peu d'attention à ce que je leur recommande, ils choquent furieusement la vraisemblance ; parce qu'il semble alors que les personnages d'une Pièce sont aveugles, ou qu'ils détournent la tête, afin de ne pas s'appercevoir.

Les Scènes sont composées de dialogues & de monologues. Ce que je viens de dire dans ce Chapitre, se rapporte à ces deux objets; mais surtout au prémier. Je ne veux parler ici que des monologues

De l'à-parté.

J'obferverai cependant que dans les Scènes dialoguées nous fommes en ufage de mettre beaucoup d'*à-parté*, quoiqu'ils foient très-peu naturels. Les Grecs ne l'ont point connu; les Latins s'en fervaient volontiers, mais fans le défigner. *la Ménardiere*, Auteur d'une Poëtique fort eftimée de fon tems, eft l'Inventeur du mot *à-parté*, qui fait en France une fi grande fortune.

Employons l'*à-parté* le moins qu'il nous fera poffible; qu'il n'ait tout au plus qu'une demie-ligne. N'imitons point Sénéque le Tragique, qui en place fouvent dans fes Pièces, de dix-huit lignes tout de fuite. L'*à-parté* eft l'image de la penfée; on ne peut la repréfenter autrement, qu'en fefant dire quelques mots à celui qui en conçoit une, qu'il eft important que l'on fache. Remarquez que lorfqu'au milieu d'une converfation il nous vient une penfée, ou contraire ou confirmative à ce que nous entendons, elle eft prompte à naître & paffe comme l'éclair: L'*à-parté* doit donc être d'une précifio.

singulière. L'Auteur du *Tuteur dupé*, ou *la Maison à deux Portes*, (31) est je crois le prémier qui se soit avisé de faire entendre les *à-parté*, par les personnages de sa Piéce, aussi-bien que des Spectateurs. C'est rendre vraisemblable ce qui ne l'était guères auparavant ; on devrait s'éfforcer d'imiter ce jeune Auteur, qui dans son coup d'éssai, possède mieux l'art du Dialogue, que la plus-part de ceux qui se regardent de nos jours comme les maîtres du Théâtre.

Du Monologue.

Le Monologue est à peu près la même chose que *l'à-parté*, éxcepté qu'il lui est permis d'être beaucoup plus long ; dans l'un & dans l'autre, l'Acteur éxprime par des paroles les passions dont son ame est agitée. On sent qu'il faut se prêter à l'illusion ; le Poète intelligent s'applique à la rendre croyable. Un homme seul ne parle pas ordinairement tout haut comme un fou, il faut donc donner de grandes passions aux personnages qui découvrent leurs sentimens dans un Monologue : ils peuvent se plaindre, gémir, s'emporter, lorsqu'ils sont agités fortement ; parce qu'ils sont hors d'eux-mêmes, & qu'ils

---

(31.) Comédie en 5 Actes, par M. Cailhava d'Estandouz, jouée en 1766.

ne s'apperçoivent pas de leurs actions.

Celui qui parle dans un Monologue, est supposé se rendre compte à soi-même; & comme je l'ai déjà remarqué, ce n'est que la force de ses passions qui l'oblige de s'entretenir ainsi tout seul : on conçoit donc qu'il ne faut dans un Monologue que des sentimens. Il est ridicule qu'un Acteur se dise à lui-même ce qui s'est fait, ce qu'il a vu ou ce qui doit arriver; le Spectateur voit qu'on cherche à l'instruire, & que c'est à lui seul qu'on parle : une pareille mal-adresse le révolte & lui rappelle qu'il est au Spectacle. Quand les Monologues ne sont remplis que de passions, ils sont loin de n'être que des confidences, qu'on fait à ceux qui voient la représentation d'un Drame.

Il n'est pas naturel qu'un Monologue soit entendu par un autre Acteur.

Le personnage qui forme au Théâtre un Monologue, ne parle pas quelquefois réellement; ce n'est qu'un moyen dont on se sert pour faire savoir ce qui se passe dans le fond de son âme. On demande, comment un Acteur qui entre sans qu'il l'apperçoive, peut entendre tout ce qu'il dit ? Comme, par exemple, dans le *Philo-*

sophe marié, où *Ariste* seul dans son cabinet, se répent d'avoir pris une femme, & est entendu par *Damis*. J'avoue que les Auteurs Dramatiques tombent tous à ce sujet dans une faute considérable, sans même s'en douter; ils contredisent la règle qu'ils ont avancée, que ce n'est souvent que pour les Spectateurs, que tel personnage dépeint, à l'aide du discours, les sentimens qui l'animent.

Comment il est possible d'y remédier.

L'Abbé d'Aubignac donne aux Poëtes un conseil qu'ils devraient mettre à profit, ils préviendraient les inconvéniens que j'ai fait observer; « qu'un Acteur, dit-il, » ne puisse entendre que quelques mots » d'un Monologue, & que celui qui parle » tout seul élève tems en tems la voix, com- » me si la passion l'obligeait d'éclater ». (32) Un avis si sage, si important, mérite de passer pour une règle; je n'ai pas besoin de m'éfforcer de montrer les avantages qu'on en retirerait, ils se font assez connaître d'euxmêmes: j'éxhorte les Poètes à placer dans leurs Pièces une pareille nouveauté, elle y répandrait des beautés qu'on y désire

_____

(32) Liv. 3. chap. 8.

depuis long-tems, & dont on éloigne jusqu'à l'apparence. Les Poètes du nouveau Spectacle achéveraient de se rendre dignes de nos suffrages, s'ils perfectionnaient de la sorte leurs Monologues : voyons du moins avec quel art ils assemblent les Scènes de leurs Drames.

Les Scènes du Spectacle moderne n'ont point l'ensemble qu'elles devraient avoir.

Dire que la plus-part des Poèmes du Théâtre moderne, n'ont aucune liaison dans leurs Scènes, & que l'entrée & la sortie de leurs Acteurs se font souvent en dépit des règles & du bon sens ; c'est soutenir une vérité qui est sous les yeux de tout le monde, & dont on conviendra sans peine. L'on est tenté de croire que ses Poètes affectent de manquer à une règle aussi généralement reçue, afin de se distinguer de la foule : les plus grands Auteurs qui travaillent dans son genre, oublient bien-tôt les sages préceptes d'Aristote, & les utiles maximes de ses nombreux Commentateurs ; ils s'imaginent sans doute que l'Opéra-Bouffon ou la Comédie-mêlée-d'Ariettes, ne mérite pas que l'on s'éfforce d'observer des règles quelquesfois gênantes. Les personnages des Pièces jouées sur le nouveau Théâtre, entrent & sortent au gré de leurs caprices ; nous avons vû même quelques-uns de ses Auteurs démentir les belles choses qu'ils avançaient dans leurs ouvrages : il me semble, par exemple, que la marche des Scènes de *la Bergère des Alpes*, est répréhensible, elle contredit tout ce que j'ai écrit dans ce Chapitre ; tandis que l'Auteur de ce Drame nous a donné des leçons sur la Comédie & la Tragédie, à peu-près pareilles aux sentimens que j'ose proposer quand le nouveau spectacle m'en offre l'occasion.

Sans se laisser séduire par un exemple aussi frappant, je voudrais qu'on liât les Scènes de notre Opéra avec autant d'art que celles des Tragédies. Je prie ses Poëtes de faire attention à ce que je dis ici ; en continuant de se permettre les libertés qu'ils prennent chaque jour, ils composeront enfin un Drame informe & monstrueux, & feront triompher tout-à-fait les ennemis de notre Spectacle favori ; encore une fois, enchaînez vos Scènes avec art, faites venir & disparaître vos Acteurs à propos & avec vraisemblance : puisque vous soutenez que la Comédie mêlée d'Ariettes est une Pièce aussi parfaite que la

Comédie, vous devez lui donner les différentes parties qui constituent le Drame. Que dirait-on d'un horloger qui voudrait composer une Montre sans le secours des roues ? On se moquerait avec raison d'une telle machine, si elle était mal-disposée & si les ressorts manquaient de jeu, faute d'être arrangés par une main habile.

Le nombre des Poëmes du Spectacle moderne, dont les Scènes sont défectueuses, est si considérable, qu'on s'imagine que le genre adopté par le nouveau Théâtre, ne demande pas un meilleur arrangement, & que ce serait le dénaturer que de chercher à lui prêter plus d'art ; on se trompe furieusement : laisserait-on toujours éxister parmi nous un Spectacle qui renverserait toutes les règles ? Jamais un pareil ridicule ne sera reproché aux Français ; ils ont des goûts, des caprices singuliers ; mais ces légers déffauts ne tirent point à conséquence, ils veulent, autant qu'il est possible, que l'agréable & le beau se rencontrent dans leurs plaisirs de fantaisie. Les Scènes de *On ne s'avise jamais de tout*, ont beau être décousues ; celles de *Mazet* mal-amenées, & celles des *deux Chasseurs & la Laitière*, n'avoir aucun ordre ; les Drames Bouffons devront toujours être composés de Scènes selon les règles, & ses Acteurs ne doivent pas entrer & sortir sans sujet : le Poète qui se croira en droit de faire autrement, aura très-grand tort.

Il n'est que trop de Pièces, dont les Scènes mal liées semblent excuser l'Opéra-Bouffon.

Il est vrai que les Poètes de nos Drames favoris, paraissent être excusables de se permettre quelques négligences dans la liaison de leurs Scènes. Pourquoi seraient-ils plus gênés à cet égard que le Théâtre ancien & moderne ? Si l'on présume qu'on est en droit de faire leur procès, il faut condamner les plus célèbres Auteurs, qui n'ont pas craint de commettre les mêmes fautes : ces grands Hommes sont les seuls coupables, puisqu'ils ont donné le prémier éxemple de l'oubli des règles. Les Tragiques Grecs, si souvent proposés pour modèle, ont quelquefois mal-assemblé les Scènes de leurs Poèmes, & manquent quelquefois l'entrée & la sortie de leurs personnages. Je me contenterai de citer Sophocle : sa Pièce d'*Ajax* est assurément très-belle ; mais on y voit un Monologue que fait ce Héros avant de se tuer, qui n'a aucun rapport ni avec ce qui précède ni avec ce qui suit. Les Latins n'étaient pas plus éxacts ; les Tragédies de Sénéque en font une preuve convainquante, ainsi que la plus-part des Comédies de Térence, telles que *l'Eunuque*, *l'Andrienne*, & sur-tout *les Adelphes*. Je crois pourtant que cette dernière Piéce n'est point venue jusqu'à nous dans le même état que Térence l'a écrite ; il est clair que l'ordre de ses Scènes a été dérangé, on s'en apperçoit particulièrement au quatrième Acte ; car la Scène six où *Démée* revient des courses que lui a fait faire le fourbe *Syre*, paraît devoir être plutôt la prémière Scène du cinquième Acte. Au reste, je ne propose mes doutes qu'avec modestie ; ce n'est qu'aux vrais Sçavans à décider avec hardiesse : je reprends le fil de mon discours.

Buchanan, Heinsius, si amateurs des règles, ont souvent négligé la liaison des Scènes dans les singulieres Tragédies latines qu'ils ont composées, qu'on trouvera assez ridicules de nos jours. (33) Les Drames du grand Corneille serviront aussi d'éxcuse aux Poëmes du nouveau genre : il me suffira de prier le Lecteur de se rap-

---

(33) Je parle de *la mort de S. Jean-baptiste*, par Buchanan ; & de *la Passion de notre Seigneur Jesus-Christ*, par Heinsius.

peller *le Cid*, le chef-d'œuvre du Théâtre Français, qui eût la gloire de donner naissance au proverbe, *cela est beau comme le Cid*. Quelques Scènes de cet Ouvrage admirable n'ont guères d'union entr'elles, témoin la Scène 4 de l'Acte 3 : *Chimène* sort d'un côté, *Rodrigue* de l'autre; & *don Diègue* entre tout de suite sans les voir & sans en être apperçu. M. de Voltaire a eû soin de marquer dans une note de la nouvelle Edition des Œuvres de ce grand Homme, combien de pareilles fautes blessaient la vraisemblance ; il aurait bien dû s'élever aussi contre les Scènes où paraît *l'Infante*, qui ne sont ni liées au sujet, ni amenées par le discours des Acteurs ; il est vrai qu'on les retranche à présent; mais Corneille ne les a pas moins faites.

Qu'on a tort de ne pas même lier les Actes les uns-aux-autres.

On pousse quelquefois la liberté que l'on prend dans l'arrangement des Scènes, ou des parties du Drame, jusqu'à composer des Actes qui n'ont aucun rapport les uns aux autres; la Pièce d'*Ajax* de Sophocle que j'ai déjà citée, & *les Horaces* de Corneille, m'en fourniront une preuve. Le dernier Acte de la Tragédie Grecque, ne roule que sur les honneurs funèbres qu'on prétend refuſe au corps d'*Ajax* ; & le cinquième Acte de la Pièce Françaiſe, ne renferme qu'un plaidoyer pour la défenſe d'*Horace*, que les Romains veulent punir du meurtre de ſa Sœur, quoiqu'il ait vaincu leurs énnemis : il eſt aiſé de ſentir que ces deux célèbres Auteurs ſe ſont furieuſement éloignés du ſujet principal. Ariſtote ne dit rien là-deſſus contre Sophocle ; d'Aubignac s'efforce de montrer que l'*Ajax* eſt au-deſſus de la critique, & digne en tout de notre admiration. Le grand Corneille a crû pouvoir faire une faute, que s'était permiſe le meilleur Tragique Grec, & de laquelle Ariſtote ne dit rien.

Je me flate que voilà notre Opéra ſuffiſamment diſculpé ; les Grecs, les Latins, pluſieurs Poëtes Dramatiques de l'Europe, négligent la liaiſon des Scènes : il peut donc marcher ſur leurs traces, ſans qu'on ait tout-à-fait lieu de s'élever contre lui.

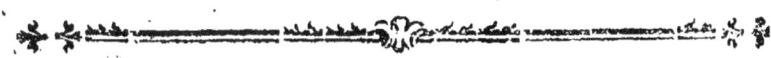

CHAPITRE VII.
De la Vraiſemblance.

QUOIQUE j'aye parlé de la vraiſemblance dans le cours de cet Ouvrage, me paraît néceffaire d'en dire encore un mot. On doit étudier avec foin tout ce qui la regarde, il eft d'une importance éxtrême de la connaître & de l'approfondir : je fais donc bien de lui confacrer un Chapitre ; on verra que je ne laiffe rien échapper, autant qu'il m'eft poffible, de ce qui peut inftruire ou mériter l'attention du Lecteur ; j'aime mieux courir les rifques de me répéter.

De quelle utilité eft la Vraifemblance Dramatique.

Envain le fujet d'un Drame ferait admirable, fon ftile aurait beau être châtié, clair & fublime ; s'il eft dénué du fecours de la vraifemblance, fes charmes s'évanouiffent, l'efprit indigné fe révolte, & l'on fiffle impitoyablement ce que l'on regarde comme des Fables. La vraifemblance eft le *vernis* des Poëmes Dramatiques, elle les fait briller, elle attire fur eux tous les regards ; pour parler fans figures, c'eft elle feule qui nous attache, & qui nous fait fuivre avec plaifir une action Théâtrale, depuis fon commencement jufqu'à fa fin. Que le Poète ait donc grand foin de ne pas s'en écarter un inftant, il courrait rifque autrement de perdre le fruit de fes peines, & de voir tomber un Ouvrage qui lui aurait coûté beaucoup de tems & de travail. L'observation éxacte de la Nature a donné naissance à toutes les règles, mais celle ci sur-tout est tirée de ce que nous enseigne la Nature, & de ce qui se passe chaque jour sous nos yeux : en voilà la preuve ; si l'on nous racontait une histoire remplie d'événemens incroyables, serions nous affectés, éprouverions nous cet attendrissement, cet intérêt qui font que les âmes bien nées plaignent les malheureux ? Qu'on vienne au contraire nous apprendre une avanture toute simple, qui paraisse probable, nous l'écoutons attentivement, notre cœur s'ouvre à la tristesse ou à la joye, à mesure que celui qui en est le Héros a lieu de s'affliger ou de se réjouir. On me demandera, sans doute, ce que c'est que cette vraisemblance, sans laquelle il ne peut y avoir rien de parfait ; je vais tâcher de l'éxpliquer.

Déffinition précise de la Vraisemblance.

La vraisemblance théâtrale, est un rapport si parfait des choses les unes-aux-autres, qu'il paraît impossible qu'elles se soient passées différemment qu'on les représente. Il faut distinguer deux sortes de vraisemblances ; l'une qu'on admet au Théâtre, & l'autre qu'on reçoit dans le monde : la vraisemblance dont on se contente dans la société, nous représente un événement comme il a pû se passer ; la vraisemblance théâtrale nous offre un fait comme il a dû arriver. Le Poëte qui se contenterait de mettre sur le Théâtre des événemens *vrais*, sans autre préparation, se montrerait peu instruit ; le *possible* est même banni de la Scène. La raison qui fait absolument rejetter le *vrai* & le *possible* est très aisée à trouver : nous sommes certains que tels faits sont arrivés, mais il n'est pas dit pour cela qu'ils soient croyables. Un Frère est assez barbare pour envoyer à son Frère une boëte remplie de poudre, & disposée de façon qu'en s'ouvrant elle fasse périr le malheureux objet de sa rage ; nous en sommes assurés ; pourtant un pareil tableau mis sur la Scène, révolterait tous les Spectateurs ; parcequ'il peindrait des choses trop éloignées de la Nature : il est possible qu'un Père, livré au fanatisme, ait pendu lui-même son Fils, mais on refusera toujours de croire une pareille probabilité.

Le Possible est plutôt admis au Théâtre que le vrai.

Je dois avertir que le *Possible* n'est pas tout-à-fait exclu du Théâtre ; il ne faut lui défendre l'entrée des Drames, qu'autant qu'il s'agit d'événemens surnaturels, ou qui n'arrivent que rarement dans le monde. Un Dieu peut descendre tout-à-coup changer la face d'une intrigue, ou faire terminer une Pièce dont le dénouement devenait trop difficile ; mais je doute que les Spectateurs voulussent se contenter d'un tel moyen, employé ailleurs qu'à l'Opéra-sérieux : une maison peut s'écrouler, tel personnage peut être atteint d'une maladie-imprévue ; mais on se moquerait du Poète qui aurait recours à de semblables expédiens. Le *Possible bon* ou plutôt suffisant, c'est ce qui regarde le changement de pensée, & les actions peu considérables des hommes : comme, par exemple, que celui-ci se décide enfin à une chose qu'il ne voulait pas faire d'abord ; que tel personnage fasse dans un jour cent lieues, & que celui-là rencontre quelqu'un qu'il croyait bien loin.

Le Vraisemblable l'emporte sur tout.

Le Poète examinera soigneusement si son sujet est vraisemblable ; les principes que je viens d'établir pourront peut-être l'éclairer ; il éloignera tout ce qui rendrait merveilleux les incidens de son Drame ; il fera ses efforts afin de s'approcher de la Nature. Il aurait tort de ne suivre cette règle essentielle, que dans des sujets historiques & tout-à-fait vrais ; il s'en faut de beaucoup qu'il puisse s'abandonner à son caprice, dans ceux-mêmes dont il est l'inventeur ; ils doivent toujours avoir un air de vérité.

Que le Poète est libre de faire à son sujet les changemens nécessaires.

Il ne faut cependant pas se rendre esclave de son Sujet, & n'oser y faire des changemens dans la crainte de s'écarter de l'Histoire, ou de la manière dont un fait est survenu. Aristote veut avec raison que le Poète soit libre de disposer son Drame comme bon lui semble. (34) « L'Historien, » dit il, écrit ce qui est arrivé, & le Poète » ce qui a pû ou dû arriver » ; il s'éxprime encore ailleurs dans des termes plus positifs. « Le Poète doit être l'Auteur du Sujet » encore plus que des Vers ». (35) Ces

---

(34) Poët. Chap. 9.
(35) Ibid.

différens passages nous prouvent combien ont tort ceux qui soutiennent qu'il n'est point permis de rien changer à un Sujet vrai, qu'on approprie au Théâtre. Le Poëte peut souvent mêler avec art, la fiction à la vérité ; mais il faut alors que l'une ait absolument besoin de l'autre.

Les noms des Personnages peuvent aussi être vrais & supposés ; en mettant des noms vrais dans une Pièce, il est permis malgré cela d'en imaginer le Sujet ; & en mettant des noms supposés, on est maître d'y placer des choses vraies & réelles. La plus-part des personnages de *Zaïre* ont éxisté ; mais l'Auteur les rend en bute a des malheurs, il les fait rencontrer dans des situations qu'ils n'éprouvèrent jamais. Le second éxemple est plus rare ; il ne se trouve guères, je crois, que dans les Pièces Satiriques, je serai d'avis qu'on le suivit le moins qu'on pourra ; le prémier est plus usité, facilite davantage le Poète, & fait naître plutôt l'illusion : lorsque les noms des personnages sont vrais, on est porté à croire que l'action est réelle.

Le Vrai ne compose presque jamais une action théatrale.

Je finis en observant que la vérité n'est

presque jamais la bâse des Drames en général, c'est toujours le Vraisemblable ; ce n'est donc pas la vérité qu'on doit s'efforcer de saisir, mais c'est ce mélange adroit du Vrai, du Possible & des choses conformes à nos idées.

Le Spectacle moderne s'écarte souvent de la Vraisemblance.

Tout cela se trouve réuni dans le nouveau Théâtre ; aucun Spectacle n'employe aussi-bien que lui la Vraisemblance ; c'est peut-être la raison qui nous le fait tant chérir. Mais voudra-t-on le croire ? Il ose quelquefois abandonner cette Vraisemblance si précieuse, pour mettre sur la Scène de l'incroyable & des actions qui répugnent au bon sens. Un Spectacle si naïf, si simple, devrait-il tomber dans de pareilles fautes ? Les deux Pièces que je vais citer, prouveront si je lui fais des reproches mal fondés.

Premier exemple ; le Jardinier & son Seigneur.

Le Jardinier & son Seigneur sera la première. Est-il dans la vraisemblance, qu'un Seigneur vienne avec une meute, un train & une suite considérables, pour chasser un misérable Lièvre du Jardin d'un Paysan ? Quel est l'habitant de Campagne assez rustre, assez bête, tranchons le mot, pour ne pas poursuivre lui-même le Lièvre qui ronge ses choux ? Ne traiterait-on pas de fou, le Manant qui éxigerait un pareil service de la bonté de son Seigneur ? On me dira que l'Auteur n'a point inventé le sujet, qu'il n'a fait que copier la Fontaine ; je répliquerai que ce n'est point une éxcuse : la Fontaine en a fait une Fâble & non une Pièce de Théâtre. Puisque la vraisemblance est nécessaire dans les sujets qui sont vrais, à plus forte raison est elle indispensable dans ceux qui ne sont appuyés que sur la fiction. Je suis surpris que M. Sédaine, qui copie si bien la nature, n'ait pas senti le ridicule d'un tel sujet adapté au Théâtre.

Le Bucheron ; *second éxemple.*

Le Bucheron fournit encore plus de matières à la critique ; on conviendra, je pense, que les personnages de cet Opéra sont dépeints comme vivans dans ce Siècle ; ils ont du moins les mœurs, les usages, les habits des Bucherons de nos jours. Le *Bailli* est fait sur le modèle des Baillis actuels : rien ne nous avertit dans cette Pièce que le tems de son action remonte jusqu'à la plus haute antiquité. Or, quel doit être la furprife des Spectateurs, chaque fois qu'on la repréfente, de voir arriver *Mercure*, de n'entendre parler que de *Jupiter*, tandis que l'action parait être moderne, & que les habits, les difcours même des Acteurs, fervent à nous en convaincre ? On s'écriera peut-être, que ce que je reprends, prouve que l'action eft fuppofée fe paffer dans le tems qu'on ne connaiffait que les Dieux du Paganifme : s'il était ainfi, j'avouerais que je n'y comprends rien, & qu'on fe ferait plû à contredire l'Hiftoire, la raifon & le fens commun. Je demande d'abord dans quel endroit fe paffe l'action ? Si c'eft en France, comme il y a lieu de le foupçonner ; les Gaulois étaient trop barbares lorfque les Romains les fubjuguèrent, pour favoir même ce que c'était qu'un Livre, ou qu'un amas de feuilles écrites ; ils ne fongeaient qu'à fe déffendre des courfes des Germains, qu'à ravager les pays de leur voifinage. Et pourtant l'Auteur place des Ecoles jufques dans les Hameaux, puifque le Bucheron balance s'il ne défirera point d'être Maître d'Ecole : même fous la feconde race de nos Rois, l'ignorance était générale, le Gentilhomme fe fefait gloire de ne rien favoir ; les Prêtres mêmes favaient à peine écrire leurs noms :

or, comment y aurait-il eû des Ecoles dans les Villages? Il est clair que l'action est tout-à-fait modernes ; ainsi l'on fait agir *Mercure*, *Jupiter*, dans un tems où l'on ne connait que la Religion Chrétienne, que le culte du vrai Dieu : il est aussi comique d'avoir fait une telle faute, que si l'on fesait paraître un des Saints de la Légende au grand Aléxandre, ou bien à un des anciens Rois de Perses. Il est inutile d'en dire davantage ; en continuant d'éxaminer cette Pièce si bisare, je craindrais à la fin de perdre le sang froid, la gravité nécessaire à l'Auteur d'un Ouvrage, tel que celui que j'offre au public.

La Vraisemblance ferait pourtant un des principaux ornemens du nouveau Théâtre.

Les Poètes de notre Opéra, sont trop sensés pour ne pas éviter des travers aussi singuliers. Je le répète, la Vraisemblance est d'une nécessité absolue ; sans elle les Poèmes Dramatiques ne sauraient se soutenir : le genre du Théâtre si applaudi de nos jours, l'oblige sur-tout à ne jamais marcher qu'avec elle.

CHAPITRE VIII.

Du Stile.

Après que le Poète aura disposé son Drame, selon les règles qu'il vient de voir, il pourra commencer à l'écrire. Autrefois le stile n'était que la moindre partie des Ouvrages de Théâtre, maintenant il en fait le principal mérite : il faut que la diction soit brillante & soutenue.

Les Poëmes Dramatiques modernes, sont presque tous mal écrits.

Mais au lieu d'écrire avec élégance, la plus part des Poëtes Dramatiques sont ou durs ou forcés, ou remplis de clinquans ; telle Pièce qui réussit de nos jours, serait en bute aux sifflets sans son stile doucereux & maniéré. De grandes tirades, des Vers à prétention, un nombre infini de maximes, certain entortillage de mots, & un langage affecté ; tout cela nous tient lieu du sublime. On écrit les Tragédies modernes avec autant d'emphase & de faux brillans que les *Héroïdes*, ce petit Poëme bâtard, produit par la Tragédie, & qui n'eſt qu'une ennuyeuſe imitation de ſon Monologue. Non-ſeulement la plus-part des Tragédies nouvelles qu'on joue aujourd'hui ſont mal écrites, mais ceux qui en ſont les Auteurs prennent des licences ſingulieres dans leur verſification ; ils ſemblent vouloir inſenſiblement ſecouer le joug de la rime : ils terminent hardiment pluſieurs de leurs Vers, par des mots qui n'ont aucun ſon, aucune terminaiſon ſemblable, & qui ne riment ni à l'oreille ni aux yeux. (35) Le public voit ainſi dégrader la Poëſie, ſe tait & même applaudit. Ah ! que diraient Corneille & Racine, s'ils ſortaient de leur tombeau ? En faut-il davantage pour achever de perſuader à l'homme ſenſé, que les Lettres déclinent inſenſiblement ?

On ſe laiſſe trop ſéduire aux repréſentations par le jeu des Acteurs.

J'ai dit au commencement de ce Chapi-

---

(35) Je demande, par éxemple, ſi *lui* peut rimer avec *réjoui* ; *appui* avec *ici* & ſi l'on peut mettre *ayent* au pluriel dans le corps d'un Vers, puiſque ce mot & d'autres pareils doivent toujours s'élider avec une voyelle ? Ne dirait-on pas que pluſieurs de nos Tragédies nouvelles, ſoient l'ouvrage de quelques jeunes Ecoliers ?

tre que le ſtile était actuellement très-néceſſaire au Drame ; & pourtant je prouve que pluſieurs de nos Pièces ont réuſſi ſans être bien écrites. Je ne ſuis pas le ſeul qui tombe dans une pareille contradiction ; le public n'eſt auſſi guères d'accord avec lui-même : il veut que la diction des Drames ſoit pure & élégante ; & cependant il applaudit des Poëmes dont le ſtile n'eſt rien moins que ſublime. Quelquefois le Public ſe laiſſe trop ſéduire, ſans doute, à l'art des Acteurs, à la pompe, à l'illuſion de la repréſentation ; des Vers faibles, traînans ou montés ſur de grands mots, lui paraiſſent admirables au Théâtre, parce qu'ils ſont prononcés avec force & avec le feu du ſentiment. L'impreſſion lui découvre ſon erreur, il n'a plus qu'un profond mépris pour l'Auteur, qui ne doit ſa gloire momentanée qu'à l'illuſion du Spectacle, & qu'à l'habileté du Comédien.

Ce qui doit porter à bien écrire un Poëme.

Que le Poëte jaloux de cueillir des lauriers durables, ait donc grand ſoin de châtier, de polir ſon ſtile. Il eſt certain que le Spectateur eſt plus en état de faire attention à la beauté des Vers, dans la chaleur d'une prémière repréſentation, qu'à la marche & qu'aux règles générales du Drame entier. Nous voyons en éffet, qu'une Pièce compoſée ſelon tous les principes d'Ariſtote, court ſouvent riſque de tomber ſans retour, ſi elle eſt mal écrite; au lieu que celle dont le ſtile eſt élégant, riche & fleuri, ſera portée juſqu'aux nues, quoique remplie de fautes dans ſa conduite. La Comédie eſt preut-être la vraie preuve de ce que j'avance. Je connais deux Tragédies, dont les Vers ſont durs & raboteux, qui n'ont pas laiſſé d'avoir beaucoup de ſuccès, ſans parler du jeu des Acteurs; la raiſon en eſt ſans doute, qu'elles ont un grand intérêt, qu'elles renferment le terrible & le pathétique, & qu'une action qui intéreſſe fortement, fait éxcuſer une verſification lâche & traînante, ou qui bleſſe les oreilles par ſa dureté. Ceci confirmerait le ſentiment de d'Aubignac, qui ſemble ſoutenir qu'on ne doit point s'attacher au ſtile dans une Pièce de Théâtre. Il eſt vrai que l'action eſt plus importante, mais on aurait tort de négliger l'arrangement des mots. Celui qui va ſouvent à la Comédie, doit apprendre là façon de parler des gens du monde, & ſe former un langage honnête & poli. Or, comment le pourrait-il, ſi l'on met en règle, que les Drames peuvent être écrits avec négligence ? D'ailleurs, le Poète qui veut s'illustrer par des succès immortels, doit travailler avec soin ses Vers Dramatiques, ainsi que je l'ai déjà dit.

Le stile des Poèmes du Spectacle moderne est presque toujours bas.

Je m'étonne que l'Opéra-Bouffon soit applaudi avec tant d'enthousiasme, lui qui n'a presque pas d'intérêt, & dont le stile est toujours bas, rampant & trivial. L'on a bien raison de dire, que le Français est rempli d'inconséquences, de contradictions, & qu'il serait fort difficile de peindre ses goûts & ses caprices : il ne veut que des Drames où l'esprit pétille à chaque instant ; à peine daigne-t-il faire grace à ceux qui ont beaucoup d'intrigue & peu de phrases joliment tournées ; & cependant il aime, il *adore* quelques Poèmes du Théâtre moderne, dont le stile a tant de rapport avec les personnages qu'on y voit agir.

Pourquoi l'on ne fait guères attention au stile des Pièces du nouveau genre.

J'ai long-tems réfléchi sur une telle bi-

farerie; je crois en avoir découvert la cause. L'amour éxcessif que nous ressentons
pour la Musique Italienne, est la raison qui
nous rend enthousiasmés de la Comédie-
mêlée-d'Ariettes, quoiqu'elle soit souvent
trop faiblement écrite. La Musique qui jadis, si nous ajoutons foi aux discours des
Anciens, enfanta de si grandes merveilles,
dont les accords enchanteurs fesaient
mouvoir les arbres & les rochers, nous rend
témoins de nouveaux prodiges ; elle nous
force à chérir des Drames tout-à-fait mal
écrits, malgré notre amour pour les beautés du stile. Voilà quels sont les éffets admirables de la Musique ; elle a rendu le
Spectacle moderne capable de nous charmer, & de tourner les têtes les plus graves.

Quand j'avoue de bonne-foi que les Pièces
de notre Opéra ne sont pas trop bien écrites, on doit me savoir gré de ma franchise. Je conviendrai encore, que si j'avais voulu soutenir le contraire, on aurait eu sujet
de se moquer de moi ; ses plus grands partisans n'auraient pû s'empêcher de rire des
éfforts qu'il m'aurait fallu faire, pour prouver que des défauts sont des beautés.

Que les Poètes du nouveau Théâtre font peut-être bien de ne pas mieux écrire leurs Drames.

En convenant que les Drames du nouveau Théâtre, sont en général assez mal écrits, je ne prétends pas lui faire perdre l'estime de ceux qui veulent bien la lui accorder, ni faire chanter victoire à ses ennemis. Je n'eus jamais un semblable dessein ; je sais trop qu'il est facile de le disculper au moins en partie : qu'on en juge par ce que j'ai déjà dit, & par ce que je vais ajouter.

Si l'on n'a point d'autres raisons pour mépriser notre Opéra que la bassesse de son stile, on a grand tort de le voir de mauvais œil ; il faut revenir au plutôt d'une telle erreur, & se joindre à la nombreuse foule de ses partisans : voici sur quoi je me fonde ; les moyens pour le justifier ne me manqueront pas, je ne suis embarrassé que du choix : mais commençons.

(36) Denis d'Halicarnasse dans son Trai-

---

(36) Voyez encore les sentimens de quelques Auteurs, sur le même sujet, au Chap. 1. du Liv. 2. de cet Ouvrage.

té de *l'arrangement des mots*, dit qu'il y a trois caractères qui diftinguent tous les Ecrivains, de quelque nature qu'ils puiffent être ; le prémier convient à merveilles à notre Spectacle ; c'eft celui qu'il appelle *auftère*, c'eft-à-dire rude & négligé, qui fent moins l'art que la nature. Hermogène a dit plus d'une fois, que ceux qui écrivent moralement, c'eft-à-dire qui éxpriment les mœurs dans leurs difcours, écrivent fimplement ἀγελῶς, & fans fard. Les Poëtes de notre Spectacle s'appliquent, fur-tout à peindre les mœurs des perfonnages qu'ils font agir ; donc ils ne doivent pas employer un ftile recherché. Ariftote vient encore leur prêter un nouvel appui; fes termes font formels & fans obfcurité. « Les endroits qui renferment de beaux » fentimens ou des mœurs, n'ont aucun » befoin d'ornemens..... Une éxpreffion » éclatante & lumineufe leur nuit au con- » traire, & ne fert qu'à les cacher (37) ». En faut-il davantage ? N'eft-il pas prouvé maintenant que les Auteurs de notre Opéra, font bien de ne point fe donner la torture, afin d'écrire avec art ? Mais continuons de déffendre ce Spectacle. Denis d'Halicarnaffe, dont j'ai parlé plus haut,

---

(37) Poet. Chap. 25.

est de l'avis du Philosophe Grec. « Il n'y a
» rien de plus contraire aux mœurs & aux
» sentimens, (ce sont ses propres paroles)
» qu'une diction enflée & trop recherchée ». Longin dans son éxcellent *Traité
du sublime*, s'est beaucoup élevé contre le
stile trop étudié : ce qu'il admire dans les
Livres de Moïse, montre jusqu'à quel
point il chérit la simplicité des mots. Le
profond Dacier peut bien trouver sa place
après les grands Hommes que je viens de citer, il mérite que sa voix soit comptée pour
quelque chose ; la simplicité du stile lui
parait à désirer dans la plus-part des Ouvrages ; il est persuadé que l'arrangement
naturel des mots prête beaucoup plus de
force au discours qu'un étalage de figures
& de métaphores. Ce Savant me rappelle
un passage du profond Aristote, qui vient
ici fort à propos, & qui allait m'échapper.
« On doit réserver, dit l'Oracle des gens
» doctes, tous les ornemens de la diction
» pour les endroits faibles (38) » Conclura-
ra-t-on de là que les nouveaux Drames, devraient être bien écrits d'un bout à l'autre,
puisqu'ils ne sont remplis que d'endroits
faibles ? Il est plus naturel de conclure, que
le stile d'une Comédie-mêlée-d'Ariettes,

_____

(38) Poet. Chap. 18.

qui fera par-tout de la même force, c'est-à-dire bas & commun, n'aura pas besoin d'ornemens. D'Aubignac semble déclarer en termes éxprès, que c'est avec raison que notre nouveau Spectacle employe le langage de la populace, car ce qu'il dit de la Comédie est plus analogue au Spectacle moderne. « La Comédie qui n'a que des
» sentimens communs & des pensées vul-
» gaires, ne rejette point les entretiens
» des Cabarets & des Carrefours, les pro-
» verbes des Porte-faix, & les quolibets
» des Harangères, à cause que tout cela
» contribue à la bouffonnerie (39) ». Je demande s'il n'est pas plus naturel d'appliquer ces paroles de d'Aubignac à l'Opéra-Bouffon, plutôt qu'à la Comédie ? Je finirai par citer Boileau, dont le sentiment, tel qu'il soit, sera toujours d'un grand poids. Cet Auteur montre bien le ridicule du stile recherché, & le mérite du simple & du naturel, dans son petit discours sur *les inscriptions*. Quel cas aurait-il fait de notre Spectacle ! Il eût goûté mille délices à la lecture des Drames Bouffons ; ce Vers de sa Poétique, sert encore à m'en assurer.

Le stile le moins noble a pourtant sa noblesse.

---

(39) Prat. du Thé. Liv. 4. Chap. 7.

Qu'il est nécessaire de rapporter les endroits les plus mal-écrits des Pièces du nouveau genre.

Peut-être que si je passais sous silence les phrases, les passages qu'on critique le plus dans les Poëmes du nouveau genre, parce qu'ils sont en éffet mal tournés, trivials ou obscurs; peut-être, dis-je, m'accuserait-on de les taire par politique, afin de cacher ce qui ternit la gloire du Théâtre, en faveur duquel j'écris: dans la crainte qu'on ne puisse me faire une telle imputation, je vais faire passer sous les yeux du Lecteur les morceaux les plus critiqués.

Remarques sur On ne s'avise jamais de tout.

Le stile de l'Opéra-Bouffon ou de la Comédie-mêlée-d'Ariettes, doit être clair & à la portée de tout le monde; cependant il donne quelquefois dans un tel galimatias, qu'il en est inintelligible. Où peut-on par éxemple trouver plus d'obscurité que dans ces trois lignes de la Scène cinquième de *On ne s'avise jamais de tout?* « Sachez, » Docteur, que les inconséquences du » cœur mettent tôt ou tard en déffaut les

» conséquences de l'esprit ». Ne faut-il pas un Commentaire pour les expliquer ?

Avant d'aller plus loin, qu'il me soit permis de faire faire une petite remarque au Lecteur. J'espère qu'on voudra bien observer que je ne cite que les Drames les plus célèbres ; que de fautes rencontrerait-on dans ceux que l'on dédaigne, puisqu'il en est tant dans ceux que l'on estime !

Continuons de parcourir *On ne s'avise jamais de tout*. La fameuse Romance *Jusques dans la moindre chose*, a un de ses couplets, dont la construction, ou plutôt le sens, est tout-à-fait vicieux & ridicule; c'est celui-ci :

> Qu'un son frappe mon oreille,
>
> J'écoute... & dans tous mes sens,
>
> Mon ame qui toujours veille,
>
> Croit entendre ses accens.
>
> . . . .

Que signifie *une ame qui toujours veille dans des sens* ? Il s'en suit des quatre Vers que je rapporte, que l'ame de *Lise* écoute dans tous les sens, les accens d'un objet qu'elle adore ; c'est-à-dire que chaque sens a la faculté de l'ouie ; ainsi, le toucher, l'odorat & la vue seront frappés des sons d'une belle voix : voilà pour le coup

une physique toute particulière, &
dont l'antiquité ne s'était jamais doutée.

Les choses sont souvent éxprimées dans
notre Opéra, d'une façon qui n'est connue que de lui seul; en voici d'autres éxemples. Je cite plus volontiers des morceaux
de Musique, parce que les Ariettes & les
Romances du Spectacle moderne sont dans
la bouche de tout le monde : il est singulier
qu'on les applaudisse, qu'on les entende
au Théâtre, & qu'on les chante à tout
moment, sans s'apperçevoir qu'on n'y
comprend rien, & qu'elles ne sont remplies quede galimatias ou de mots vuide
de sens : qu'on fasse attention à cette
Ariette.

  Une Fille est un oiseau,
  Qui semble aimer l'esclavage,
  Et ne chérir que la cage
  Qui lui servit de berceau ;
  Sa gaieté, son badinage,
  Ses carresses, son ramage,
  Font croire que tout l'engage
  Dans un séjour plein d'attraits ;
  Mais ouvrez lui la fenêtre,
  Zeste, on la voit disparaître,
  Pour ne revenir jamais.

Outre que la comparaison est très fausse,

parce qu'un oiseau qui est dans une cage, ne paraît jamais la chérir, & qu'il exprime par son impatience & ses mouvemens, l'envie qu'il a de s'envoler ; cette comparaison est d'une longueur affreuse, on ne sait où elle finit : les quatre prémiers Vers semblent d'abord la terminer, mais le mot *ramage* qui vient peu après, fait penser qu'elle va jusqu'au bout. On est encore forcé de changer d'avis ; le pronom *la*, qui est dans l'avant dernier Vers, montre qu'on n'entend plus parler que d'une Fille ; car s'il s'agissait toujours d'un oiseau, il faudrait dire, *zeste, on le voit disparaitre.* J'ai connu des Acteurs fort embarrassés sur le choix d'un pronom dans cet endroit. L'Auteur fait un tel mélange de la comparaison & du Sujet, qu'il les embrouille cruellement ; on les voit revenir par intervalle lorsqu'on les attend le moins : on finit enfin, par les perdre de vue l'un & l'autre. Pour moi, je suis persuadé que l'Ariette ne contient qu'une comparaison ; c'est comme si l'Auteur avait dit, une Fille ressemble à un oiseau qui paraît aimer l'esclavage, &c. On remarque encore que *la cage* est représentée sous trop d'aspects ; on lui donne des qualités, des attributs, qui lui sont trop étrangers ; elle est d'abord un *berceau*, ensuite *un séjour plein d'attraits*. Ce berceau, ce séjour plein d'attraits, se trouvent gratifiés d'une *fenêtre*, que l'idée que nous nous formons des choses ne leur accorda jamais, & qui convient à peine à la cage. Je demande, qu'elle image l'esprit se forme de tout cela, & ce qu'il conçoit d'un assemblage bisare de mots décousus, qui n'ont aucun rapport avec ce qu'on veut leur faire signifier ?

Qui pourrait s'empêcher de rire en voyant qu'on fait dire à une jeune fille, qu'un amant flateur, enchanteur, a des armes *sûres de leurs coups* ?

Rose & Colas.

Passons à d'autres Pièces, & jettons-y rapidement un coup-d'œil. Qu'on explique, si l'on peut, cette Enigme :

. . . .
Soyés sûr que dans notre ménage,
Si votre bien dépend de moi,
Vous, le vôtre de ma future,
L'amour, l'amitié, la nature,
Seront pour nous une loi.

Le Philosophe le plus pensif, le plus profond, serait obligé de lire plusieurs fois ces Vers, ainsi que ceux qui suivent, avant de les entendre.

Rose.

Il m'est cher, vous mon Père encor plus ;
Si nos jours ne coulaient ensemble,
Ses désirs deviendraient superflus :
Même nœud nous unit, nous rassemble,
Et nos enfans seront en moi,
Pour vous la leçon la plus sûre ;
L'amour instruirait la Nature,
Si jamais j'oubliais sa loi.

Tom Jones.

Que signifie cette antithèse gigantesque ?

..... Sophie ....

Quand sous tes doigts naissent les roses,
Les épines sont dans ton cœur.

Comment se représenter un cœur rempli d'épines ? il faut au moins que le composé ait quelque rapport avec le simple auquel on le joint. Je ne crois pas qu'il soit possible non plus de trouver de sens à ce que je vais rapporter.

Remarques sur le Roi & le Fermier.

Par-tout où je fixe la vue,
En proie au chagrin qui me tue,
Je sens que mon ame éperdue
Veut choisir & ne le peut pas.

Quoi, par-tout où il fixe sa vue, son ame veut choisir & ne le peut pas ! quel grimoire est cela ! se douterait-on que l'Auteur veuille éxprimer tout simplement ; je suis incertain de ce que je dois faire, je ne puis fixer ma vue ni mes résolutions nulle part ? Le nouveau Théâtre, comme il est aisé de le voir, a son Enthousiasme & son stile Poétique. Ecoutez, je vous prie, combien de formes on fait prendre au mot *Bonheur*, & combien de Métaphores on met pour lui en usage. C'est un Roi qui parle :

>Le bonheur est de le répandre,
>
>De le verser sur les humains,
>
>De faire éclore de mes mains
>
>Tout ce qu'ils ont droit d'en attendre.

Le bonheur en prémier lieu se répand *comme une pluie d'or*, ensuite il se verse *de même que de l'eau* ; tout-à-coup on le fait éclore *ainsi qu'une fleur*, car il est caché sous la dernière figure. Le comble du plaisant c'est de voir que dans des mains il soit possible de faire éclore quelque chose.

Autre remarque sur Tom Jones.

Je continue mes citations. Il me semble que *Blifil* fait un singulier compliment à l'aimable *Sophie*. Au milieu d'un grand nombre de douceurs, il lui échappe une sottise. Notre maison, lui dit-il, deviendra le séjour des plaisirs ;

> Richesses,
> Caresses,
> Tout vous prouvera mon amour ;
> Jamais je n'aurai d'autre envie
> Que de veiller sur la belle Sophie.

L'Auteur veut peut-être marquer par-là, que ce personnage de sa Pièce a un grand penchant à la jalousie. Mais outre que Monsieur *Blifil* le déclare à propos de botte, & peu naturellement ; on dirait plutôt qu'il annonce sa fidélité d'une façon très-immodeste.

Observations diverses.

En général, dans la plus-part de nos Opéras, le Français n'est guères mieux traité que la justesse des pensées & que la raison. Donnons-en des exemples, Voilà qui est écrit fort à l'aise : « Doute cruel.... quoi, douter ?....Je n'ai plus de doute » (40). que l'Auteur n'ajoutait-il ; Oui, sans doute, & je me doute qu'en doutant, j'aurais tort de douter.

Que signifie des Trésors qui n'ont de

---

(40) *Le Roi & le Fermier.*

valeur que par l'objet qu'on aime, que par la main dont ils nous font offerts? (41) J'ignore aussi de qu'elle langue est une pareille phrase : Ce nuage n'est qu'un » passage » ; (40) il fallait dire, ce nuage ne fera que passer.

Il est inutile de citer un plus grand nombre de Poëmes du nouveau Théâtre ; le Lecteur ne s'est peut-être que trop ennuyé. Fesons lui grace du reste : s'il juge à-propos d'en voir d'avantage, il n'a qu'à se donner la peine de lire les prémières Pièces chantantes qui lui tomberont sous la main ; il sera bientôt satisfait, au-delà de son attente. Quelques-unes de mes citations & de mes remarques paraîtront peut-être trop minutieuses ; m'était-il possible de les rendre plus importantes, puisqu'il ne s'agit que de l'Opéra-Bouffon ?

J'observe que les critiques que j'ai ré-

---

(41) Le Roi & le Fermier.

(42) Ibid. *Passage*, se rapporte ordinairement à chemin, & s'entend toujours pour le lieu où l'on passe. C'est un *Passage* dangereux ; il faut payer le droit de *Passage*. Il est vrai qu'on dit un oiseau de *Passage*, pour signifier les Oiseaux qui vont d'un Pays dans l'autre ; mais on ne peut en dire autant d'un Nuage, attendu qu'il ne revient plus dans les endroits où il passe.

pétées d'après la plus faine Partie du Public tombent presque toutes sur les ouvrages d'un seul Auteur. C'est que le genre que cet Auteur embrasse lui fait faire souvent des faux pas. A force de vouloir peindre la Nature, il donne dans le bas & dans des négligences de stile impardonnables. Mais l'homme de Lettres dont je parle a la gloire d'éffacer les fautes qu'il fait quelquefois, par les beautés qu'il répand dans ses Ouvrages. De tous ceux qui courent dans la carrière du Spectacle Moderne, il est le seul qui éxcelle à peindre la Nature dans sa vraie simplicité. Le Drame de *Rose & Colas* en est une preuve frappante. Il serait à souhaiter pourtant qu'il s'attachât d'avantage à polir son stile. La vraisemblance, il est vrai, ne veut pas que des Paysans s'expriment avec toute la délicatesse des Habitans des Villes. Il faut au moins qu'ils soient intelligibles ; il faut proportionner ses Ouvrages à ceux qui les entendent ou les lisent.

Mal qui peut résulter des Pièces dont le stile est repréhensible.

Songe-t-on à ce qui peut arriver de la négligence qu'on laisse s'introduire dans le stile des Pièces Modernes ? plusieurs personnes qui en font leurs délices s'accoutument à parler infenfiblement comme elles font écrites. Le mal fait des progrès ; &, dans cent ans, la langue au lieu de fe foutenir dans la perfection où nos grands Auteurs l'ont portée, retombera dans la Barbarie où elle était fous François I. Que les Auteurs du nouveau Théâtre fentent combien on leur fera redevable ; qu'ils faffent là-deffus leurs réfléxions : c'eft furtout au Public à y réfléchir, lui qui protège leurs écrits, & qui les applaudit, malgré l'imperfection de leur ftile.

Pourquoi des Ariettes mal écrites nous plaifent ?

Il fe préfente ici une queftion fort naturelle à ce que je viens de dire : pourquoi les Ariettes font elles tant de plaifir, & font-elles tant chantées, quoiqu'elles foient obfcures pour la plus-part, & peu délicates ? c'eft que nous fommes acoutumés à ne point éxaminer férieufement ce qui nous amufe. Nous nous contentons de ce que les chofes nous paraiffent d'abord: notre fond naturel de gaîté nous oblige à chanter indifféramment toutes les paroles qui font fur des Airs. Il eft encore une autre raifon du prodigieux fuccès des Ariettes. Ce font des Femmes, des Muficiens, ou des petits Maîtres qui les chantent partout;

or le goût de cette partie de la Société n'eſt pas fort difficile : il ceſſe donc d'être ſurprenant que des Ariettes mal écrites faſſent le principal ornement des Tables, des Concerts, & de nos Spectacles.

Que l'éxemple des plus grands Auteurs éxcuſe un peu les Poëtes du nouveau Théâtre.

Il eſt donc prouvé que la manière d'écrire des Poëtes du nouveau Spectacle, eſt ordinairement aſſez peu élégante, & qu'ils employent communément des éxpreſſions populaires, & quelquefois obſcures. Mais les plus grands Auteurs ne ſe ſont-ils pas permis des négligences pareilles, où qui leur ſont échappées ? J'en pourrais citer mille éxemples plus convaincans les uns que les autres : je me contenterai d'en rapporter un petit nombre.

Quand j'ai montré les défauts de ſtile des Drames Modernes ; j'ai tiré tous mes éxemples des meilleurs Poëmes du nouveau Spectacle ; je vais prendre auſſi mes remarques dans les plus célèbres Auteurs. On verra ſi les Poëtes du Théâtre Moderne ſont les ſeuls qui laiſſent gliſſer dans leurs écrits des façons de s'éxprimer un tant-ſoit-peu triviales, ou obſcures ; &

s'ils sont les seuls qui oublient quelquefois de parler Français.

Négligences de stile dans Racine.

On convient que Racine est l'auteur le plus élégant que nous ayons en France. Il règne dans ses Pièces une douceur & une harmonie singulière. On dirait qu'Apollon & les Grâces conduisaient sa plume. Cependant il lui est échappé des fautes qu'il est facile d'appercevoir au milieu des beautés dans lesquelles elles sont cachées, je vais citer les prémières que je découvrirai.

Que parlez vous de Rome & de son Alliance ?

Ce Vers est-il digne de la Tragédie ? D'ailleurs, dans quatre lignes je vois trois fois le même mot :

En épousant en vous *l'Allié* des Romains :

Que parlez-vous de Rome & de son *Alliance* ?

Pourquoi tout ce discours & cette défiance ?

Qui vous dit qu'avec-eux je prétends M'*allier* ? (43)

La construction du Vers suivant me paraît vicieuse, sur-tout dans une Tragédie :

(44) Ma vie & mon amour tous deux courent
    hazard.

Voici de la Prose toute pure :

―――――――――――――――
(43) Mithridate, Ac. 1, Sc. 3.
(44) Ibid. Sc. 5.

Penſez y bien : j'attens pour me déterminer.
Mais le dèſſein eſt pris. (45)
(45) Sans que Mère ni Père ait daigné me ſourire.

Je vais citer un Vers qui me ſemble tout-à-fait comique.

(46) Trouverai-je l'Amant glacé comme le Père ?

La tendre *Iphigénie* s'éxprime là d'une façon aſſez ſcandaleuſe. Racine rend quelquefois ſes perſonnages peu polis. J'en ai la preuve toute prête. C'eſt *Achille* qui parle à *Clitemneſtre* :

. . . .
Et de laiſſer bientôt ſous Troye enſevelie.
(47) Le déshonneur d'un nom à qui le mien s'allie.

Ne voilà-t-il pas un fort joli compliment ? que dirait-on d'un Français qui adreſſerait un tel diſcours à la Mère de ſa maîtreſſe ? Voici un Vers qui eſt aſſez dur :

(48) Quel Père de Son Sang Se plaît à Se priver ?

---

(45) Mithridate Act. 4. Sc. 4.
(46) Iphigénie. Act. 1. Sc. 1.
(47) Ibid. Act. 2. Sc. 3.
(48) Ibid. Act. 3. Sc. 3.
(49) Ibid. Scène 6.

Les oreilles délicates feront attention à la dureté, au sifflement de ce Vers, occasionnés par le redoublement des S.

(50) *La Nation entière est promise aux Vautours.*

Pour dire que la Nation est condamnée à périr.

Je t'aimais inconstant, qu'aurai-je fait fidèle ? (51).

L'éxactitude démandait ; *Qu'aurais-je fait s'il eut été fidèle* ? Quoique M. l'Abbé D'Olivet le déffende dans ses remarques critiques sur Racine, ce Vers ne péche pas moins contre la Grammaire.

Mais laissons Racine. Les négligences qui lui sont échappées ne ternissent aucunement sa gloire. Combien est-il d'hommes de Lettres dans notre Siècle qui voudraient avoir composés ses plus mauvais Vers ? Parcourons maintenant Boileau : il fit la guerre aux méchans Poètes ; *vingt fois sur le métier, il mettait ses écrits*. Ses Vers doivent donc être châtiés. S'il est possible d'y rencontrer des fautes, il est clair que notre Opéra peut bien quelquefois être éxcusable d'en être rempli.

---

(50) Esther. Act. 6. Sc. 1.
(51) Andromaque. Act. 4. S. 5.

Mauvais Vers de Boileau.

Je ne connais point de Vers si dur, si hériffé que celui-là :

Et dans ce haut éclat où tu te viens offrir. (52)

L'oreille est impitoyablement écorchée par le choc de tant de T. Veut-on du galimatias ? en voici :

Et tandis que ton bras des peuples redouté,
(53) Va la foudre à la main rétablir l'équité.

Pour le coup le févère Boileau s'est trop laissé emporter au Phébus. Il est plaisant de voir marcher un bras, qui va la foudre à la main. Avançons. Notre fier Satirique a eu le bonheur de distinguer de ses yeux mortels des esprits, ou des âmes ; qu'on en juge par ses termes ;

C'est-là, ce qui fait peur aux esprits de ce tems,
(54) Qui tout blancs au déhors sont tout noirs au dédans.

Des esprits blancs & noirs ! Mais voici bien un autre écart Poètique :

(55) Si mon cœur dans ces Vers ne parlait par ma main.

---

(52) Discours au Roi.
(53) Ibid.
(54) Ibid.
(55) Ibid.

Despréaux

DU THÉATRE. 315

Despréaux se plaisait à prêter à plusieurs parties du corps des facultés qu'elles n'ont point. Tout-à-l'heure le bras marchait, à présent c'est un cœur qui parle par une main. Notre fameux Poëte disait souvent le contraire de sa pensée :

Boursault a bien eu raison de soutenir qu'il fesait plutôt à Cassaigne & à Cotin un compliment, qu'une insulte, dans ces Vers de sa troisiéme Satire :

Moi qui ne compte rien, ni le vin ni la chère,
Si l'on n'est plus à l'aise assis dans un Festin,
Qu'au Sermon de Cassaigne ou de l'Abbé Cotin.

La correction que propose Boursault ne laisserait plus d'ambiguité :

Si l'on n'est plus à l'aise assis dans un Festin
Qu'on n'est même aux Sermons de Cassaigne & Cotin.

Je ferai remarquer avant d'aller plus loin, que « moi qui ne compte rien ni » le vin ni la chère » n'est pas Français. *Chère* ne sçaurait s'employer seul, il faut toujours l'accompagner des adjectifs *bonne* ou *mauvaise* :

Mais c'en est assez : respectons le reste des ouvrages de ce grand-Homme. En osant me jouer de mon Maître, je fais trop

TOME I. O

ma cour au froid, au bourfoufflé Monsieur de M...

Sottises plaisantes de Pradon.

Le Lecteur me permettra-t-il de citer deux endroits originaux, tirés d'une Epitre de Pradon ? Mon deffein n'eft point de le mettre en parallele avec les Génies célèbres dont je parle ici. Je ne l'introduis en fi bonne compagnie qu'à caufe de notre Opéra-Bouffon. Voici deux paffages de ce prétendu rival de Racine qui prouvent que dans l'autre fiècle on choquait quelquefois le bon Sens, ainfi qu'on en accufe le Spectacle moderne.

Et tout fanglant encor de fon Huitre-à-l'Ecaille.

Les Huitres ont donc du fang ! C'eft extravaguer dans les règles. Il appelle Boileau,

Ce Corbeau déniché des Montfaucons du Pinde.

Voilà une fottife qui n'a pas non-plus le fens commun ;

Et des morts immortels ronger les offemems.

Quelle contradiction ! quelle anthitèfe ! *des morts immortels* ! J'ai honte d'écrire de pareilles abfurdités. Quand on eft capable de compofer des Vers auffi ridicules, on mérite bien d'être honni

& vilipendé. Qu'on accuse encore l'Opéra-Bouffon d'avoir un stile unique, à force d'être mauvais. Estimables Auteurs de ses Drames charmans, consollez vous. Mais relevons les exemples que je vous donne par des autorités plus respectables.

Négligences du grand Rousseau.

Tout sublime qu'est le grand Rousseau, il est aisé de trouver des fautes dans ses ouvrages. Un Poète doué d'un génie vaste & profond, ne se soutient pas toujours ; à côté d'un morceau plein de chaleur & de force, on voit souvent un endroit faible. L'homme se découvre par-tout. Les écrits du grand Rousseau en offrent une preuve : ils affermissent l'Opéra-Bouffon contre les traits qu'on lui lance, à cause des fautes dont ses Poëmes sont semés. Cet excellent Auteur ne nous fait pas aller bien loin pour nous montrer des négligences ; on en rencontre dès l'entrée de son Livre.

Qui pourra, grand Dieu, pénétrer

Ce Sanctuaire impénétrable ? (52)

---

(52) Odes, Liv. I.

Ce jeu de mots est indigne de la majesté de l'Ode. Que signifie cette apostrophe?

Insensés, qui remplis d'une vapeur légère... (53)

On prétend que le grand Rousseau éxcellait dans le choix des Epithètes; ce n'est pas au moins dans celle qu'il met ici au mot Lion;

> Il affronte avec courage
> La dent du Lion sauvage. (54)

Il semble qu'il y ait différente classe de Lions, des sauvages & des apprivoisés.

> Conduis par mes vives clartés,
> Vous n'avez écoutez que mes loix adorables;
> Jouissez des félicités
> Qu'ont mérités pour vous mes bontés sécourables. (55)

On éviterait avec soin dans la prose même, les terminaisons semblables qui sont dans cette strophe, & dont le fréquent retour est très-désagréable à l'oreille; outre cela, ces quatre Vers sont d'un prosaïque étonnant.

---

(53) Od. 6. L. 1.
(54) Ibid.
(55) Od. 8. L. 1.

DU THÉATRE.

Et par un respect plein d'amour
Sanctifiez en moi votre réjouissance. (56)

Je suis tenté de croire que ces Vers là ne sont point du grand Rousseau, tant ils sont pitoyables & trainans : à leur ton dévot & mistique, je les soupçonne de quelque Moine, qui les aura coulé parmi ceux de notre fameux Poète, pour la plus grande gloire du Ciel.

C'est ainsi que la main des Parques
Va nous filer ce siècle heureux.... (57)

La Parque file nos jours & non des siècles ; on ne dit métaphoriquement que la Parque file nos jours, que parce que les Poètes ont prétendus qu'une Déité aveugle, en coupe la trame à son gré.

Et si quelqu'un sa sentence passée.... (58)

N'aurait-il pas été mieux d'écrire *rendue* ?

L'un de son corps vante l'air héroïque (59)

---

(56) Od. 8. L. 1.
(57) L. 2. Od. 1.
(58) Epitre 1.
(59) Allégorie 5. L. 1.

Dit-on l'air héroïque d'un corps? L'usage est pour l'air du visage, où l'on dirait en général, son air héroïque.

Les fautes de stile de l'Opéra-Bouffon sont plus éxcusables que celles qu'on voit dans les Ouvrages des grands hommes.

Ne cherchons pas davantage des fautes échappées à de grands hommes. Remarquons pourtant qu'il est plus permis aux Poëtes du nouveau Spectacle d'employer des expressions faibles & basses, qu'aux Auteurs célèbres que je leur compare. Les prémiers travaillent ordinairement dans un genre simple & naïf; les autres n'ont composés que dans le genre noble & sublime. Une faute d'éxpression ou de bons sens dans un de nos Opéras n'est point si remarquable, ni d'une si grande conséquence, que la moindre négligence qu'on apperçoit dans une Tragédie ou dans un Poëme épique. Il est de la nature des Drames burlesques de ne contenir rien d'essentiel; au lieu que les ouvrages que j'ai cité doivent parler au cœur comme à l'esprit.

Je conseille néanmoins aux Poëtes du nouveau Théâtre de polir leur stile, d'expulser de leurs Pièces toute expression triviale, mauvaise ou douteuse. Aucun ouvrage ne nous plaît parfaitement, s'il est dénué des charmes du stile. Fermez les yeux sur les libertés qu'ont prises, ou que prennent des Auteurs célèbres.

CHAPITRE IX.
Du Dialogue.

LE Dialogue est la représentation naïve d'un discours que tiennent ensemble deux ou plusieurs personnes. Trois choses principales concourent à sa perfection; la clarté, la briéveté, la vraisemblance. Il faut qu'il soit intelligible & à la portée de tout le monde, autrement il ne serait pas naturel que ceux qui s'entretiennent pussent s'entendre, & l'on se lasserait de prêter l'oreille à ce qu'ils disent. Une autre raison encore, c'est que le Dialogue étant l'image d'une conversation simple, il s'écarterait de sa nature, si l'on le rendait trop guindé ou obscur. Voilà pourquoi nous rencontrons dans les Tragédies, des Vers qui ne paraissent que l'ouvrage du Poète.

Que le Dialogue dramatique soit bref & coupé.

La brièveté est ensuite recommandée au Dialogue, parce qu'il serait ridicule & trop ennuyeux qu'un entretien dura deux heures de suite. Voit-on des gens dans le monde converser entre-eux aussi long-tems ? D'ailleurs, un Drame devant contenir plus d'action que de discours, les Personnages doivent plutôt agir que parler. Il faut que les répliques soient vives & courtes ; qu'elles soient bien liées ensemble, & qu'elles naissent les unes des autres. Il serait ridicule de voir un Acteur attendre pendant long-tems que son tour vienne de répondre, ou discourir avec gravité & sans prendre haleine, comme s'il prononçait une harangue. Ce défaut est très-commun dans les Tragédies, sur-tout aux prémiers Actes ; ce qui rend l'éxposition froide, & d'une longueur affreuse. On fera bien de couper le Dialogue, & les grands récits.

Que le Dialogue soit vraisemblable.

Quand je recommande qu'on ait soin de faire paraître le Dialogue vraisemblable, je veux dire, qu'il foit naturel que les Acteurs s'entretiennent dans le lieu & dans l'inftant où vous les faites parler.

Qu'il paraiſſe, que ce ſont les ſeuls Acteurs qui parlent au Théâtre.

Sans le Dialogue, il n'y aurait point de Drames; ils feraient alors de véritables Poèmes épiques. C'eft le Dialogue qui donna naiſſance aux Pièces de Théâtre, & qui les fait valoir. Il eft donc néceſſaire que les Poëtes s'attachent à le connaître; ils y parviendront, s'ils étudient avec foin la Nature. L'art qu'il éxige ne faurait trop fe cacher. Il reſſemble à ces fleurs artificielles qui ne frappent la vue qu'autant qu'elles ont la couleur & l'éclat des fleurs qu'elles repréſentent; c'eft l'ouvrage de l'art le plus recherché qui prend la forme & les traits de la Nature même. Il faut que le Poète s'oublie en fefant parler fes Perſonnages, & qu'il fe pénètre des paſſions qui les agitent. S'il fe montre dans leurs difcours, fi l'on croit le connaître aux penſées relevées, aux réfléxions, aux maximes qui leur échappent; l'illuſion fe diſſipe; & l'homme de goût fiffle avec mépris ce que le Poète s'applaudiſſait fouvent d'avoir écrit. Quelques-unes des Tragédies du siècle passé, & la plus-part de celles de nos jours, ne tombent que trop dans cette faute insoutenable, qui se glisse même jusques dans nos Comédies modernes. Tenons-nous en garde contre tous ce que nous appellons *Tirades* & *Portraits*. Outre qu'ils refroidissent l'intérêt, ils sont à rejetter parce qu'ils n'ont aucune liaison au sujet, & que les Personnages d'un Drame ne sont ni Orateurs ni Moralistes. Osera-t-on accuser les Auteurs de l'Opéra-Bouffon & de la Comédie-mêlée-d'Ariettes, de parler souvent dans leurs Poèmes ? Ce serait, en conscience, trop mal penser de leur génie.

Le Dialogue des Pièces grecques doit nous servir de modèle.

Les Grecs sont les prémiers Peuples de l'Univers qui commencèrent à prescrire des règles au Dialogue. Aucune Nation n'a su comme eux le mettre en usage, & lui donner la vivacité qu'il demande, afin que la marche du Drame soit rapide. La cause en est facile à trouver. Les Grecs n'outrèrent jamais la Nature : ils eurent le secret d'en saisir la simplicité, à force de la suivre pas-à-pas : c'est d'elle qu'ils tirèrent les principales beautés de leurs Poëmes épiques, & des Pièces de leurs Théâtres. Homère en fournit la preuve dans ses Ouvrages immortels. Les détails de *L'Illiade* & de *l'Odiſſée*, qui choquent tant notre fauſſe délicateſſe, charmaient la Gréce entière, parce qu'ils étaient la peinture fidelle de ſes mœurs. Les fameux Tragiques d'Athènes, & Ariſtophane même, tout outré qu'il eſt ſouvent, nous montrent dans leurs écrits, combien ils s'éfforçaient auſſi d'être vrais dans le Sujet, dans l'Intrigue, & ſur-tout dans le Dialogue.

Les Dramatiques Latins ſont un peu moins concis.

Il paraît que la Tragédie chez les Latins fut toujours privée de cette ſimplicité de Dialogue, d'où réſultent de ſi grandes beautés. Sénéque, à force de vouloir être élevé & ſublime, devient ſouvent gigantefque & très-petit. Plaute & Térence n'ont point ſouvent cette vivacité de Dialogue ſi néceſſaire dans les Poëmes dramatiques, & ſur-tout dans la Comédie.

Nos Voisins nous surpassent à ce égard.

Il me semble que le Dialogue dramatique de nos voisins est d'une vivacité convenable; il approche assez de la conversation ordinaire, qu'on doit s'éfforcer de copier dans un Drame, quelque soit son genre.

Nous ne nous piquons pas d'éxceller dans le Dialogue.

Les tragiques Français prennent assez communément Sénéque pour modèle. Dancourt parmi les Poètes comiques est regardé comme celui qui possède le mieux la vivacité, le naturel, la coupe du Dialogue. En général on peut dire qu'en France cette partie du Drame est beaucoup mieux traitée dans la Comédie que dans les Poèmes tragiques. Les Poètes de ce dernier genre s'écartent presque toujours de la Nature, parce qu'ils sont trop longs, trop raisonneurs, à l'éxemple de Corneille. Au reste, malgré que nous ne nous piquions guères de travailler le Dialogue avec soin, nous nous plaisons à le placer par-tout. Le naïf La Fontaine en a fait naître la mode dans ses Contes.

Nous l'introduisons dans presque tous nos Romans; par ce moyen l'action se ranime; les Personnages prennent une nouvelle vie. Le Dialogue est ordinairement passable dans ces sortes d'ouvrages; & à peine digne d'être souffert dans ceux qui ne sont faits que pour lui.

Le Dialogue de l'Opéra-Bouffon est excellent.

Nous n'aurions guères de Drames bien dialogués, sans l'Opéra-Bouffon, & notre Comédie-mêlée d'Ariettes. Il est certain qu'on ne peut faire aucun reproche à ce sujet au Drame du nouveau genre. Il serait à souhaiter qu'il en fut aussi à couvert dans ses différentes parties. Il a soin d'être concis, vif & serré. Ses Dialogues sont d'une clarté, d'une précision admirable. Il imite en cela sur-tout les Tragédies grecques. Je vais comparer une des Scènes du Théâtre moderne, prises au hazard, avec la prémière du Théâtre Grec qui me tombera sous la main. On verra si son Dialogue n'est pas la même chose, soit par l'adresse avec laquelle il est filé, soit par sa rapidité. Je montrerai en même-tems par l'éxemple de la Scène grecque de quelle manière nos Auteurs tragiques devraient couper le Dialogu de leurs Poèmes.

Scène grecque comparée à la précision du Dialogue du nouveau Théâtre.

Je tombe fur une Tragédie d'Euripide, intitulée ; *Ion*. La Scène que j'infère ici me paraît un chef-d'œuvre d'éloquence naturelle, & de beautés de Dialogue. Une courte explication du fujet en fera mieux fentir le mérite. *Creufe*, fille d'*Erectée*, Roi d'Athènes, fe laiffa féduire par Apollon qui en eut un fils. Cette Princeffe voulant cacher le fruit de fes amours, l'abandonna dans une grotte. Le Dieu le fit conduire au Temple de Delphes, où il fut élevé par la Prêtreffe, & mis au rang des Miniftres du Temple. Cependant *Creufe* époufa *Xutus*, defcendant d'*Eole*. Le vieux Monarque fe voyant fans fucceffeur, vint avec fon époufe confulter l'Oracle de *Delphes*. L'Oracle lui répondit, que le prémier qu'il rencontrerait en fortant du Temple était fon fils. *Xutus* enchanté rencontra le jeune Miniftre d'Apollon, le nomma *Ion* par allégorie à fon avanture, & le déclara fon héritier. *Creufe* indignée, ne fachant pas qu'*Ion* eft fon fils, veut le faire empoifonner,

Son deffein eft découvert, elle eft condamnée à la mort ; elle fe réfugie au pied de l'Autel. *Ion* ne la connaiffant pas non plus, prétend qu'on la force de quitter fon afile. C'eft dans cet inftant qu'ils forment enfemble le Dialogue que je vais rapporter. La Prêtreffe découvre par la fuite le miftère, en montrant par hazard à *Creufe* le berceau de fon fils ; & le bon Roi *Xutus* l'ignora toujours.

Scène tirée de la Tragédie intitulée Ion, *par* Euripide. *Acte V.*
Scène IV.

CREUSE.

Je vous défends à tous au nom d'Apollon & au mien d'approcher de cet Autel.

ION.

Que peut-il y avoir de commun entre Apollon & toi ?

CREUSE.

Je fuis dévouée à ce Dieu.

ION.

N'as-tu pas voulu perdre fon fils ?

CREUSE.

Devenu celui de Xutus, tu n'es plus fils d'Apollon.

ION.

Mais je l'avais été, & c'est de lui que je tiens en effet tout ce que je suis.

CREUSE.

Tu as été à lui, & j'y suis à présent.

ION.

J'étais juste, & tu n'es qu'une impie.

CREUSE.

Je n'ai fait que me venger d'un énnemi déclaré de ma maison.

ION.

D'un énnemi ! Ai-je envahi ton trône à main armée ?

CREUSE.

Oui, cruel, tu as mis en combustion la maison d'Erectée.

ION.

Ai-je porté à Athènes le fer & le feu ?

CREUSE.

C'était les y porter que de m'arracher le sceptre.

ION.

Mon père me fesait héritier d'un sceptre qui est le prix de sa valeur.

CREUSE.

Et quel droit un descendant d'Eole a-t-il sur le peuple de Pallas ?

ION.

Un droit acquis par son courage ; celui de libérateur.

CREUSE.

S'il en fut le libérateur, doit-il en être l'usurpateur, & le Tiran ?

ION.

C'est donc une vaine crainte de l'avenir qui te portait à me donner la mort ?

CREUSE.

Je te donnais la mort pour prévenir mon trépas.

ION.

Non, non ; c'est la jalousie qui a conduit tes coups; & c'est la rage de te voir sans héritier.

CREUSE.

Si je manque d'héritier, en est-ce un titre pour m'enlever la couronne?

ION.

Pour n'être pas ton fils, dois-je être privé de l'héritage paternel?

CREUSE.

Il est à toi; prend son épée & son bouclier; voilà son héritage.

ION.

Va, quitte cet Autel & cesse de profaner la majesté du Dieu.

CREUSE.

Va, porte de pareils ordres à ta mère

ION.

Quoi, je ne tirerais pas raison d'une impie qui m'a presque donné la mort!

CREUSE.

Venge-toi. C'est sur cet Autel qu'il me faut égorger.

ION.

Quelle fureur de vouloir enſanglanter les couronnes du Dieu !

CREUSE.

Pour te rendre plus coupable.

Trouve-t-on dans cette Scène un ſeul mot inutile ? n'oterait-on pas quelque choſe à l'expreſſion, à la force du ſentiment, ſi l'on en retranchait une phraſe ? Le Dialogue peut-il être plus concis ? La réplique de chaque perſonnage ne paſſe pas deux Vers. Quand imiterons-nous cette heureuſe préciſion ? Notre Opéra la ſaiſit avec le plus grand ſuccès. Donnons-en un éxemple. Une Scène des *Deux Chaſſeurs & la Laitière* me vient fort à propos. C'eſt celle où *Guillot* rencontre *Perrette*.

Scène tirée des deux chaſſeurs & la Laitière, *Opéra-Bouffon, de M. Anſeaume.*

GUILLOT.

Serviteur, Mademoiſelle Perrette.

PERRETTE.

Ah ! ah ! bon jour, Monſieur Guillot. Que voulez-vous ?

GUILLOT.

Est-ce que vous ne vous reposez pas un peu?

PERRETTE.

Non, non.

GUILLOT.

Un moment. Vous êtes bien pressée! & où allez-vous donc comme ça, si matin?

PERRETTE.

Où je vais? au marché vendre mon lait.

GUILLOT.

Vendre son lait! la petite friponne! &... est-il bon votre lait? voulez-vous que j'en goûte?

PERRETTE.

Vraiment, vraiment! ce n'est pas pour votre bec.

GUILLOT.

Dame, excusez, Mademoiselle Perrette; c'est, que vous êtes si ragoûtante que vous me donnez envie d'en boire.

PERRETTE.

Oui-dà!

GUILLOT.

En vérité vous êtes plus blanche que votre lait ; mais vous n'êtes pas si douce à beaucoup près. (*à part*) Ta tigoi ! qu'elle est drôle ! (*haut*) ah ! si c'était là l'ours que nous guettons ! jarnons bille, nous ne le tuerions pas, nous tâcherions de l'apprivoiser, & nous lui ferions faire de jolis petits tours.

PERRETTE.

Vous guettez un ours ! eh, mais, vraiment, vous en avez tout l'air.

GUILLOT.

Oui, nous le guettons.... & nous le prendrons, j'en suis sûr. La rencontre que je fais d'un si joli minois m'en donne la certitude.

PERRETTE.

C'est bien galant au moins ce que vous me dites là, je voudrais vous répondre sur le même ton ; mais, par malheur, je ne sais pas faire de complimens.

GUILLOT.

Ce ne sont pas des complimens que je vous demande, c'est de l'amour,

PERRETTE.

De l'amour!... pour vous?

GUILLOT.

Oui, pour moi.

PERRETTE.

Je suis votre servante, Monsieur Guillot, mais je n'en ai point à vous donner.

GUILLOT.

Ne faites pas tant la fière; vous ne me connaissez pas encore; mais regardez-moi bien; vous verrez un luron qui en a déniché plus d'une.

PERRETTE.

Ah, qu'on ne m'amorce pas ainsi.

. . . .
. . . .

Je me dispense de rapporter le reste de cette Scène un peu longue, & j'espère que le Lecteur m'en saura gré. Elle est une de celles de l'Opéra-Bouffon dont le Dialogue soit le plus vif, & qui contienne moins de mots répétés. Si l'on croit y appercevoir des choses inutiles, de mauvaises plaisanteries, elles y sont amenées par le genre du Drame. Mais quelle vivacité! quelle précision! Ai-je tort de vanter le stile rapide de notre Opéra, & de le mettre en parallele avec celui des Tragédies grecques? Il serait à souhaiter que les Auteurs des Drames en tout genre eussent un Dialogue aussi vif, aussi serré.

CHAPITRE X.

Des Décorations.

MON dessein n'est point de donner des règles aux Peintres ni aux Machinistes. L'art de la perspective n'a aucun rapport avec le sujet que je traite. Serai-ce dans un Livre tel que le mien, que le Machiniste viendrait chercher des leçons? j'écris en faveur des Poètes; & non pour ceux qui sont chargés du soin de décorer le Théâtre.

Avis important donné aux Machinistes.

Je les avertirai pourtant d'une chose, à laquelle ils ne prennent pas garde, & que la raison devrait leur avoir fait observer. Les peintures dont on orne

la Scène servent à rendre l'illusion plus frappante. Elles achèvent de persuader un spectateur que tout ce qu'il voit est véritable : quand les yeux & les oreilles sont séduits, l'ame ne tarde guères à l'être. Il est certain que tous les Machinistes font perdre l'illusion qu'on s'efforce tant d'inspirer, lorsque par le moyen d'un coup de sifflet ils avertissent de faire partir les changemens. Ne serait-il pas possible au Machiniste vraiment habile de substituer dans un clin d'œil une décoration à l'autre, sans faire le moindre bruit, ni le moindre signal entendus des Spectateurs. S'il faut absolument qu'un signal avertisse ceux qui font partir les décorations, ne pourrait-on pas se servir d'autre chose que d'un sifflet dont le bruit est trop éclatant & toujours équivoque? Le coup de sifflet est sur-tout choquant lorsque le Théâtre change de face au milieu d'un Acte, par un pouvoir surnaturel, ou lorsqu'un Acteur est supposé passer dans un lieu différent. On voit dans toutes les Villes de Province & même dans la plus-part des Spectacles de Paris, le rideau de l'avant Scène ne se baisser à la fin des Pièces qu'après qu'on en est averti par un grand coup de sifflet. Ne semble-t-il pas que ce maudit sifflet
s'adresse

s'adresse à l'Auteur du Drame, ou aux Acteurs qui viennent de représenter?

Le Poète ne doit pas ignorer l'éffet des décorations.

Ce que je vais dire maintenant ne concernera que le Poète. Il lui est inutile de connaître les secrets de la Peinture, & les cordages & les contrepoids qui font mouvoir avec déxtérité les machines du Théâtre. Mais il doit savoir l'éffet des décorations dans un Drame, & les moyens de les amener à propos. Notre siècle est avide de Spectacles; une Pièce qui en serait tout-à-fait dénuée, ennuirait sûrement, & tomberait bientôt, quoique touchante & sublime. Il faut donc que le Poète s'éfforce de faire entrer du Spectacle dans un Drame, le plus qu'il lui sera possible. Si les personnages de ses Poèmes ont une suite nombreuse, s'il peut faire paraître une armée sur la Scène; s'il peut mettre beaucoup de pantomime, & sur-tout force coups de Théâtre les uns sur les autres; il est certain d'avoir le plus grand succès. Ce n'est pas encore assez. Les décorations doivent se joindre à cet étalage éblouissant. Quelles soient variées, quelles fassent contraste, que chaque Acte ait la sienne particulière ; le Poëte sera déclaré un des plus habiles de son art ; & je lui réponds d'un succès prodigieux.

On est excusable de soutenir qu'il faut actuellement des décorations.

Les Savans seront peut-être indignés du conseil que je donne ici. Je les prie de se calmer, & de vouloir bien entendre mes raisons. Ce n'est point pour le siècle passé que je travaille, c'est en faveur du nôtre. Je dois donc me conformer à ses goûts ; autrement on me dirait que mon Livre est arrivé trop tard ; & je perdrais mon travail & mes peines. A quoi me servirait de raisonner sur des règles que l'on ne connaît plus ? Il est vrai que les décorations multipliées détruisent nécessairement l'unité de lieu, si recommandée par la raison & la vraisemblance. Il est vrai que les coups de Théâtre trop fréquens ôtent aux Drames la simplicité qui les embellit. Corneille ni Racine ne se sont point servis de ces moyens étrangers. Leurs Tragédies charmeront pourtant toujours les Spectateurs, par la seule beauté de la diction & des pensées ; par l'intrigue prise dans le fond du sujet, & par les diverses passions, qu'elles excitent. Mais les tems sont changés. S'ils vivaient de nos jours, ils feraient comme les Auteurs d'à-présent. On a beau dire que le mérite des Drames modernes dépend plutôt du Décorateur que du Poète, plutôt du jeu du Comédien que de l'élégance du stile & de l'action représentée ; on se moque de pareils discours, & l'on ne charge pas moins la Scène de décorations éclatantes, & d'une pantomime difficile à bien éxécuter.

Les Pièces de nos Voisins sont remplies de Spectacles.

Les Poètes des Nations Voisines n'épargnent pas le Spectacle dans leurs Pièces en tout genre, qui sont un peu moins correctes que les nôtres. Ils ne négligent rien afin d'attacher leurs Spectateurs, que l'uniformité de nos meilleures Pièces n'ébranlerait pas. Ne parlons ici que des Anglais. Leurs Drames ressemblent au monstre dont Horace fait la peinture ; aucune de leurs Parties ne se rapportent entre-elles. Il n'est rien de si bisarre qu'ils ne puissent mettre sur la Scène. Nous commençons à vouloir marcher sur leurs traces.

Aristote avait peut-être raison de son

tems de prétendre qu'un Poète devait très peu s'occuper du Spectacle de sa Pièce, parce qu'il est étranger à l'action; & que quand même il manquerait, le Drame serait toujours entier. Si l'on ôtait actuellement à plusieurs Tragédies du jour la pompe qui les environne, ainsi que leurs magnifiques décorations, elles ne seraient plus qu'un corps décharné; elles ressembleraient à ces femmes qui font peur dès qu'elles ont quitté leurs parures.

Le seul Spectacle où les décorations soient approuvées, & même où il en faut absolument, c'est l'Opéra-sérieux. Sur ce magnifique Théâtre on voit avec plaisir la peinture disputer à la danse, à la musique & à la Poésie, la gloire de charmer, de surprendre les Spectateurs. Mais le Poète lyrique à plusieurs choses à observer en disposant les décorations qui doivent embellir son Drame. Il faut d'abord qu'elles soient nouvelles, c'est-à-dire, qu'elles ne ressemblent en rien à celles qui sont dans d'autres Pièces; de sorte qu'elles offrent un Spectacle tout-à-fait inconnu. Mais cette prémière condition est bien difficile à remplir : il faut encore que les décorations tiennent à l'action, en sorte qu'elles soient amenées naturellement des événemens. Que le

Poëte ait encore soin que la beauté du Spectacle aille toujours en augmentant, en sorte que chaque Acte ait sa décoration particulière, & qui soit extrêmement opposée à celle qu'on a déjà vue; qu'un horrible désert remplace, par exemple, un jardin délicieux : c'est de cette variété que résultera un Poème lyrique accompli.

Le Théâtre moderne a besoin du secours des décorations.

La plus-part des Pièces du nouveau Théâtre sont remplies d'un grand Spectacle. La musique lui suffirait pour attirer un grand nombre de Spectateurs; mais il se sert tout à la fois de deux moyens, afin que si l'un venait à cesser de plaire, l'autre le remplaçât sur le champ. Une autre raison de politique l'engage encore à se comporter de la sorte. Les autres Théâtres le voyant s'enrichir à l'aide des Ariettes, se flattèrent au moins de ramener une partie de leurs Spectateurs, en ajoutant à leurs Drames de superbes décorations. Mais notre Opéra découvrit leurs projets. Craignant le faible du Public, il joint le secours des décorations aux charmes de la musique. C'est ainsi qu'il fait parer le coup qu'on lui porterait peut être.

Chez les Anciens, chaque genre de Spectacle avait sa décoration particulière.

Il paraît que les Théâtres des Anciens avaient chacun des décorations analogues à son genre. Vitruve nous l'apprend en termes formels : « La Scène tragique était » décorée de colonnes, de frontons éle- » vés, de statues, & de tout ce qui orne » le palais des Rois. La Comédie fesait » voir des maisons particulières, avec » leurs balcons & leurs croisées en persp- » pective, comme les rues ordinaires. La » Satyrique enfin était parée de bocages, » de grottes, de montagnes, & d'orne- » mens champêtres ». Le Spectacle moderne se plaît à rassembler tous ces attributs des différens Théâtres. Tantôt sa Scène représente l'intérieur d'une maison, ou bien une rue ; tantôt une vaste campagne ; ici elle offre aux regards la misérable chaumière d'un Laboureur ; là, un palais somptueux : Voilà quels sont les éffets de l'ambition ; elle nous porte à tout embrasser.

Il serait à propos que les décorations fussent désignées dans le cours d'un Drame.

Je voudrais que les Auteurs du nouveau Théâtre eussent soin de faire dire à leurs personnages un mot au sujet des décorations. J'éxigerais aussi que ces mêmes personnages expliquassent adroitement ce qu'elles représentent. Il est vrai que le titre d'un Opéra-Bouffon ou d'une Comédie-mêlée-d'Ariettes, le dit quelques fois assez ; & que la vue d'ailleurs nous en instruit. Mais il est des cas où ce que je demande serait très nécessaire. La vraisemblance serait alors mieux observée. Sophocle a suivi cette règle trop dédaignée, avec un art infini dans son *Electre*. Vous voyez ce palais, dit, dans la première Scène, *Pilade* à son ami *Oreste*; c'est la demeure de la Reine Clitemnestre. D'ici vous découvrez le tombeau d'Agamemnon,&c. le même Sophocle n'est point si heureux au commencement d'*Œdipe*. Il amène avec peu d'adresse l'explication des objets qu'on voit sur la Scène. Pourquoi cet Autel, demande *Œdipe*? Que veulent ces vieillards, ces enfans éperdus ? Pourquoi la terre est-elle couverte de tant de corps privés de sépulture ? est-il vraisemblable qu'il ignore que la peste ravage Thèbes depuis long-tems, & qu'on implore le secours des Dieux ? Racine, dans sa Tragédie d'*Esther*, a mis en usage la règle que je recommande. Il serait d'autant plus beau aux Poëtes de l'Opéra-Bouffon de suivre son éxemple, qu'ils auraient peu d'imitateurs, selon les apparences. Combien est-il de Pièces où le lieu de la Scène est à peine marqué, & dans lesquelles on garde sur-tout un profond silence au sujet des décorations ?

CHAPITRE XI.

Du jeu des Acteurs.

IL est plus d'un Poëte qui a de grandes obligations aux Comédiens, comme tout le monde sait. Sans les soins qu'ils prennent de faire valoir bien des Drames, le moment de leur naissance serait souvent celui de leur mort : & cependant aucun des habitans du Parnasse ne veut avouer les services que lui rendent les talens des Acteurs. S'il arrive à quelques hommes de Lettres d'en convenir, c'est par une fausse modestie, & afin qu'on refuſe de les croire. Le Public n'eſt jamais leur dupe : l'impreſſion met enfin au grand jour les fautes que l'art de l'Acteur dérobait à la vue; & l'on ſoutient à peine la lecture d'une Pièce qu'on ne pouvait ſe laſſer d'entendre au Théâtre. Combien de Tragédies ont éprouvés ce triſte ſort ?

Ce que je dis ici n'eſt point pour enorgueillir les Comédiens ; la plus-part d'entr'eux n'ont déjà que trop de vanité. Mais pour rendre à leurs talens l'hommage qui leurs ſont dus, & les engager à les perfectionner encore. Quand nous avons le bonheur de poſſéder une qualité qui nous eſt utile, on ne ſaurait trop la cultiver.

Des Acteurs anciens.

L'art de la déclamation ou du jeu théâtral, paraît s'être perfectionné de nos jours, il eſt du moins plus difficile. Tous les Acteurs des Grecs & des Romains jouaient maſqués. Leurs maſques étaient une eſpèce de caſque, dans lequel ils mettaient la tête entière. Lorſqu'il fallait que le viſage de l'Acteur éxprima les paſſions qui l'agitaient, il en était redevable à ſon maſque, qui, vu de profil, repréſentait d'un côté la joye, de l'autre la triſteſſe.

P v

La voix du comédien était grossie ou par la manière dont la bouche de son masque était construite, ou parce qu'elle était répétée par de certains instrumens, placés sur les côtés de l'avant Scène, ou du *proscenium*. On prétend que la déclamation ancienne était notée comme la musique, sans être pourtant tout-à-fait un chant. Le geste même était aussi noté; c'est-à-dire que des signes particuliers indiquaient les mouvemens qu'il fallait faire. Mais ce qui nous paraîtrait extrêmement ridicule, c'est que chez les Romains un Acteur fesait souvent les gestes de celui qui déclamait.

Des Acteurs modernes.

Actuellement il faut que ce soit le visage même du Comédien qui peigne les passions dont il est agité. Il doit parler naturellement, & de la manière dont on s'éxprime dans le monde. Paris a vu depuis peu avec plaisir un Acteur tragique jouer ses rôles avec la plus grande simplicité. Sa déclamation n'avait rien d'outré. Eh, pourquoi se permet-on de faire autrement ? Les Rois, les Héros & les Princes, ne parlent-ils pas comme le reste des hommes ?

Nos Voisins ont aussi d'éxcellens Acteurs en tout genre. Il ne serait point étonnant qu'ils en eussent de meilleurs que les nôtres, puisque chez eux l'état de Comédien n'a rien de vil, & que l'Etat ni la Religion ne le flétrissent point. En Allemagne un Comédien peut parvenir aux charges les plus considérables. Les Anglais n'ont point rougi d'accorder quelquefois la sépulture de leurs Rois aux célèbres Acteurs qu'ils applaudissaient sur la Scène. Et chez les Français, chez cette Nation polie & éclairée, on daignât à peine accorder un peu de terre au grand homme qui nous corrigea de nos ridicules, & dont le nom vivra autant que la Monarchie.

Un Acteur applaudi, se relâche quelquefois trop.

Celui qui se résout à monter sur le Théâtre, s'applique d'abord à étudier les gestes, les grâces de tel Acteur célèbre; il s'efforce de saisir la Nature. Mais s'il a le bonheur de plaire dans la Capitale, la tête lui tourne quelquefois ; les applaudissemens d'un parterre qu'il regarde avec le plus profond respect, l'enivrent de joye & d'orgueil ; l'aisance dont il jouit achève de le gâter tout-à-fait. Il s'endort, pour ainſi dire, dans les bras de ſa gloire, ſe néglige, & ne joue bien que par caprice. S'il voulait conſidérer que le Public ſe dégoute enfin de l'Acteur qui ne l'étonne plus par la ſupériorité de ſon jeu, il ne ſe relâcherait jamais; il ferait enſorte chaque jour de paraître un homme nouveau.

On ne veut parler que du jeu du Comédien, conſidéré ſur la Scène.

Je ne veux point entrer dans le détail des études aux quelles le Comédien eſt obligé de ſe livrer; ni lui éxpliquer les règles de ſon art, je ne veux parler que de la beauté de ſon jeu arrivé à ſa perfection, & de ſon éffet ſur la Scène, lorſqu'il eſt conduit par la Nature.

Ce n'eſt pas ſeulement en portant la parole que l'Acteur doit éxprimer les paſſions du Perſonnage qu'il repréſente; il faut qu'il ſe perſuade que pendant le tems qu'il eſt ſur la Scène, tout ce qui s'y paſſe ne ſaurait lui être indifférent : ne ſerai-ce que dans l'inſtant qu'il parle, qu'il doit paraître ému, agité ? non, il faut que dans ſon ſilence même on découvre combien ſon ame eſt peu tranquille. L'Acteur intelligent n'écoute point de ſang-froid le récit qu'on lui fait d'événement auxquels il est à supposer qu'il prend part; ses regards, ses gestes, ses mouvemens, annoncent ce qui se passe en lui. Mais la plupart des Comédiens croyent qu'ils n'ont autre chose à faire qu'à débiter leur role avec feu; ils mettent du sentiment dans ce qu'ils doivent dire, & n'en mettent pas dans ce qu'ils écoutent; comme s'il était naturel qu'on ne prit nul intérêt aux discours que l'on nous tient, sur-tout lorsqu'ils contiennent des choses qui nous touchent vivement. On ne saurait donc trop recommander aux Comédiens en général, de jouer pendant tout le tems qu'ils sont sur la Scène, soit en parlant, soit lorsqu'ils écoutent ce qu'on leur dit : qu'ils prennent garde à ne pas rester immobiles & sans mouvemens dès qu'ils ont débité les paroles de leur role. Il est vrai que ce que je recommande ici est d'une éxécution très-difficile; mais les Acteurs consommés donnent l'éxemple; le jeune Comédien, qui, voudra se distinguer dans son art, n'a qu'à s'éfforcer de les imiter.

Combien l'Acteur doit s'efforcer d'être naturel & de paraître le Personnage qu'il représente.

On peut dire que l'Acteur met la dernière main au Drame ; il lui donne un *vernis* qui attire tous les yeux, mais qui malheureusement s'enlève trop-tôt : il en fait vivement sentir les passions, la force des pensées ; les sentimens qui l'animent passent dans l'ame des Spectateurs. Mais on ne veut voir rien de forcé dans son geste, dans son ton, ni dans sa manière de se présenter. En un mot, il faut qu'il paraisse être réellement le personnage supposé ; & que rien ne fasse découvrir le Comédien. S'il est nécessaire que la nature règne dans les ouvrages de Théâtre, il faut qu'elle paraisse aussi dans les gestes & dans tout ce que fait l'Acteur.

Les Comédiens ne sont pas quelquefois assez attentifs à conserver la vraisemblance. Il est ridicule, par exemple, que le même Acteur joue deux roles dans une Pièce. Je peux croire d'abord qu'il est réellement le Personnage qu'il représente. Mais quand je le vois reparaître sous une autre forme, son ton, ses traits & sa voix, qu'il m'est facile de reconnaître, me découvrent le Comédien, par ce qu'il n'est pas naturel qu'on se métamorphose dans le monde en une autre personne.

Les Acteurs du nouveau Théâtre détruisent aussi l'illusion. Les Personnages tout-à-fait bas sont les seuls qui soient mis selon le *costhume*, ou selon le caractère de leur role. Les *Colin*s sont habillés trop élégamment ; leur frisure de petit-maître est sur-tout choquante. La coèffure des Actrices en général mérite le même reproche ; une simple Paysanne a-t-elle ses cheveux bouclés avec art, & porte-t-elle des pompons & des aigrettes ? Une pareille coèffure est encore plus ridicule que ces énormes paniers que portent les femmes qu'on voit agir dans la Comédie. Une partie des Acteurs de notre Spectacle ne prennent point assez de part à ce qu'on leur dit dans une Ariette. Les Amoureux écoutent presque froidement ce que leur chante leur Maîtresse. Il est pourtant naturel que celui à qui l'on tient un discours flatteur, en témoigne sa joye par les regards, par ses gestes, & par des mouvemens qui expriment le plaisir qu'il éprouve.

Difficulté de jouer l'Opéra-Bouffon.

Combien ne faut-il pas connaître la Nature pour être en état de jouer dans l'Opéra-Bouffon ou dans la Comédie-mêlée-d'Ariettes ? Ce n'est point en criant, en étudiant devant un miroir ses gestes & sa démarche, qu'on est certain de se tirer de son role ; on doit dèscendre jusques dans la lie Peuple, apprendre ses façons d'agir, de parler, de se conduire ; on doit devenir presque original, tandis qu'on n'est qu'une simple copie. Tous ceux qui s'étonnent que des gens de Lettres ayent si bien imités dans leurs ouvrages des Bucherons, des Savetiers, qu'ils ne fréquentent sûrement pas ; ont plutôt lieu d'admirer des Acteurs qui se rendent tout-à-fait semblables à des Personnages qu'on n'a fait que leur peindre. C'est avec raison que j'employe le terme *peindre*, puisque la plupart des Auteurs de Poètique appellent un Drame un *tableau* : le Poète n'est donc que le Peintre, & le Comédien prend réellement la ressemblance des objets qu'on lui indique. Il s'enfuit de-là que ce dernier se distingue davantage.

Les Poètes du nouveau Théâtre font trop minutieux à marquer le jeu de l'Acteur.

Au moins j'avertis que je n'entens parler ici affirmativement que du nouveau Théâtre. Je ne crois pas que ses Poètes s'opposent à ce que je veux persuader : Il me paraît qu'ils conviennent devoir beaucoup à la représentation. Le soin, peut-être minutieux, qu'ils ont de marquer la pantomime de leurs Drames, prouve combien ils craindraient de perdre, si l'on y manquait. Ils agissent avec prudence. Mais une petite réfléxion se présente à mon esprit. En s'attachant à faire savoir à l'Acteur le moindre geste qu'il doit faire, comme par éxemple, il pose sa canne, il tousse, il crache, il faut avoir soin de piquer l'éguille en-dessus, en-dessous; &c. &c. ils devraient se dire: « Nous déclarons donc que nous n'écri- » vons que pour le Comédien ? Quelle » obligation nous aura le Public ? Il nous » accusera de lui faire passer un simple » cannevas de Pièce, ou une Pantomime, » pour un Drame dans les règles. Et » quand nous oserons faire imprimer des » Poèmes si chargés d'avis aux Acteurs,

» que deviendront-ils, s'ils sont lus par
» quelqu'un qui ne soit ni Pantomime,
» ni Comédien ? »

Quand il faut désigner la Pantomime.

Lorsque M. Diderot a soutenu qu'on devait marquer avec soin la Pantomime, il a entendu sans doute qu'il fallait qu'elle fût absolument nécessaire. « Il faut, dit-il, » écrire la Pantomime toutes les fois » qu'elle fait tableau ; qu'elle donne de » l'énergie ou de la clarté au discours ; » qu'elle lie le Dialogue ; qu'elle carac- » térise ; qu'elle consiste dans un jeu dé- » licat qui ne se devine pas ; qu'elle tient » lieu de réponse ; & presque toujours » au commencement des Scènes » Les Poëtes du nouveau Théâtre qui affectent d'écrire la Pantomime, ne la marquent-ils que dans les circonstances si judicieusement prescrites par M. Diderot ? Les paroles de cet aimable Philosophe, apprendront à tous les Auteurs dramatiques dans quels cas ils doivent désigner le jeu de l'Acteur.

CHAPITRE XII.

Des Spectateurs.

CE n'est pas le tout de bien connaître les différentes parties d'un Drame ; il faut savoir encore que l'action, quoique étrangère aux Spectateurs, les suppose présens. M. Dacier & l'Abbé d'Aubignac soutiennent cette opinion de laquelle résulteraient de grandes beautés, si elle était adoptée. Les Anciens avaient soin de mettre le lieu de la Scène dans un Carrefour, ou à l'entrée du Vestibule d'un Palais, afin que les Spectateurs fussent censés pouvoir être témoins de ce qui se passait au Théâtre. N'est-ce pas vouloir faire perdre toute la vraisemblance & le naturel, le charme des différentes espèces de Drames, que de se permettre d'agir autrement ?

Voici ce que je conseillerais aux Poètes Dramatiques, d'après les observations de quelques Auteurs judicieux.

Moyen d'amener naturellement les Spectateurs d'une action Théâtrale.

Ne faites point assister les Spectateurs

à l'action de gens renfermés chez eux, comme à un conseil secret, à une déclaration d'amour, &c. Il est vrai que c'est restraindre furieusement le Drame en général. Les sujets deviennent par-là d'une difficulté prodigieuse à trouver. Mais le nouvel ornement qu'on ajoute aux Pièces de Théâtre, & même la nécessité d'en embellir tous les Poëmes, doivent encourager les Auteurs. Si l'on me fesait voir une troupe de muets, & qu'on s'éfforçat de me persuader que je les entens parler; je me moquerais de la tromperie qu'on chercherait à me faire. Eh bien, on se rend à peu près aussi ridicule en voulant me faire croire que je vois agir des gens qu'une muraille épaisse est censée dérober à mes yeux. L'illusion du Théâtre ne va point jusqu'à me contraindre de me prêter à des choses tout à fait impossibles, qu'il est facile d'éviter. Elle me porte à me figurer qu'un Turc, qu'un Grec, qu'un Romain, parlent la Langue Française avec une délicatesse infinie. Je veux me le persuader ; parce qu'il serait impossible autrement de mettre sur notre Théâtre aucun sujet tiré de l'Histoire. Mais il est tant de moyens de disposer le lieu de la Scène de façon qu'il soit à la portée de ma vue, & que les Acteurs puissent naturellement se faire entendre; que, si l'on m'en croyait, l'on ne serait plus pardonnable d'y manquer.

C'est une erreur de croire que l'on n'est présent qu'*en esprit* à ce qui se passe au Théâtre. Les Anciens étaient loin d'avoir une pareille idée; les chœurs de leurs Pièces supposaient toujours qu'une foule de Peuple était présente. Il n'y a qu'une seule Scène dans la Tragédie d'*Ajax* où l'on ne suppose plus de Spectateurs; mais le Poëte est quelquefois forcé de ne les rendre témoins qu'*en esprit* de son action dramatique. Il faut donc autant qu'il est possible, que les Spectateurs puissent réellement voir ce qu'on leur représente: l'illusion est en effet plus grande quand le lieu de la Scène est fixé dans un Carrefour, dans la campagne, à l'entrée d'un Palais, enfin par-tout où il est naturel qu'une foule de Peuple peut se trouver.

Les Spectateurs du nouveau Théâtre sont quelquefois réellement présens à l'action de ses Pièces.

Les Auteurs de notre Opéra suivent souvent cette règle importante. Messieurs Sédaine & Quetant méritent entre-autres d'être cités. Le prémier fait sagement passer l'action d'*on ne s'avise jamais de tout* dans la rue. Il est possible que les Spectateurs en soient témoins. Le second place les personnages du *Maréchal-Ferrant* dans une boutique, qui donnant sur la rue laisse la liberté aux passans de voir les événemens qui y surviennent : ceux qui sont au Spectacle sont alors supposés devant la boutique du Maréchal. Il est vrai que la moitié de l'action devrait leur être inconnue, parce que *Suzette* ferme sans doute la boutique dès que *Colin* s'est endormi ; & que d'ailleurs la coutume n'est pas de laisser les boutiques ouvertes quand la nuit est venue. Ainsi le dernier Acte ne saurait être vu. Je n'en ferai point un crime à l'Auteur. La règle que je propose n'a pas encore fait fortune. Il serait dans son tort, si chacun l'avait adoptée ; au moins il a la gloire de l'avoir connue en partie.

On conclura aisément de ce que je viens de dire, que les meilleurs sujets pour le nouveau Théâtre sont ceux qui représentent des Artisans. Leur boutique est exposée à la vue ; ainsi il se trouve avec vraisemblance des témoins de leurs actions.

CHAPITRE XIII.

S'il est nécessaire qu'une Pièce de Théâtre plaise autant à la lecture qu'à la représentation.

JE terminerai ce quatrième Livre après avoir éxaminé une question très curieuse, & qu'il est important de résoudre. Je suis, je crois, le prémier qui se soit avisé de la traiter. Elle méritait pourtant bien une place dans des Ouvrages faits au sujet du Théâtre. Je suis étonné qu'on ait pu la négliger jusqu'à présent.

Raisons qui engagent à croire qu'il suffit qu'un Poème plaise au Théâtre.

Je sais qu'il est un grand nombre d'Auteurs, & sur-tout parmi ceux qui écrivent des Opéras-Bouffons, qui pensent que c'est assez qu'un Drame réussisse au Théâtre, & qu'il faut peu s'inquiéter de l'éffet qu'il fera à la lecture. Ils fondent leur sistême sur des raisons assez plausibles. Une Pièce de Théâtre, disent-ils, est un trait de la vie humaine mis en action; or dès l'instant que cette action attache le Spectateur, son succès est décidé; le Poëte est parvenu à ce qu'il souhaitait. Ils vont encore plus loin. L'on ne doit absolument travailler pour le Théâtre, continuent-ils, qu'afin de plaire dans l'instant de la représentation. Le suffrage qu'on accorde au stile est moins flatteur que celui qu'on prodigue à la manière dont l'intrigue est composée; puisqu'il n'est que l'accessoir, tandis que l'action est l'objet principal.

Voilà leurs sentimens exposés & déduits de mon mieux. Voyons s'il est possible de les détruire, & d'en montrer le faux.

Raisons & preuves qui portent à croire qu'un Drame doit encore plaire hors du Théâtre.

Rien n'est plus aisé. L'éxemple des Auteurs célèbres qui ont écrits des Drames décide tout d'un coup la question. Ces grands génies auraient-ils mis tous leurs soins à faire dire à leurs Personnages des choses frappantes & sublimes, s'il n'avait été nécessaire que de combiner une intrigue? Eh, quel avantage aurait un Drame

Drame dialogué fur une Pantomime Pourquoi d'ailleurs prétend-on que le ftile foit à rejetter des Pièces de Théâtre ? c'eft fans doute à caufe de fes difficultés. Mais on répondra qu'il faut avoir la force & le courage de les vaincre, une chofe a d'autant plus de mérite qu'elle offre plus de difficultés à furmonter. Comment parvenir à faire écouter avec plaifir les perfonnages d'un Poëme dramatique, s'ils n'éxpriment avec art leurs penfées ? Mettez enfemble deux hommes également malheureux, dont l'un fache s'éxprimer avec élégance ; on s'intéreffera plutôt à celui qui touche, qui ébranle l'ame par la force de fes difcours, qu'à celui qui s'éxprime groffièrement ou fans délicateffe. L'efprit eft frappé, féduit avant le cœur. On veut être perfuadé avant de s'attendrir. Jettez les yeux fur la prémière Tragédie de Corneille ou de Racine, voyez comme ils mettent dans la bouche de leurs Acteurs toutes les figures de la Rhétorique. Le moindre intérêt ne s'y traite, ne s'y termine, qu'à l'aide de difcours pathétiques & raifonnés.

Je veux pour un moment qu'un Poëme ait eu le bonheur de plaire fans quelques graces de ftile. Mais l'ambition de l'Auteur fera-t elle contente ? Combien durera sa gloire ? Pendant le tems des représentations. C'est la borner à un tems bien court. Une Pièce dont l'intrigue sera passable & le stile parfait, ira charmer encore la postérité ; tandis que celle dont le stile est pitoyable, & dont l'action est sans défaut, vit à peine quelques années. Ce que j'avance ici n'a pas besoin de preuves.

Ceux qui soutiennent qu'un Drame n'est fait que pour occuper la Scène, nous montrent eux-mêmes qu'il doit pourtant paraître ailleurs qu'au Théâtre, puisqu'ils le font imprimer. Il est clair que leur dessein est qu'on le lise. Mais pourquoi le lirait-on s'il ne contient rien qui puisse amuser l'esprit, & s'il faut le voir en action pour en sentir tout le mérite ? Ils sont donc en contradiction avec leur sistême.

On n'a jamais entendu que le succès d'un Drame se borna à sa représentation. Aristote dit formellement le contraire. Ecoutons ce fameux Philosophe, « La » Tragédie ne laisse pas de conserver » toute sa force sans représentation & » sans Acteurs.... (62) Peu importe à une

___

(62) Poet. Chap. 17.

» Pièce que l'Acteur manque de bien
» jouer son role.... (63) de plus, la Tra-
» gédie fait son éffet seule & sans tous
» ces mouvemens». (64) On conçoit qu'A-
ristote veut dire, qu'une Pièce doit se sou-
ténir par les choses qu'elle contient, par
la manière dont son stile expose & développe les sentimens, les passions des Personnages : ce qu'il adresse à la Tragédie
se rapporte également à toutes les espèces de Drames quelconque.

En un mot, l'action est la prémière
partie d'un Drame, & le stile en est la
seconde. Le Poeme qui ne réunit qu'une
seule de ces deux parties essentielles, ne
mérite aucun nom, & ne peut avoir
qu'un succès passager. Je plains l'Auteur,
& je méprise le Théâtre, qui ne sauraient rassembler ces deux parties importantes, dont l'union seule compose un
tout parfait.

Fin du quatrième Livre, & du prémier
Volume.

---

(63) Chap. 20.
(64) Chap. 27.

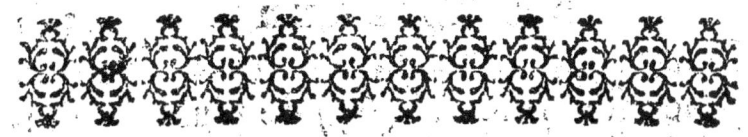

TABLE

Des Sommaires, des Chapitres & des Matières du prémier Volume.

SOMMAIRE DU PREMIER LIVRE.

Après avoir prouvé l'utilité des Spectacles, on en raconte l'origine; on fait passer successivement sous les yeux du Lecteur l'Histoire des différens Théâtres, des Grecs, des Romains, des Français, & des Peuples de l'Europe: on découvre la cause de leurs succès & de leur décadence. On passe ensuite à l'Histoire du nouveau Théâtre, c'est-à-dire à ce qui regarde l'Opéra-Bouffon & la Comédie mêlée d'Ariettes.

CHAPITRE PREMIER.

Dessein de cet Ouvrage, page 1

CHAPITRE II.

Utilité des Spectacles,	7
Que les Spectacles furent approuvés de tout tems,	8
Ils maintiennent le bon goût,	10
Leurs ennemis sont en petit nombre,	11

Les Censeurs du Théâtre ignorent son utilité, page 11
Le Spectacle est nécessaire à la Police, 13
De simples ridicules deviennent souvent des vices dangereux, *Ibid.*
Effet de la Tragédie, 15
Pourquoi le Théâtre est méprisé, 16
Quels sont les ennemis du Spectacle, 17
Combien le Spectacle moderne diffère des autres Théâtres, 18
Qu'il devrait y avoir deux Spectacles de chaque genre, 20

CHAPITRE III.

Origine des Théâtres, 21
La découverte de la vigne fait tout-à-fait connaître la Comédie, 22
Les Spectacles comiques sont aussi anciens que le monde, 24
La Tragédie n'est venue qu'après la Comédie, 26
Ce qui a porté à croire la Tragédie plus ancienne que la Comédie, 27
Qu'il est plus vraisemblable que le Comique ait fait naître le Tragique, 28
Des lieux où les Spectacles furent d'abord accueillis, 29
La Grèce fait paraître le Spectacle avec éclat, 32
La Comédie se perfectionne en même-tems que le Tragique, 33
Des différens noms qu'elle eut chez les Grecs, 34
Ce qui fit tomber les Spectacles de la Grèce, 35
Des Spectacles des Romains, *Ibid.*
Pourquoi les Romains excellèrent davantage dans la Comédie, 37

Différens genres de leurs Spectacles comiques, 37
Causes de la décadence du Théâtre des Romains,
 page 38
Les Spectacles passent en France, 39
Ce qu'ils furent d'abord, 40
Des Mistères, 41
La bonne Comédie, 44
L'éxcellent Comique en France n'est venu qu'a-
 près la Tragédie, 45
Des Théâtres de nos Voisins, 46
Digression : Pourquoi la Poësie est plutôt perfec-
 tionnée que les Sciences, Ibid.

CHAPITRE IV.

*Histoire de l'Opéra-Bouffon, autrefois Opéra-
 Comique, & ses progrès,* 49
Méprisable origine de l'Opéra-Comique, 50
Les Comédies Italiennes nous en ont donné l'i-
 dée, 51
C'est dans les Foires qu'il commence à se mon-
 trer, Ibid.
Les Marionnettes le mettent en vogue, 52
Un Spectacle où l'on fesait danser des rats fut
 aussi cause de sa naissance, Ibid.
Les Danseurs de cordes le font aussi naître insen-
 siblement, 53
M. le Sage le soumet à quelques règles, 55
On ne lui ôta point toutes ses indécences, Ibid.
C'est à ce Spectacle que nous devons le Vaude-
 ville, 56
Ce qui lui fit adopter la Musique, 57
Comment les Français prirent du goût pour l'A-
 riette Italienne, 58

Quelles furent les prémières Pièces chantantes,
page 58
L'Opéra-Comique éprouva bien des revers, 60
Ruses qu'on mit pour lui en usage, 61
L'Opéra-Comique est forcé de retourner aux Marionnettes, 63
Eloge de celui à qui l'Opéra-Comique a le plus d'obligations, 65
Dernier accident qui lui arrive. 66

LIVRE SECOND.

SOMMAIRE.

Ce Livre est consacré à l'éloge du nouveau Spectacle ; le mérite de notre Théâtre favori s'y présente sous divers aspects ; si ses défauts passent en revue, ses bonnes qualités leurs sont bientôt opposées. On trouve dans les Auteurs anciens & modernes des passages en sa faveur. Quoiqu'il paraisse qu'Aristote n'en a rien dit, on s'efforce de rencontrer dans les Ecrits de ce Philosophe, & dans ceux des plus grands hommes de l'antiquité, quelques mots qui prouvent que les Grecs & les Romains peuvent l'avoir connus. On tâche ensuite de montrer les avantages que tirera notre siècle, ainsi que la postérité, de ce Spectacle.

TABLE

CHAPITRE PREMIER.

DE *l'éxellence du nouveau Théâtre*, page 67
Objections importantes, 69
Réponses appuyées du sentiment des plus grands Auteurs, 71
Maxime d'Aristote, 72
Corneille a dit quelque chose en faveur de la Comédie-mêlée-d'Ariettes, 73
Boileau nous apprend pourquoi ce Spectacle nous fait tant de plaisir, 74
Objections embarrassantes qu'on peut faire encore contre ce Théâtre, 75
Réponses, 76
Que son stile est peut-être éxcusable. Passages tirés des Auteurs anciens & modernes, 77
Le nouveau Théâtre plaît généralement, 81
Succès des Ariettes, même hors de la Scène 83
Nos plus célèbres Auteurs sont partisans de l'Opéra-Bouffon, 84
Dernières objections contre ce Spectacle, 86
Il offre des choses trop viles, trop communes, 87
Preuves que le nouveau Théâtre corrompt le bon goût, & détruira tout-à-fait les Lettres, 91

CHAPITRE II.

Regrets de ce qu'Aristote n'a rien écrit de considérable au sujet de l'Opéra-Bouffon; 93
Si Aristote vivait, il eut écrit sur le nouveau Drame, 94
Il peut en avoir parlé, 95

Certaines Enigmes modernes comparées à notre Théâtre, page 95
Erreur dans laquelle Aristote est tombé, 97

CHAPITRE III.

Recherches nécessaires pour s'éclaircir si les Anciens ont connus l'Opéra-Bouffon, 100
Pourquoi les écrits des Anciens ne font point un grand détail de l'Opéra-Bouffon, 101
Extrême antiquité de ce Théâtre, 103
Aristote en a dit quelque chose, 104
Plusieurs Spectacles des Anciens assez ressemblans à l'Opéra-Bouffon, 105
Les Chœurs des Pièces anciennes pouvaient être de ce genre, 106

CHAPITRE IV.

Des avantages qui doivent résulter du nouveau Théâtre, 108
Les Spectacles doivent réunir l'agréable à l'utile, 109
L'Opéra-Bouffon ne sçaurait s'en dispenser, *Ibid.*
Il fait connaître plusieurs gens à talens, 110
Il accoutume les gens riches à jetter les yeux sur les pauvres, 111
Le nouveau Théâtre enrichit ses Acteurs, 112
Avantages qu'en tirera la postérité, 113

LIVRE TROISIEME.

SOMMAIRE.

Pour montrer plus particulièrement que le nouveau Théâtre ne doit point être méprisé, l'on prouve que ses Drames sont susceptibles de règles, & que la composition en est très-difficile. L'on apprend au jeune Poète ce qu'il doit avoir en vue en les écrivant ; & on l'instruit en abrégé de ce qu'il est nécessaire qu'il sache, avant de se livrer à la composition.

CHAPITRE PREMIER.

Qu'on ne doit pas se figurer que la composition des nouveaux Drames soit aisée, p. 115

CHAPITRE II.

Que les nouveaux Drames sont susceptibles de règles, ainsi que les autres Poèmes, 120
Le nouveau Théâtre change souvent les règles Dramatiques, 121

CHAPITRE III.

But que le Spectacle moderne doit se proposer 123
Ce qui fait le genre principal du nouveau Spectacle, 124

Ce qu'il faut entendre par Opéra-Bouffon, p. 125
Principale raison des succès du nouveau Théâtre, 127
But moral du nouveau Théâtre, 130
Comment ses Personnages peuvent nous corriger, 131
Que ce Spectacle conviendrait au menu Peuple, *Ibid.*

CHAPITRE IV.

Il faut que le nouveau Théâtre se fonde sur la vérité & sur la Nature, 132
Pourquoi l'Opéra-Bouffon doit imiter la Nature, 133
Nouvelles raisons qui nous portent à l'estimer, 134
Que le beau naturel est rare de nos jours, *Ibid.*
Dernières raisons des succès du nouveau Théâtre, 136

CHAPITRE V.

Il n'est point de Drames sans Mœurs, 138
Les Mœurs sont très-bien saisies dans l'Opéra-Bouffon, 139
Les Mœurs qu'on voit au nouveau Théâtre sont différentes de celles des autres Spectacles, 140

CHAPITRE VI.

De ce qu'un Poète dramatique doit sçavoir pour être en état de travailler dans le nouveau genre, 142
Il est presque inutile de rien sçavoir & de rien lire, 144

Les qualités qu'il faut avoir pour se distinguer dans le nouveau genre, 146

Les Poètes de l'Opéra-Bouffon comparés aux Auteurs naturalistes, page 148

Que les Poètes devraient voyager, excepté ceux du nouveau Théâtre, 149

En quoi les Auteurs de l'Opéra-Bouffon diffèrent des Poètes ordinaires, 151

Les Poètes du nouveau Théâtre devraient habiter avec leurs Personnages, 152

Le Poète dramatique doit même imiter les gestes, les actions de ses Héros, 154

Le vin inspire mieux les Poètes que l'eau de l'Hipocrène, 156

LIVRE QUATRIEME.

SOMMAIRE.

Ce Livre renferme un détail des principales règles du Poëme dramatique. Le nouveau Théâtre doit suivre les règles avec plus d'attention qu'il ne fait ; avec quel art il s'en écarte, & dans quel cas il est excusable. Critique de plusieurs de ses Poëmes ; observations sur la manière dont ils sont écrits. Tous les Spectacles passent en revue. On s'adresse tour-à-tour aux Poètes dramatiques de chaque genre : enfin, ce quatrième Livre est le résumé de ce qu'on peut dire d'essentiel sur le Théâtre en général.

DES MATIERES.

CHAPITRE PREMIER.

Le Sujet, 159
Ce qu'eſt le Sujet dans les Drames en tout genre, 161
Le ſujet eſt bien peu de choſe dans l'Opéra-Bouffon, Ibid.
Exemples, 162
Il faut retrancher du Sujet tout ce qu'il a d'inutile, 164
Les Drames modernes ne ſont pas aiſés à inventer, 165
S'il eſt vrai que tous les Sujets ſont épuiſés, 166
Ceux de la Comédie le ſont preſque entièrement, Ibid.
Réfutation du ſentiment de M. Marmontel, 167
Pourquoi la Tragédie n'eſt pas dans le même cas, 169
Des meilleurs Sujets tragiques, 170
Des Sujets propres à la Comédie, 173
Les Sujets de l'Opéra-Bouffon ne tariront pas de ſitôt.
Sujets dont le nouveau Théâtre pourrait tirer un grand parti, Ibid.
Si l'on ferait bien de traiter pluſieurs fois le même ſujet, 175
Qu'il faudrait imiter les Poëtes Tragiques, 177
Ridicule de n'oſer remettre en muſique les meilleurs Opéras-ſérieux, 178
Les ſujets de notre Opéra ſont tous ſimples Ibid.
Leur éloge, 179

Que les Spectateurs ressemblent aux Personnages dont ils goutent les mœurs, page 180
Ce que sont les Pièces des différens Peuples, 181

CHAPITRE II.

L'Exposition, le Nœud & le Dénouement, 182
De l'Exposition, 183
Ce qu'elle était chez les Anciens, *Ibid.*
Ce qu'elle est chez les Modernes, 184
Que le nouveau Spectacle paraît n'en avoir nul besoin, *Ibid.*
Ce qu'elle est dans les Drames du nouveau genre, 185
Que le sujet doit toujours être exposé, 186
Une Ariette ou un Duo fait beaucoup d'éffet placés dès l'ouverture, 177
Le Nœud, 188
Des événemens préparés ou imprevus, 189
Le Nœud n'est pas aussi simple qu'il devrait être, 190
L'Opéra-Bouffon rétablit le nœud dans sa simplicité, 191
Ce qui compose l'Intrigue des Poëmes du nouveau genre, 192
Il y a quelquefois deux intrigues dans les Pièces du Spectacle moderne, 195
Critique du *Roi & du Fermier,* 196
Son principal Personnage n'est point tel qu'il devrait être, 197
La duplicité d'action est un grand défaut, 198
Que le Nœud du nouveau Drame pourrait être meilleur, 199
Le Dénouement, 200

DES MATIERES. 375

Les événemens peuvent être connus, sans préjudicier, page 200
Ce qui constitue un bon dénouement, 201
Du dénouement de la Comédie & de la Tragédie, *Ibid.*
Ce qu'il faut observer dans les dénouemens des Pièces du nouveau genre, 203
Observations sur le Vaudeville, 204
Quel est le couplet du Vaudeville qui peut n'avoir nul rapport aux Acteurs, 205
Qu'on doit suivre l'exemple de J. J. Rousseau dans le *Devin du Village*, *Ibid.*
Les dénouemens des nouveaux Drames ne sont pas dans les règles, 207
Ils sont peut-être excusables, *Ibid.*
Tous les dénouemens du nouveau Théâtre sont fondés mal-à-propos sur un changement de volonté, 208
Qu'ils sont bons du moins par leur précision, 210

CHAPITRE III.

De l'Unité de lieu, de Tems & de Personne, 211
Unité de lieu, *Ibid.*
Raisons qu'on alléguait pour ne pas la recevoir, *Ibid.*
Corneille paraît avoir eu de la peine à s'y soumettre, 212
L'Opéra-sérieux est dans le cas de ne point l'adopter, 213
De fameux Auteurs soutiennent qu'elle est nécessaire au Drame, *Ibid.*
Combien il est peu naturel de s'en écarter, 214

En ne fuivant pas l'unité de lieu, on double l'action, page 215
Qu'il eſt même ridicule de tranſporter les Acteurs d'une chambre dans l'autre, 216
Ce n'eſt guères qu'en France qu'on ſuit l'unité de lieu, 217
L'unité de lieu ſe trouve rarement dans les Drames du nouveau genre, *Ibid.*
Quelle en eſt la raiſon, 218
De l'unité de tems, *Ibid.*
Uſage ſingulier des Chinois, 219
Que les vingt-quatre heures preſcrites ſont trouvées trop longues, 220
Que la durée de l'action ne devrait pas paſſer celle de la repréſentation, 221
La perfection éxigerait même que l'heure du Spectacle fut auſſi le tems de l'action du Poëme, 222
Il eſt quelques Drames où cette nouvelle règle eſt ſuivie, 224
L'illuſion ſerait plus grande ſi on la ſuivait généralement, 225
Que rien au moins n'indique le tems de l'action, s'il n'eſt égal à celui de la repréſentation, *Ibid.*
La moindre choſe détruit l'illuſion, 227
On va quelquefois juſques à appliquer à l'Acteur les paroles de ſon Role, *Ibid.*
Quand on s'écarte de l'unité de tems, on renverſe toutes les règles, 228
Le nouveau Théâtre la ſuit avec plus de ſoin qu'aucun Spectacle, 229
De l'Unité de Perſonne, 230
Faute de quelques jeunes Poëtes dramatiques, 231
Comment l'Action eſt *une*, quoiqu'elle ſoit compoſée de divers incidens, 233

DES MATIERES. 377

Pourquoi la règle de l'Unité de personne fut éablie, page 234
Qu'il s'en faut de beaucoup qu'on la suive dans l'Opéra-Bouffon, *Ibid.*
L'amour des Personnages subalternes gâte les Drames du nouveau Théâtre, 236

CHAPITRE IV.

Des Personnages, 238
Le principal Personnage d'un Drame doit toujours être le même, 240
Son caractère ne doit pas même changer au dénouement, 241
Ce n'est que dans les Pièces chrétiennes, 243
Des Contrastes, *Ibid.*
Il faut varier les passions qu'on met en jeu, 245
Que chaque Auteur diffère dans la peinture de ses Personnages, *Ibid.*
Les mœurs de chaque Nation font varier les tableaux dramatiques, 246
L'Opéra-Bouffon ne peut se dispenser de suivre ces règles, 247
Il les suit en partie, 248
Les Personnages du Théâtre moderne ne sauront être trop vils, *Ibid.*
Des Personnages amoureux, 249
Que les Personnages en général du nouveau Théâtre soient dépeints d'après nature, 251

CHAPITRE V.

Du nombre des Acteurs, 252
Trop d'Acteurs parlans dans une même Scène jettent de la confusion, *Ibid.*

On n'est point d'accord sur le nombre des Interlocuteurs, page 253
Quel est mon sentiment à ce sujet, *Ibid.*
Foule d'Acteurs parlans qu'on voit au nouveau Théâtre : ce qu'il faut observer, 254

CHAPITRE VI.

Des Scènes, 256
Usage des Grecs & des Latins, 257
On ne parle ici des Scènes que comme divisions 258
Ce qu'éxigent les Scènes pour être bien faites, *Ibid.*
Tout leur mérite dépend de faire entrer & sortir à propos les Acteurs, 259
Les principaux moyens dont on peut se servir pour faire arriver à propos les Personnages, 260
Le nouveau Théâtre observe quelques-uns des moyens indiqués, 261
Suite des moyens de faire entrer naturellement les Acteurs d'un Poëme, 262
Il n'est pas moins nécessaire de faire sortir ses Personnages avec art, 264
Ce que le Comédien doit observer en quittant la Scène, 265
De l'à-parté, 266
Du Monologue, 267
Il n'est pas naturel qu'un Monologue soit entendu par un autre Acteur, 268
Comment il est possible d'y remédier, 269
Les Scènes du Spectacle moderne n'ont point l'ensemble qu'elles devraient avoir, 270

DES MATIERES. 379

Il n'eſt que trop de Piéces, dont les Scènes mal liées ſemblent éxcuſer l'Opéra-Bouffon, 273
Qu'on a tort de ne pas même lier les Actes les uns-aux-autres. page 275

CHAPITRE VII.

De la Vraiſemblance, 276
De quelle utilité eſt la Vraiſemblance dramatique, 277
Définition préciſe de la Vraiſemblance, 278
Le *poſſible* eſt plutôt admis au Théâtre que le *vrai*, 280
Le *Vraiſemblable* l'emporte ſur-tout, Ibid.
Que le Poète eſt libre de faire à ſon ſujet les changemens néceſſaires, 281
Le *Vrai* ne compoſe preſque jamais une action théâtrale, 282
Le Spectacle moderne s'écarte ſouvent de la Vraiſemblance. 283
Prémier éxemple; *le Jardinier & ſon Seigneur*, Ibid.
Le Bucheron; ſecond éxemple, 284
La *Vraiſemblance* ſerait pourtant un des principaux ornemens du nouveau Théâtre, 286

CHAPITRE VIII.

Du Stile, 287
Les Poèmes dramatiques modernes ſont preſque tous mal écrits, Ibid.
On ſe laiſſe trop ſéduire aux repréſentations par le jeu des Acteurs, 288
Ce qui doit porter à bien écrire un Poème, 289
Le ſtile des Poèmes du Spectacle moderne eſt preſque toujours bas, 291

TABLE

Pourquoi l'on ne fait guères attention au ſtile des Pièces du nouveau genre, page 291

Que les Poëtes du nouveau Théâtre font peut-être bien de ne pas mieux écrire leurs Drames, 293

Qu'il eſt néceſſaire de rapporter les endroits les plus mal-écrits des Pièces du nouveau genre, 297

Remarques ſur *On ne s'aviſe jamais de tout*, Ibid.

Roſe & Colas, 301

Tom Jones, 302

Remarques ſur *le Roi & le Fermier*, Ibid.

Autre remarque ſur *Tom Jones*, 303

Obſervations diverſes, 304

Mal qui peut réſulter des Pièces dont le ſtile eſt répréhenſible, 306

Pourquoi des Ariettes mal écrites nous plaiſent, 307

Que l'éxemple des plus grands Auteurs éxcuſe un peu les Poëtes du nouveau Théâtre, 308

Négligences de ſtile dans Racine, 309

Mauvais Vers de Boileau, 312

Sottiſes plaiſantes de Pradon, 314

Négligences du grand Rouſſeau, 315

Les fautes de ſtile de l'Opéra-Bouffon ſont plus éxcuſables que celles qu'on voit dans les Ouvrages des grands hommes, 318

CHAPITRE IX.

Du Dialogue, 319

Que le Dialogue dramatique ſoit bref & coupé, 320

Que le Dialogue ſoit vraiſemblable, Ibid.

DES MATIERES.

Qu'il paraisse, que ce sont les seuls Acteurs qui parlent au Théâtre, page 321
Le Dialogue des Pièces grecques doit nous servir de modèle, 322
Les Drames Latins sont un peu moins concis, 323
Nos Voisins nous surpassent à cet égard, 324
Nous ne nous piquons pas d'éxceller dans le Dialogue, *Ibid.*
Le Dialogue de l'Opéra-Bouffon est éxcellent, 325
Scène grecque comparée à la précision du Dialogue du nouveau Théâtre, 326

CHAPITRE X.

Des Décorations, 335
Avis important donné aux Machinistes, *Ibid.*
Le Poëte ne doit pas ignorer l'éffet des décorations, 337
On est éxcusable de soutenir qu'il faut actuellement des décorations, 338
Les Pièces de nos Voisins sont remplies de Spectacles, 339
Le Théâtre moderne a besoin du secours des décorations, 341
Chez les Anciens, chaque genre de Spectacle avait sa décoration particulière, 342
Il serait à propos que les décorations fussent désignées dans le cours d'un Drame, 343

CHAPITRE XI.

Du jeu des Acteurs, 344
Des Acteurs anciens, 345
Des Acteurs modernes, 346

Un Acteur applaudi, le relâche quelquefois trop, page 347
On ne veut parler que du jeu du Comédien, considéré sur la Scène, 347
Combien l'Acteur doit s'efforcer d'être naturel & de paraître le Personnage qu'il représente, 350
Difficulté de jouer l'Opéra-Bouffon, 252
Les Poëtes du nouveau Théâtre sont trop minutieux à marquer le jeu de l'Acteur, 353
Quand il faut désigner la Pantomime, 354

CHAPITRE XII.

Des Spectateurs, 355
Moyen d'amener naturellement les Spectateurs d'une action théâtrale, *Ibid.*
Les Spectateurs du nouveau Théâtre sont quelquefois réellement présens, 357

CHAPITRE XIII.

S'il est nécessaire qu'une Piece de Théâtre plaise autant à la lecture qu'à la représentation, 359
Raisons qui engagent quelques Auteurs à croire qu'il suffit qu'un Poëme plaise au Théâtre, *Ibid.*
Raisons & preuves qui portent les gens sensés à croire qu'un Drame doit encore plaire hors du Théâtre, 360

Fin de la Table du prémier Volume.

www.ingramcontent.com/pod-product-compliance
Lightning Source LLC
Chambersburg PA
CBHW052236220526
45471CB00001B/66